JN136720

民法評釋　親族編相續編

近衛篤麿題字　加藤弘之序

富田鐵之助序　神鞭知常序　明治三十一年發行

山田喜之助校閲並序　小林里平著

民法評釋

親族編
相續編

日本立法資料全集　別巻　1189

信山社

貴族院議長公爵近衛篤麿題字

貴族院議員富田鐵之助序

衆議院議員前法典調査委員法學士山田喜之助校閲並序

貴族院議員文學博士加藤弘之序

衆議院議員神鞭知常序

小林里平著

民法評釋

親族編
相續編

發賣所　東京堂

敦厚崇禮

霞山人

叙

小林里平君民法評釋を著す。余未た熟讀の暇を得されは其是非當否を言ふ能はすと雖も。民法中多少の修正を要するものあるは論を俟たすと信す。抑民法は余か常に信を置く所の博士等數名の起草に係るものなれは。余は大体に於て其是なるを疑はすと雖も。而かも民法の憲法に次て最重要の法典たるは論なきのみならす。殊に親族、相續二編の如きは。吾か古來の習慣風俗に關する所少からされは。最も鄭重綿密なる審査を要すへきものと信す。

果して然らは民法か今日既に實施せられつゝあるにも拘はらす。其利害得失に就て。學者實際家か續々批評論駁を試み。以て他日修正の資に供するは余の最も望む所なりとす。因て先つ評論の出るを歡て玆に一言す。

明治三十一年十二月

文學博士　加藤弘之

叙

法律は習慣道德にあらすとするも。法律は其源を習慣道德に汲まざるを得ず。故に若し國の習慣道德を外にしたる法律は決して良法となすを得ず。抑本邦は忠孝以て國を建つるの國柄にして。畏くも明治二十三年煥發の教育勅語は實に此國粹を成文にし玉ひたるものなり。故に法律を制定するに當ても亦單に名利以て俗をなせる歐米諸國の法律習慣にのみ則るを得す。本法の起草者は既に世界の法律五十餘種を參照したりと云ふと雖とも。然れとも法律中殊に本邦の習慣道德を基礎とすへき親族、相續二法を制定するに於ては。如何に多くの外國法律を參照するも將た何の益あらんや。恐らくは一老夫の言を聞くの勝れるにたも如かさらん。去れは本法の如きは。

論理的法律文としては或は完全ならん。然れとも國家的實地の法律としては。未た遽かに然りと答ふる能はさるなり。今試みに法條中に就きて一二の例を擧けんか。例へは子をして親を久離勘當せしむるか如き。有夫の婦の戸主たることを許すか如き。後見人規則に於て。各未成年者に三段の監督者を設けて非常に煩雜を極めしむるか如き。又は數人の子あるものゝ遺産相續の場合に於て其數子をして同時に相續せしめ。其結果として何等の制限もなく。一般に遺産を分割せしむるか如き。遺言の手續をして非常に煩雜ならしめ。殆と實用なからしめたるか如き。何れか本邦の習慣道德に反かさらんや。斯くの如きものを列擧したらんには。日も亦足らさるへしと雖とも。要するに。此の二法は建國の基礎を異にする歐米諸國の法律に全然摸倣したるかため。個人の財産を保護するの一方に偏し。遂に種々の點に於て習慣道德と衝突扞挌するに至りしなり。若し此くの如くにして荏苒歲月を經んか。金錢的利害のためには親子、兄弟相訴へ。三千年來宇內冠絕の國性たる忠孝の道は全く茲に滅絕せん。由來人情の勢利に趨くや水の底きに就くか如し。然るに本法の如く更に之れを驅るに法律の力を以てするに至ては。恐らくは數年を出てすして國民は皆利害の奴隸と化し。唯利是れ尊ひ。廉耻日に衰ひ。倫常の道地を拂ふに至らんとす。嗚呼一片國を憂ふるの丹心あるもの誰か之れか修正を期せさらんや。想ふに本書は實に之れか導火線たるへきもの歟。乃ち一言を卷首に辨す。

明治三十一年十二月

富田鐵之助識

敘

凡そ法律を制定するに當ては先例舊慣を重すへし。親族、相續二法に於て殊に然りとなす。蓋し親族關係は國家社會と與に幾多の沿革を經て歷史的に發達せるもの。故に洋の東西國の南北世の古今自ら特異の徵習なくんはあらす。而して其善良なるものは克く社會の性命となり國家の動機となり。以て人文の進步を助け以て福利の發達を促す。先例舊慣重せさるへからさる也。且つ夫れ親族關係は國家社會の基礎にして東洋諸國中特に我國に在りては社會組織上最も重きを置かさるへからさるものなり。是れ我か歷史の然らしむる所にして泰西諸國は更なり。隣邦支那朝鮮の如きと雖とも自ら其趣を異にせるものあるを知らさるへからす。然るに若し我か立法者にして或事情のために深く先例舊慣を稽考するの餘地なく。或は故意に之れを輕視して顧みさるか如き形跡あるに於ては。余輩決して之を完全なる國家の法典と認むるを得す。否な杜撰此くの如きは國民道徳を破壞し社會民俗を攪亂し其害たるや測度すへからさるものあらんとす。是れ余輩か日夜忡々として憂へ瞿々として畏るゝ所のものなり。之れを要するに余輩は既に公布せられたる親族相續二編を以て不完全と認む。故に成るへく汎く成るへく多く各種の方面より各種の料を提供して以て之れか修正事業を大成せんことを期す。曩者『日本』新聞紙上民法素人評なるものを連載す。余輩通讀以爲らく。是れ實に余輩と其憂を同うするもの。其評の如き頗る先例舊慣に重きを置けり。亦以て修正の一材料となす可き也と。今や其筆者小林里平君知己朋友の勸奬に由り蒐めて一冊となし以て同憂の士に須たんことを謀る。余大に其擧を賛して曰く。吾子夫れ修正意見提出者の先鋒となれ。幾多の意見は子を俟ちて起らん。而して修正事業庶幾くは其緒に就くを得ん歟。小林君一諾して退く。已にして印刷成を告く。此書即ち是れなり。

明治三十一年十二月

麻溪野父　神　鞭　知　常

叙

友人小林里平君民法評釋を著し。予に校閲し且つ叙せんことを求む。予は夙に之れが修正の必要を感し。議會に於て屢次道破したる所。依て左に其筆記を抄錄し。以て叙に代ふ

明治三十一年十二月

山田喜之助識

小數の箇條で成立つて居る議案と云ふものは比較的に愼重なる審査を遂げましたが浩澣なる議案と云ふものは寧ろ稍〻輕忽に流れるかの如き憾があります是は、本員抔の殘念に存ずる所でありまず法律に於きまして其重さ加減を比較すること若は貴重の程度を比較すると云ふことは困難の問題でありますが親族法相續法の如きは少しく他の法律とは皆さん方に於きましても異なる御考を御持ち下さることを希望するのであります從來斯う云ふ說を主張する者が往々あります是は、法律家の說ではありませぬけれども刑法の如きは少々酷であつた所が自分達が罪を犯さぬ積りならばそれで宜い始より惡事をせぬ積りならば竊盜罪が二箇月以上であらうが四箇月

以上であらうが搆はぬ或は詐欺取財の罪が二年以上であらうが四年以上であらうが固より自分は悪事をなさぬから刑法抔はどうでも宜いと云ふ説を出す人があります又或は商法の如きものになると或は商法の一部分の保險法とか云ふものになりますと商取引に關係のないものは實は冷淡に見て居る或は又保險會社に關係があるとか自ら被保險人になるとか云ふ保險法に先づ自分の身が關係を致して居らぬからと云ふことである是は誤謬の說ではございまするが兎に角我身に直接に觸れて來ぬと云ふことに附ては先づ一理あることであります即ち生れながら法の下に立寄らぬで濟むことがあります諸君さりながら親族編相續編はさうは參らぬ勿論申上ぐるまでもなく此世に日本人として生れて出て來た以上は生れた其時より死するまでは片時も離るゝことの出來ぬ誰も彼も此支配を受けなければならぬ世の中に親のない人はありませぬ又多くの人は妻があります妻があれば多くの人は子もありますで是等の多數の國民が凡て支配を受けなければならぬ法律でありますから他の局部的法律と同視せられては甚だ國家のため或は自己一身のためにも不都合と思ひます最も刑法と申しても國家の公法であるから一個人の利害に關係する法ではない又商法と云ひ其他の法律と云ひ何れも社會的のものでありますが己の身に直接觸れぬと觸れるとは唯今申した素人論と雖も尙ほ一理ありますそこで更に一歩を進めまするど此親族法相續法の如きは更に生れてから死ぬまでばかりではない母の胎內に居るときですら

規定してある又遺言と云ふて死してから後の効力の事まで規定してあるから何人も觸れる所の永久的普及的の法律であると云ふことは御呑込を願はなければならぬ（中略）親族法相續法と申しますものは先づ條約改正を別と致しましても諸君の御考は他の法律案と少し變へて戴かなければならぬ吾々は政府委員と云ふ者は善良なる法律家を以て組織せられて居ると云ふことは信じて疑はない先づ今日本の法律家と云へば政府委員で恐らくは其人を得て居りませうが尤も漏れた人もありませうけれども先づ得て居ると思ひます政府委員が其處に居るから御世辭を言ふのではありませぬさうだらうと思ふ併ながら諸君此親族法の問題と云ふものは法律問題ではないのです單純なる法律問題ではないのです是は一國の社會道德經濟に關する問題であつて法律家のみが拈ねくつて濟むと云ふ問題ではないのです編纂は法律家が致します又體裁と云ふものも法律家が作ります併ながら中に嵌込むべき事柄内容です、内容と云ふものは法律家に任すべきものではありませぬそれは重箱をば三重にしやうとか五重にしやうとか云ふことは宜しい或は圓い重箱とか四角い重箱とか云ふことは宜しい併し中にどう云ふものを詰込むかと云ふことは重箱の外形とは關係はない法典を三篇にするとか五篇にするとか云ふことは重箱を三重にしやうか五重にしやうか或は四角にしやうか六角にしやうかと云ふことである重箱の中に何を詰込むかと云ふ問題は單純なる法律問題でなく社會問題、道德問題、經濟問題其他諸般の問題を籠めて居る是は政府委員が善良なる法律家であるが故に社會問題、經濟問題、道德問題も異議不都合なく解釋が出來ると云ふを諸君が御信じになつたならば宛も大工が良いからと云つて壁も塗れゝば尾根も葺けると云ふを信ずると同樣です著しき誤謬と云はなければならぬ外國の例を云ふ必要もないのでありますが併ながら政府委員は隨分外國の事を言ふ人々でありますから一言言ひまするが日本の立法と云ふものは餘り早過ぎるであります立法と云ふものは決してさう其輕忽に早くやつて除くべきものではない現に他國の例即ち日本抔から見れば先進國と云ふて居る所の國の例に依りますれば僅か一箇條か二箇條の修正すらも或は七年十年十五年を費して居るとは誰でも少し外國の事に通じて居る者の認むる所でありますすが然るにです斯る浩瀚なる法律四百何十條と云ふ法律を短期の議會に提出して之に協贊を與へろと云ふことは始から無謀である始から亂暴な仕業である之を平たく云ひますれば政府委員が無識なるがために亂暴なことをして居るのであるか然らずんば議會を丸呑にして居つて斯う云ふ仕業をするのである何となれば此四百何十條と云ふ法律を如何なる神通力を以てするも如何なる勉强を以てするも其當否と云ふものをば言ふことの出來るものではない當否を云ふことの出來ないと云ふことが始から分つて居るのにそれに贊成しろと云ふをは即ち當否を言へと云ふことゝは衝突して居るのである斯ることは常識ある者の言へるものではない常識を外れた仕事であるそこで簡單と云ふ聲が出るかも知れませぬが若し世の中の事が簡單で濟むならば此一言で足りる併ながら我輩には此一言で以て止める譯には行かない如何に政府が常識に外れたことをして居つても吾々はさう政府から侮蔑される譯はない外國の立法が遲々として運ばざる所の例を申しますれば幾らもありますがそれはよしませう仕舞ひまで私の聲が續きさうもありませぬから條約改正と云ことを別に致しまするど云ふと今日親族法を制定すると云ことは實に其時期を誤つたものであると言はなければならぬそれはなぜであるかと言ひまするど法典の編纂に反對を致しまするど云ふと何か人が頑固論者のやうに言ふ又政府案はこけ威しに各國の法律を澤山引いてあるから如何にも文明のやうに見ゆる併ながらさうではない喜之助不似と雖もさう頑固者流ではない腹の中にちよん髷を持つて居らぬ外貌ばかり洋服を著けても腹の中にちよん髷を持つて居る者が澤山居るそんな論者とは少しく論者が違ふから政府委員に聞いて貰はなければならぬ先づ親族法を今制定すると云ふことに附きましては從來の習慣を採らなければならぬと云ふことは論を俟たぬ又歐羅巴の主義とか云ふものも採らなければなりますまいさりながら何れの邊まで之を採り何れの邊まで之を捨てると云ふことは固より重大問題でありましてなか／＼期月の間に之を辨ずると云ふことは出來ませぬ一例を申しますれば政府案には隱居の制度と云ふものが採用してあります申すまでもなく隱居制と云ふものは我國の習慣にありま

す併ながら此隱居制が發達したのは吾々の考では色々原因もありませうけれども其重なるものを索ねて見れば封建の制度と云ふことゝそれからして佛教其他哲學的の思想よりして世を厭ふ所の主義即ち厭世主義と云ふものが勢力を得て此隱居の制度と云ふものを十分に發達せしめたものと見ゆる故に本員等の考では今日の隱居制度などと云ふものは採用すべきものでないと思ふ既に封建と云ふものは毀れて仕舞つて吾々有難くも立憲治下の民と爲たのでありますから最早封建的の遺物たる隱居の制度などに戀々して居る必要はない固より不平の餘り絶望の餘り世を果敢なみ世を捨てんとする人があるかも知れませぬけれどもそれは社會問題にうつちやつて置いて宜しい法律に於て佛敎的哲學的の厭世主義を保護するには及ばない故に今日法律を立てる時期でないと云ふことは必しも慣習を保存したいから時期でないと云ふのみではないのである舊慣の中には早うつちやつて仕舞はなければならぬものがある又奬勵して行かなければならぬものがある是等を今日法典の中に採用すると云へば要らざらんものに聲援を與へて將に亡びなんとしつゝある習慣などに活力を與ゑやうになる故に法典の時期にあらずと云ふものは新主義の注入を不可と爲す所の頑固論ではない舊來の惡習慣抔の其餘勢を止めしむると云ふことも法律を結晶せしめて固くなるものである故に此點に附いては親族法相續法のみを批難することは出來ませぬさりながら今や進みつゝある――日本封建制度を脱して立憲治下にある吾々が今

此際に於て舊慣古例と云ふものを有難く法典を以て保存すると云ふ必要も亦無いそこで新主義をば民法に採用して居らぬと云ふことは是は餘り多いですから省きませう簡單にもちよつとは花を持たすが宜いですから——之を要するに親族法相續法には疑問が甚多いのでありますそこで玆に言はうと思ひますけれども咽喉が續きませぬから箇條だけを以て皆樣が若し參照なさらんと欲するならば爲して戴きたいものを擧げる即ち本法の七百六十四條七百六十五條七百三十八條八百三條八百五條八百二十條の第二項八百八十八條八百八十九條八百九十條と云ふが如きものは非難を免れぬ所のものである今之を言はんと欲しまするけれどもどうも殘念なるかな咽喉が續きませぬ併しながら一二言ふべきことがあるのであります即ち一例を言ひますれば遺言の方式の如きものでありまず此法典に於きましては遺言と云ふものには式が定めてあります斯くミミの式と云ふものに據なければ遺言と云ふものは其効力がないとしてあります是は私は甚だ陳腐の規定であると思ふ全體昔は儀式と云ふものを尊んだのでありまするけれども世の進むと共に精神を人が尊ぶやうになりまして儀式は尊ばなくなり詰り蒔繪の重箱に蒟蒻が這入て居るよりは折詰めにもつと立派な料理が這入つて居る方が宜いと云ふやうに儀式は段々人が尊ばなくて花より團子と云ふ主義に文明は餘程促して行くのですそこで法律の事柄の羅馬法の沿革を始め諸般のことを御承知の方は御承知でございませうが儀式と云ふものを去つて實行に就

きつゝあるのが今日の有様である起草委員——政府委員は元來文明の人達であるでせうが此遺言と云ふことに附いて儀式を定めたと云ふことは是は實に不當なことであるで此遺言に儀式を定めたと云ふことは全く唯今右に申しまする通古代の人と云ふものは儀式を尊むと云ふ習慣があつて其遺り物である是が一つ今一つは陪審制度の是は結果であります歐羅巴諸國に在つては陪審制度と云ふものが行れて居まして事實の判決と云ふものは裁判官が致さずして陪審役が致すのでありますそこで陪審役と呼ふものは裁判官ほど事に慣れて居りませぬから事實の判決を誤つては困ると云ふので色々事實の判决を爲すに附いて規則と云ふものを設けてあるのです今日歐羅巴の法律に於きまして事實を判決するに附いて人の之を自由に任さずして束縛をして居ると云ふものは陪審制度に直接若くは間接に原因して居らぬものは殆どないと言ふても宜しいのでありますか然に幸に我日本に於きましては陪審制度と云ふが如きものは幸に採用せられなかつた又日本人の淡泊にして磊落なるさう儀式とか格式とかいふことをやかましく申しませぬ故に遺言證書と雖も諸般の事實より見て是は正當の遺言證書であると云ふことの事實の確信と云ふものを裁判官が腦髓に得ればそれは卷紙に書いてあらうが塵紙に書いてあらうが鉛筆で書いてあらうが實印を捺してあるまいが認印が捺してあるまいがそんなことには構つたことはない正しい遺言書であると云ふ事實さへ得ればそれで宜い無論政府委員と雖も此事は知らぬのでは

ないのでありまして千七百六條にはどう云ふことが書いてあるかと云へば千七百六條には矢張遺言と云ふものは裁判官が確信を得れば宜いと云ふことになつて居ります然らば即ち此事實と云ふものは政府委員も矢張認めて居ることであるそれから致しまして形式のことは別と致しましても遺言の性質に附いて吾〻日本人と西洋人とは餘程考を異にして居る之に附いては吾は西洋主義を少しく反駁せざるを得ないのでありますが日本に於きましては遺言と云ふものは諸般の目的を持て居ることもありませうけれどもが先づ訓誡の意味を持て居る人の將に死せんとするや其言や善しで即ち將に死せんとする所の人が己の家族妻子を枕邊に集めて財産のことなり婚姻のことなり或は祖先の祀のことなり其他即ち訓誡的の言葉が遺言であります所が歐羅巴の流義の遺言と云ふものは詰り單純なる財産處分です單純なる財産處分と云ふ意味の遺言と日本流義の遺言とは餘程名は遺言であつても其實はまるつきり違ふのですな故にどう云ふことになつて居るかと云ふに日本に於ては遺言と申しまするものは成るべく多數の人が聽くことが本旨になつて居りまして例へば親が死ぬときは子夫が死ぬときには妻は勿論のこと親族までも集めて多數の者に聽かすと云ふのが遺言の本旨である又遺言を致す場合に於ては他人は立會はずとも親族の者と云ふものは立會ふのが是が本旨である然るに歐羅巴流義の遺言はさうではありませぬ元と財産處分でありますからして是とは正反對であつて家族とか妻子とか云ふ者は立合人と

爲ることが出來ぬのでありますす是は千七十四條には遺言の證人又立合人たることを得ずと云ふことが規定してありまず其中には子供遺言者の細君相續人と云ふが如き最も將に死せんとする人に近しい關係の人は遺言の立會人と爲ることが出來ないのです是は歐羅巴流義に於ては無論正當なことです何となればば錢勘定ばかりのことでありますから遺言に依て關係のある者が立會ふと云ふと遺言を僞造するとか云ふ虞れがあるから先づ親父が長男のみを立會はして遺言をするときは何か長男のみが己に利益あるやうな遺言を拵へて仕舞ふと云ふやうな虞があると云ふことから詰り親族と云ふが如き血族の最も厚い者は遺言の立會人になることは出來ぬのである日本とは正反對でありませうそこで法律に於て規定する所は重に財産の關係でありますから詰り歐羅巴流義でも場合に依て差支はありませぬけれども今日本に於て普通遺言と稱へられるものゝ精神と斯く歐羅巴流義と違て居りまする以上は是等は採用するかせぬかと云ふことは私がどちらに贊成すると云ふことを申上げる必要がない之を右に決するか左に決するかと云ふことは何人でも日本人の頭で決ずべきことで法律家の決すべきことではないのです法律と云ふ名が附く以上は凡て法律家が決せなければならぬと云ふのは嘘である法律は法律であてつも法律に規定する事柄は當り前の人が決せなければならぬ寧ろ法律家より三百の選良諸君の方が之を決するに適當なる方〻である却て吾〻の如きは多少外國の法律を知て居るがために知らず識らず

それに引込まれて或は適當なる判斷が出來ぬかも知らぬ却つて皆樣方の方が適當なる判斷者である其外法典に於きまして隱居と云ふことが認めてありますに拘はらず隱居の財產制度がどう云ふものであるかと云ふことが明白でありませぬから是等も法律的に質問を致せば實に適用上に困難な點は澤山あります併しながら右の如き論斷は當場所に於ては甚だ不適當と思ひますから是は申しませぬ(中略)

諸君私は此政府案は否決すべきものであつて第二讀會に廻すべきものでないと思ひます何故なれば是は修正の出來るものではない四百何十條もある大きなものを此短期の議會で修正すると云へば暴を以て暴に易へるので向ふがよつん匍匐ひになつて來るから此方もよつん匍匐になつて行くと云ふ馬鹿はない政府が如何なる無謀なることをした所が議會は議會でそれだけの見識を以て行かなければならぬ諸君私は演壇を降りる前に當つて一言遺したいと思ふのは此問題に付いては諸君と云ふものは決して如何なる運動をも御受けになつたことはありますまい又た如何なる勸誘をも御受けになつたと云ふことはございますまい斯る問題の大いなるにも拘らず——小さな問題でも運動とか勸誘とか說得とか云ふものが流行るのに斯る大問題でありながら說得勸誘と云ふものがなくしてあると云ふのは本員は堅く信ずるのです正義の聲と云ふものは明治の衆議院に何等の運動何等の勸誘がなくてもどれだけの勢力を以て徹底するかと云ふこと

を天下後世に貽すのは一の快談であらうと思ふのです

民法評釋

凡例

一本書第一ノ目的ハ法文ノ趣旨ヲ明カニシテ一般人士日常ノ顧問ニ應セントスルニアリ故ニ條文ノ說明ハ專ラ平易簡明ヲ旨トス

一本書第二ノ目的ハ法文ヲ可否シテ後ノ立法者ノ一粲ニ供セントスルニアリ故ニ忌憚ナク立法上ノ可否得失ニ論及セリ

一用語ハ强メテ法律ノ術語ヲ避ケテ通常ノ俗語ヲ假ル是レ法律ノ素養ナキ讀者ニモ一讀了解シ易カラシメンカタメナリ

一一章一節ノ首ニ於ケル全体ニ關スル說明ハ或ハ掲ケ或ハ缺ク條文ノ說明モ亦然リ二者毫モ定例ナシ一ニ其要否ニ依ルナリ

一說明ハ一ニ簡易ニ從フ或ハ語リテ詳ナラサルノ嫌ナキニアラスト雖トモ深ク冗漫ヲ厭ヘハナリ

一書中評釋ノ冒頭必ス〔解釋〕若クハ〔評論〕ノ文字ヲ加フ蓋シ一瞥ノ下條文ノ說明ト評論トノ別ヲ知ルニ便ナリト思ヘハナリ

一括弧中單ニ數字ヲ記スルハ民法諸篇ノ條文ヲ指示スルニアリ其數字ニ冠シテ『舊人』ト云フハ舊民法人事篇ヲ指示スルナリ他凡テ之レニ準ス

一本書ノ評論ハ曾テ『日本』新聞紙上ニ登載シタル民法素人評ヲ取捨修正シタルモノナリ故ニ其記スル所極メテ卑近ニシテ又極メテ簡單ナリ盖シ一般人士ヲシテ一讀了解セシメンコトヲ欲スレハナリ

民法評釋 親族相續 目次

目次終

民法評釋

親族編
相續編

前法典調査會委員
法學士　山田喜之助校閲
小林里平著

緒言

本書ノ目的

民法ノ沿革

本書ノ目的二アリ法文ノ旨趣ヲ明ニシテ大方博雅ノ參考ニ資セントスルモノ是レ其ノ一、法文ヲ可否シテ後ノ立法當局者ノ一粲ニ供セントスルモノ是レ其ノ二、第一ノ目的ハ云ハスモアレ第二ノ目的ニ至テハ豫シメ一言シ置クノ要アラン

今我邦ニ於ケル民法ノ沿革ヲ繹ヌルニ其ノ成文法トシテ發布セラレタルハ實ニ明治二十三年三月其ノ一部タル財産編、財産取得編（相續以外ノ部分）債權擔保編、證據編ヲ發布シタルヲ始メトシ同年十月ヲ以テ財産取得編ノ殘部タル相續ノ部分及ヒ人事編ヲ發布シ兎モ角モ玆ニ始メテ民法全体ノ成文法ヲ見ルニ至リヌ然レトモ其ノ法タルヤ一ニ佛蘭西民法ニ摸倣シタルカタメ往々ニシテ本邦ノ風俗習慣ト牴觸スルモノアリ、一時世論囂々トシテ非難ノ聲喧シク未タ施行ノ期ニ至ラスシテ早既ニ延期セラルル是實ニ明治二十五年十一月ナリキ

爾來政府ハ法典調査會ヲ設ケ所謂朝野ノ碩學名士ヲ擧ケテ修正案ヲ調査セシメ同二十九年四月ヲ以テ再ビ修正民法ヲ發布ス而カモ今度ノ編纂法タルヤ一ニ獨乙民法草案ノ編纂法ニ則リ全部ヲ分チテ總則、物權、債權、親族、相續ノ五編トナシ先ツ其内ノ前三編ノミヲ發布シタルモノニシテ後ノ親族、相續ノ二編ハ猶ホ起草調査中ニアリキ次テ同三十一年五月其ノ殘部タル親族、相續二編ノ修正案成リ之レヲ第十二議會ニ提出シ新條約實施ノ付帶條件トシテ其ノ即決ヲ强要シ辛フシテ同年六月ヲ以テ之レヲ發布シ茲ニ始メテ修正民法全部ヲ見ルノ運ヒニ至リヌ

偖テ此ノ親相二法カ第十二議會ニ於テ如何ナル魂膽ノ下ニ議決セラレタルカヨリ云ハンニ當時同案ノ貴族院ニアルヤ一方ニ於テハ增稅案ノ運命衆議院ニ危ク今ヤ政府ハ最後ノ一手段トシテ議會解散ノ外策ノ出ツル所ヲ知ラス然トモ生憎ヤ一方ニハ新條約實施ノ付帶條件トシテ重大事視スル所ノ親相二法ノ貴族院ニアルアリ今其ノマヽ解散セハ同法モ亦未決トナリ所謂虻蜂取ラスノ愚ヲ見ルニ至ランコトヲ恐レ是ニ於テ乎貴族院ニ向テ其即決ヲ强要ス貴族院亦本案未決ノ結果カ或ハ條約實施ノ障礙タランコトヲ氣遣フ折柄ナリシカハ『兎ニ角一時可決シ置カン』トノ姑息說多數ヲ占メ遂ニ略式ニモ特別委員會ノ報告ヲモ待タス直チニ可決確定スルニ至レリ

修正ノ必要

然レトモ貴族院ノ諸氏ハ固ヨリ本案ノ重大問題タルヲ知ラサルニアラス又委員會ノ審査ヲ經サルノ略式タルヲ知ラサルニアラス唯當時規定ノ手續ヲ履ミテ十分ノ審査修正ヲ爲スガ如キハ時

日ノ許サヽルモノアリシタメ已ムヲ得ス其マヽ一時人間ニ合セニ可決シ置キシナリ此ノ點ニ於テ既ニ本法ハ再ヒ審査修正スヘキノ要アルヲ見ル

更ニ他ノ點ヨリ觀察センニ凡ソ何等ノ法律タルヲ問ハス之レヲ制定スルニ當テハ一般法理ニ依ルノ外其ノ國ノ道德習慣ヲモ參酌セサルヘカラス就中親相二法ノ如キ人事ノ法則ニ於テ殊ニ然リトナス初メ我カ法典ノ他ノ部分カ悉皆外人ノ手ニ依リテ起草セラレタルニモ拘ハラス親相二法ノミハ終始邦人ノ手ニ於テ起草セラレタルニテモ知ルヘシ之レヲ思ヘハ親相二法ト道德習慣トノ關係カ如何ニ密接ナルカヲ察スルニ餘リ有ラン

斯クノ如ク彼此ノ關係甚タ深キニモ拘ハラス單ニ外國法ニ則リテ繙譯的法律ヲ制定シ若クハ學理上論理的ニ之レヲ制定センカ其法律タルヤ風俗習慣ト扞格シ遂ニハ良風美俗ヲモ破壞シ去ラサレハ已マス將タ國民實踐道德ト相背馳シ兩者ノ制裁力ハ大ニ減セラルヘク其ノ甚タシキニ至テハ社會ハ遂ニ混沌ニ陷ランノミ本法ハ果シテ此等ノ點ニ就テ遺憾ナク斟酌セラレタルカ若シ法律ヲ制定スルニ當リ能ク道德ト法律トヲシテ調和セシメントセハ必スヤ其ノ編纂事業ヲシテ法律專門ノ人士ニノミ委セス寧ロ道德家、宗敎家、敎育家ヲシテ大ニ講究セシメサルヘカラス政府當局者ハ既ニ其ノ草案ヲ法典調査會ニ付シタルヲ以テ十分ノ攻究ヲ經タリトイフト雖トモ同會ハ是レ唯法律專門家ノ集合ニ過キス吾人カ必要トスル所ノ道德家、敎育家、宗敎家ノ輩ハ殆ト一人モ加ハリ居ラサリキ去レハ之レカ爲メニ吾人ノ希望ハ未タ一分モ充タサレス寧ロ親相二法ハ却テ國民ノ實踐道德ヲ外ニシテ制定セラレタルモノト思フナリ

偖テ又習慣舊俗ハ如何ニ參酌セラレタルカ政府當局者ハ大ニ之レヲ參酌シタリトイフト雖トモ參酌スルハ畢竟程度論ナリ果シテ然ラハ舊慣ハ如何ナル程度ニ於テ採用セラレタルカ其ノ採ルヘキモノヲ採ラスシテ採ルヘカラサルモノヲ採リシ所ハナキカ創定スヘキモノヲ創定セスシテ創定スヘカラサルモノヲ創定シタル所ハナキ乎此等ノ諸點ニ對シテ議會ハ親タシク綿密鄭重ナル審査ヲ加フヘキ筈ナルニ時利アラスシテ其ノ此所ニ出ツル能ハサリシハ頗フル遺憾トスル所ナリ

今私カニ法文ヲ一査スルニ舊慣ノ採ルヘクシテ採ラサルモノ新例ノ創ムヘカラスシテ創メタルモノ數フルニ遑アラス試ミニ今其ノ一二ヲ擧ケンカ有夫ノ婦ノ女戸主ノ如キ家族制ノ妙所ニ代フルニ强テ個人制ヲ以テシタルカ如キ後見人規則ノ非常ニ繁雜ニ失セルカ如キ家産ヲ認メサルカ如キ遺產ヲ無限ニ分配スルカ如キ皆ナ其ノ採否ヲ誤マリシモノニアラスヤ故ニ本法ハ今後大ニ審査修正ヲ要スルモノナリ

本法カ斯クノ如キ歷史ノ下ニ制定セラレタルコトヲ思ヘハ其早晚修正セラルヽコトアルヘキモ亦知ラレサルニアラス故ニ吾人ハ今法文ヲ解釋スルノ傍ラ折リニフレテ立法上ノ可否ヲモ試ミ

本法實施後ニ於ケル吾人ノ覺悟

ントス讀者幸ニ諒トセヨ

其他尙ホ一言スヘキモノアリ抑本法ハ略式ニモセヨ兎ニ角議會ヲ通過シ一個ノ法律トシテ發布セラレタルモノナリ是レヨリ本邦人民タルモノハ財産ノ有無ヲ問ハス生計職業ノ如何ヲ論セス男トナク女トナク老トナク少トナク將タ又胎兒死人ニ至ル迄苟クモ一旦生ヲ此國ニ稟ケタル者ハ皆ナ此ノ法律ノ支配ヲ受ケサルヲ得ス是レヨリ温乎タル我カ道德的家庭ハ端ナク破壞セラレテ勃窣峻酷ナル法律的關係トナリ朝夕ニ親子ノ訴訟ヲ爲シ夕ニ夫婦ノ訴訟ヲ爲スノ已ムヲ得サルニ至ラントス由來親族間ノ關係ハ親慈ニ子孝ニ兄友ニ弟悌ニ有無相通シ苦樂相共ニシ專ラ愛情ト德義トニ依リテ行動スヘキハ本旨ナリ然ルニ本法ノ如キ規定アルニ至リシ所以ノモノハ太甚シキ人倫ノ激變ヲ矯メテ常經ニ近ツカシメントスルニ出ルモノニシテ決シテ至正ノ常道ヲ敎ユルモノニアラス而カモ本邦ニアリテハ維新革命ノ結果道德ノ根蔕ニマテ動搖ヲ及ホシ道德ノ敎今猶ホ一向ニ行屆カス是ヲ以テ往々此ノ已ムヲ得サルニ出テタル法律ノ規定ヲ以テ人ノ踏ムヘキ常道トナシ曲直ヲ法庭ニ爭フテ耻チサルモノアルニ至レリ慨シテ歎スヘキナリ彼ノ健訟濫訴ノ弊由來惡ムヘクシテ而シテ親族間ニ於テ殊ニ然リトナス今本法ヲ見ン人豫シメ深ク之レヲ思ヒ成ルヘク之レカ妄用ヲ避ケンコトヲ注意セサルヘカラス

第四編　親族

總論

親族法ノ沿革

本編ノ目的トスル所ハ權利ノ主体タルヘキ人ノ身分及ヒ親族ノ關係ヲ定ムルニアリ例ヘハ父子夫婦兄弟等ノ身分及ヒ之レヨリ生スル身分上ノ權利關係ヲ定ムルニアリ是レ之レヲ稱シテ親族法トイフ所以ナリ

今廣ク世界各國ニ於ケル親族法ノ沿革ヲ尋ヌルニ凡ソ之レヲ三期ニ區別スルヲ得ヘシ

第一期　宗族時代

抑古代ニ於ケル元始ノ人類カ始メテ共同生活ヲ爲シ以テ社會ノ端緒ヲ開クニ當リテヤ先ツ血統ヲ同シクスルモノ相集リテ居所ヲ共ニシ漁獵ヲ共ニシ土地其他ノ財産ヲ共有シ一族中ノ婦女ヲモ共有シタリシヨリ之レヲ宗族時代（一名酋族時代）トイフ此時代ニアリテハ其宗族團体ノ守ルヘキ法律ハ其宗長カ一族ニ下シタル所ノ命令ナリキ故ニ此時代ニ於ケル親族法ハ各人カ一族中ニ於テ有スル地位ノ如何ニ依リテ異ナリキ

第二期　家族時代

人文漸ク發達スルヤ家族共有制ノ不當ナルヲ認メ之レニ代フルニ家族制ヲ以テスルニ至レリ此時代ニ於テハ社會ノ原位ハ一家ナリ故ニ社會ノ首長タル立法者ハ只家長ノ遵奉スヘキ規則ノミヲ定メ家族ハ家長ノ管理ニ委任セリ其後漸ク家族ノ權利義務ヲ規定スルニ至リシト雖トモ其權利義務タルヤ概ネ家族カ其一家内ニ於ケル關係ニ基キテ定メタルモノナリ

第三期　個人時代

社會ノ人口漸ク增加シ生存競爭ノ結果生計漸ク困難ヲ加ヘ所謂夫婦共稼キニアラサレハ渡世シ難ク家長ノ外ニ個々獨立シテ營業ヲ爲ス等個人ノ活働漸ク盛ナルニ至リテハ家族制ニ代フルニ個人制ヲ以テスルノ必要ヲ生ス而シテ個人制ナルモノハ法律上家長ナルモノヲ認メス個々名々獨立シテ權利義務ヲ授受セシムルモノニシテ歐米現行ノ親族法概ネ是レナリ

親族法ノ沿革斯クノ如シ而シテ本邦ハ維新以來種々ノ刺擊ト原因トニ依リ今ヤ家族制ヨリ個人制ニ進ミツヽアルモノニシテ所謂族制上ノ過度時代ニアルモノナリ

此過度時代ニ於テハ世ノ習慣ナルモノ時々刻々變遷シ昨日ハ習慣トシテ尊重セラレタルモノモ今日ハ忽チ廢タレ今日新例ナリトシテ怪マレシモノモ明日ハ早ク既ニ習慣トシテ行ハルヽモノアリ殆ト一定ノ習慣ナシト言フモ可ナリ如此百事變遷ノ時代ニ在リテ法律ヲ制定セントセハ其規定ハ唯大綱ヲ擧クルニ止メ少クモ議論アル點ニ就テハ細目ニ涉ルヲ避ケ以テ法律ノ自然的發

達ヲ防害セサルヲ可トス然ルニ本法ハ親族法ノミニ八章二百三十餘條ノ多キヲ費シ細目ニ渉リ枝葉ニ流レ議論ヲ決定シ新例ヲ創定ス誰カ本法ヲ以テ法律ノ自然的發達ニ害ナシト云ハンヤ而シテ其ノ何レカ習慣ト抵牾スヘキヤ何レカ法律ノ發達ヲ害スヘキヤノ細目ニ至テハ更ニ各條ノ下ニ於テ說クコトアルヘシ

第一章 總則

〔解釋〕 本章ニ於テハ親族ノ範圍及ヒ親等ノ計算法ニ關スル規則ヲ定メタリ而シテ總則ハ本法全体ニ通スル規則ニシテ他章ニ至リテ往々之レヲ引用スルノ必要ヲ見ルコトアルヲ以テ豫メ最モ注意スヘキ所ナリ

第七百二十五條 左ニ掲ケタル者ハ之ヲ親族トス

一 六親等內ノ血族

二 配偶者

三 三親等內ノ姻族

〔解釋〕 本條ハ親族ノ範圍ヲ定メタルモノナリ

遠近親疎ヲ問ハス單ニ親族ト稱スルトキハ開闢以來殆ト三千年ニ及ハントスル本邦ニ於ケル親族ノ等數豈ニ啻ニ數十百親等ノミナランヤ而カモ法律カ際限モナク疎遠ナル親族間ノ關係ヲ定ムルハ要ナキコトナレハ法律ハ茲ニ一區域ヲ設ケ特ニ法律上ノ親族ノ範圍ヲ定メタルナリ

一『親等』トハ『親族ノ等級』トイフコトニシテ親族タル關係ノ親疎ヲ示ス爲メノ等級ナリ

『血族』トハ血統ノ聯結スル親族トイフコトニテ血統ノ聯結セル人々ノ關係ナリ

二『配偶者』トハ夫婦ノ關係アルモノヲイフ血統ノ關係コソナケレ固是レ夫婦ハ一心同體ナレハ民法ニ於テハ法律上ノ假定ヲ以テ之レヲモ一ノ親族ト爲スナリ

三『姻族』トハ夫婦中ノ一方ト其配偶者ノ親族トノ關係ヲイフ故ニ例ヘハ余カ妻ノ實父母、實兄弟等ハ皆ナ余カ姻族ナリ此姻族中次條ノ計算法ニ依リテ三親等以內ニ當ルモノハ則チ民法上ノ親族タリ

本條ニ定メタル三種ノ親族以外ノモノハ假令實質上ニ於テハ親族タリトモ民法上ニ於テハ之レヲ親族ト見サルナリ故ニ本邦從來ノ習慣上第一ノ親類トシテ親密ノ往來ヲ爲シタル彼ノ本家分家ノ如キハ民法上ニ於テハ殆ト關係ナキモノト看做サルヽナリ

第七百二十六條　親等ハ親族間ノ世數ヲ算シテ之ヲ定ム

傍系親ノ親等ヲ定ムルニハ其一人又ハ其配偶者ヨリ同始祖ニ遡リ其始祖

ヨリ他ノ一人ニ下ルマデノ世數ニ依ル

〔解釋〕　本條ハ親等ノ計算法ヲ定メタルモノナリ

親等ハ親族間ノ世數ヲ計算シテ之レヲ定ムルモノニシテ一世ハ一親等トナリ二世ハ二親等トナルノ類ナリ而カモ之レヲ實際ニ應用センニハ先ツ直系傍系ノ區別ヲ明ニ知ルヲ要ス依テ先ツ直系傍系ノ區別ヨリ説明セン

抑親族間ニハ親系ナルモノアリ依テ以テ親等ヲ連續ス而シテ彼レヨリ此レニ直下スル者ノ親系ヲ稱シテ直系ト云フ例ヘハ父母ト子孫トノ如シ今之レヲ圖解ニスレハ左ノ如シ

（直系圖）　曾祖父母――祖父母――父母――自己――子――孫――曾孫

其ノ血統ノ同祖先ヨリ出テ而カモ其ノ直下セスシテ自己ノ傍側ニ連續スル親系ヲ傍系トイフ兄弟間若クハ叔姪間ノ如キ是レナリ之レヲ圖スレハ左ノ如シ

（傍系圖）

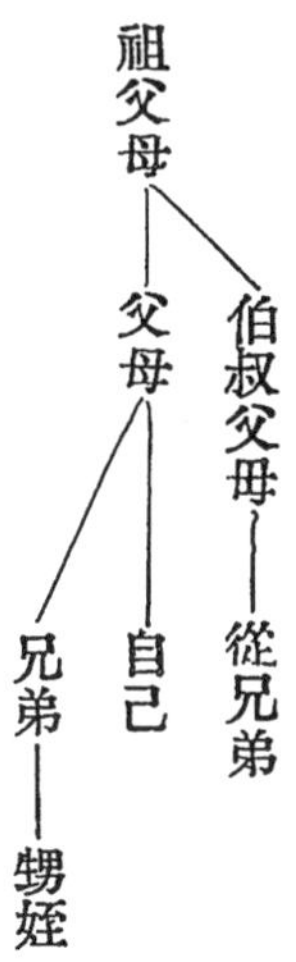

又親族間ニハ尊屬親卑屬親ノ別アリ序次玆ニ一言スルヲ要ス則チ直系ニ於テ自己ノ出ル所ノ親族ヲ尊屬親ト謂フ例ヘハ父母、祖父母ノ類是レナリ前顯直系圖中自己ノ上位ニアルモノハ皆尊

屬親ナリ
又直系ニ於テ自己ヨリ出ル所ノ親族ヲ卑屬親ト謂フ即チ子孫ノ類是レナリ前顯圖中直系ノ下位ニアルモノ皆ナ是レナリ
親等ノ計算ハ皆ナ自己ヨリ初メ親系ヲ追フテ世數ヲ數ヘテ定ムルモノナリ故ニ直系親ノ計算ハ最モ簡易ナリ即チ尊屬親ニアリテハ父母ハ自己ノ一親等ニシテ祖父母ハ二親等タリ卑族親ニアリテハ子ハ自己ノ一親等、孫ハ二親等タリ其他順次一世毎ニ一等ヲ加フヘキノミ
傍系親ノ數ヘ方モ亦之レト同一理ナレトモ稍々混雜スルモノアリ例ヘバ兄弟ハ余ガ父母ヨリ分レタル傍系親ニシテ父母ヲ仲立トシテ血ノツヾキ居ルナリ故ニ其ノ親等ヲ數フルニハ先ヅ親系ヲ追ヒ數ヘテ親ニ上ラザルベカラス則チ余ト余ガ父母トノ間ヲ一親等トシテ余ガ父母ト余ガ弟トハ親子故ニ此ノ間ヲ又一親等トシ此ノ二ツヲ合セタルモノ即チ二等親ガ兄弟間ノ親等ナリ又例ヘバ余ト叔父トハ前圖ノ血統ノツヾキヲ示シタル黑線即チ親系ヲ數ヘテ其分レタル祖父母ニ上リ更ラニ叔父ニ下リタル數ニシテ即チ三等ナリ從兄弟ハソレヨリ更ラニ一階ヲ下リタルモノニシテ四親等ナリ其ノ他再從兄弟ハ五親等トナリ再々從兄弟ハ六親等トナル理ナリ
姻族ニ就テモ同一ナリ例ヘハ余カ妻ノ父母ハ余カ一親等ニシテ妻ノ兄弟ハ余カ二親等ナリ又其ノ兄弟ノ子ハ三親等ナリ更ニ一圖ヲ左ニ示サン是又自己ヲ起點トシテ數フヘシ

（親等表）

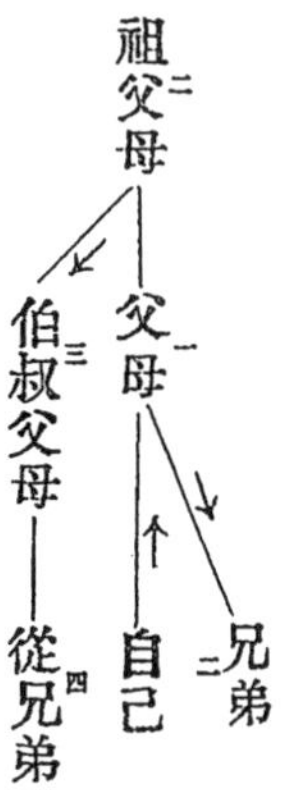

第七百二十七條 養子ト養親及ヒ其血族トノ間ニ於テハ養子縁組ノ日ヨリ血族間ニ於ケルト同一ノ親族關係ヲ生ス

〔解釋〕 本條ハ養子縁組ヨリ生スル親族關係ヲ定メシモノナリ

本條ノ『養子』トハ世俗ニ所謂貰子ノ謂ニシテ彼ノ入婿又ハ婿養子ノ類ヲ含マス尤モ單ニ養子ト云フモ男子ノ養子ノミニアラス舊法ノ所謂養女モ亦此ノ内ニアリト知ルヘシ

養子ノ可否ニ就テハ後ニ論スルコトアルヘシト雖トモ一旦之レヲ許ストスル以上ハ『養子縁組ノ日ヨリ血族間ニ於ケルト同一ノ親族關係ヲ生ス』ト爲スハ當然ノコトナリ

第七百二十八條 繼父母ト繼子ト又嫡母ト庶子トノ間ニ於テハ親子間ニ於ケルト同一ノ親族關係ヲ生ス

〔解釋〕 本條モ血統ノ連續ナキモ繼父母ト繼子ト嫡母ト庶子トノ間ニハ眞ノ親子ト同一ノ親族關係ヲ生セシムル旨ヲ定メタルモノナリ

『庶子』トハ婚姻ニ因ラスシテ生レシ私生子ノ父ニ認メラレタルモノヲイフ換言セハ父ノ認知シ

タル私生子ヲ庶子トイフナリ是レ父ノ知レサル私生子ト區別センカタメナリ其ノ認知ヲ爲シタル父ノ正當ノ妻ハ則チ嫡母ナリ

第七百二十九條　姻族關係及ヒ前條ノ親族關係ハ離婚ニ因リテ止ム

夫婦ノ一方カ死亡シタル場合ニ於テ生存配偶者カ其家ヲ去リタルトキ亦同シ

〔解釋〕　本條ハ親族關係ノ消滅スル原因ヲ定メタルモノナリ

第七百三十條　養子ト養親及ヒ其血族トノ親族關係ハ離緣ニ因リテ止ム

養親カ養家ヲ去リタルトキハ其者及ヒ其實方ノ血族ト養子トノ親族關係ハ之ニ因リテ止ム

養子ノ配偶者、直系卑屬又ハ其配偶者カ養子ノ離緣ニ因リテ之ト共ニ養家ヲ去リタルトキハ其者ト養親及ヒ其血族トノ親族關係ハ之ニ因リテ止ム

〔解釋〕　本條モ亦親族關係消滅ノ原因ヲ定メタルモノナリ

本條第二項ハ養子カ其家ヲ去ルニアラスシテ養親カ其ノ家ヲ去ル場合ナリ例ヘハ余甲ナルモノ

ヲ養子ト爲シタルニ十餘年ヲ經ルモ子ナシ甲ハ之レヲ憂ヘ更ラニ乙者ヲ己レノ養子ト爲セリ而シテ此ノ養親タル甲ハ其後故アリテ離縁トナリ余カ家ヲ去リタルカ如キ場合即チ是レナリ斯カル場合ト雖トモ其ノ養親タル甲者カ自ラ養家ヲ出テ去ルトキハ乙者タル養子カ離縁ニ因リテ養家ヲ去ル場合ト異ナルコトナク養子タル乙者ト養親タル甲者トノ人爲的親子ノ關係ノ絶ユルコトハ同一ナリ故ニ此ノ場合ニ於テモ第一項ト同シク親族關係止ムト定メタルハ當然ナリ法文ニ『其ノ實方ノ血族』トイヘル文字アリ通常養子ノ場合ニ於テハ實方トハ『養子ノ實家ノ方』トイフ意味ニ用ユルノ例ナルヲ以テ本條ノ場合モ亦或ハ養子ノ實家ノ方ナランカトノ考ヘ起ラサルニアラス然レトモ本條ハ之レト異ナリ今前例ヲ借リテ云ヘハ養親タル甲者ノ方ノ血族トイフノ意ナリ

第七百三十一條

第七百二十九條第二項及ヒ前條第二項ノ規定ハ本家相續、分家及ヒ廢絶家再興ノ場合ニハ之ヲ適用セス

〔解釋〕　本條ハ親族關係ノ止ム場合ノ例外ヲ定メタルモノナリ

第七百二十九條第二項即チ夫婦ノ一方カ死亡シタルニ後ニ生キ殘リタル配偶者カ其ノ家ヲ去ル場合及ヒ前條其二項即チ養親カ養家ヲ去ル場合ハ之レニ因リテ親族關係ノ止ムヲ原則トスルコトハ右第二項ニ定メタル所ナリ右ノ場合ニ於テ其家ヲ去ルハ多少不和等ノタメナルヲ以テ之レ

ト同時ニ親族關係モ止ムコト、爲スハ當然ナレトモ本條ノ如ク本家ノ相續分家及ヒ廢絶家再興等ノタメニ其ノ家ヲ去ルハ正當且ツ必要ノ原因ノタメニシテ決シテ不和合等ノタメニアラス依テ法律ハ此ノ例外ヲ設ケシナリ

本法ハ家族制ノ名ニ於テ個人制ヲ行フモノナリ

第二章　戶主及ヒ家族

〔評論〕　本法ハ家族制ノ名ニ於テ個人制ヲ行フモノナリ

先ツ家族制及ヒ個人制ノ如何ナルモノモノナル乎ヲ一言スレハ家族制トハ權利義務共ニ戶主ノ身分ニ附隨セシメ其財產ヲ家產ト稱シ家族ノ共通ニ付スルモノナリ個人制トハ總テノ權利義務ハ一々各自ノ契約ニ依リテ定マリ財產ヲ各自ニ分有スルモノナリ然レトモ一種ノ變態的家族制トモ稱スヘキモノ尙ホ一アリ右二制ノ中間ニ行ハルルモノ是ナリ本邦ノ家族制ノ如キハ蓋シ此變態的家族制ノ種類ニ屬ス而シテ變態的家族制ハ或程度迄ハ個人ノ權利ヲモ尊重スルノ餘裕ヲ有スルモノナリ

抑社會ノ人口增殖シテ生計困難ヲ加ヘ人智狡獪ヲ極ムルニ至リテハ法三章的家族制ハ頗フル汎博ニ過クルノ感ナキ能ハス是ニ於テ乎緬氏ノ徒頻リニ『社會發達シテ個人制ノ便』ナルヲ云ヘリ偖テコソ本邦ノ學者亦頻リニ個人制々々々トソ云フナル然レトモ本邦ノ經濟事情ハ未タ斯クマ

テ生計ノ困難ヲ告ケス隨テ個人制ノ必要甚タ薄ク實際ニ於テハ今猶ホ家族制ヲ襲用シ居ルモノ多キヲ以テ本法ハ尙ホ家族制ヲ採用セリ然レトモ本法ハ如何ナル程度ニ於テ家族制ヲ採用シタルカハ大ニ吟味スヘキ所ナリ

借テ本邦習慣ノ『家』ナルモノヲ見ルニ凡ソ一家內ニ於テハ其財產ハ共通ニシテ妻ハ夫ヲ助ケ子ハ親ヲ助ケ以テ其財產ヲ增殖セシメ親タリ夫タルモノハ又其子其妻ヲ扶養シ一家苦樂ヲ共ニシ有無相通スル所ノ家族團體ヲ指シタルモノニシテ法律語ニ所謂『法人體』ナリキ此ノ家族團體ハ代表者ヲ指シテ戶主ト云フ然ルニ本法ハ『家』ナルモノヲモテ一ノ家族團體ト見ス單ニ戶籍上ノ關係ノミトナシタリサレハ家族ト云フモ單ニ籍ヲ其ノ家ニ付屬セシムルタケニ過キス苦樂ヲ共ニスルニアラス有無相通スルニアラス家族ト云フハ名ノミ事實ハ個人ト個人ノ關係ニシテ恰モ同居寄留ト一般ナリ故ニ家族制トイフハ名ノミ其ノ實ハ個人制也是レヨリ日本ノ習慣タル家族制ノ實ハ破壞セラレ同時ニ德義ノ源泉ハ永クコヽニ枯レントス

今本法ノ家族制度ハ何故ニ斯ク迄有名無實トナリシカヲ尋ヌルニ元來本邦ノ習慣ニ依レハ家族中ニハ必ス一ノ『家產』ナルモノアリ常ニ戶主ヲシテ之レヲ有セシム而カモ此財產タルヤ元來家族團体ニ屬スルモノニシテ則チ家族ノ共有財產ナリ戶主ヲシテ之レヲ有セシムル所以ノモノハ戶主ハ家族ノ代表者ナルカ故ノミ決シテ戶主一人ノ私ノ財產ニハアラス其ノ意味ヨリシテ之レ

ヲ名ケテ家產ト云フ實ニ家族團体ヲ維持スルノ費用ナリ然ルニ本法ハ一方ニ於テ家族制ヲ採リナカラ他方ニ於テハ其維持ニ必要ナル家產ヲ認メサルヲ以テ遂ニ家族制ヲシテ實際ニ行フコトヲ得サラシムルニ至リシナリ換言スレハ本法ハ一方ニ於テ財產相續ヲ主トシ家督相續ノ特權ニ屬スルモノハ僅カニ系圖ト祭典ノ器具ノミトシ(九八二)毫モ家產ヲ認メス隨テ家族制ノ實茲ニ亡フルニ至リシナリ

吾人ハ必スシモ家族制ヲ以テ未來永劫保存スヘキ制度ナリトハ思ハス后來若シモ人々射利ヲ事トシ錙銖ヲ爭フノ甚タシキニ至ラハ或ハ個人制ヲ採用スルノ要ナキヲ保セス然レトモ時運果シテ斯クノ如キ有樣ニ至レハ法律ノ禁セサル以上ハ世間ハ自ラ個人制ヲ用ユルコト丶ナリ茲ニ個人制ノ習慣ハ生セン是ニ至テ始メテ法律ハ個人制ヲ採用スヘキノミ是レ法律制定ノ順序ナリ曷ソ法律ノ規定ヲ以テ家族制ノ名ノ下ニ密カニ個人制ヲ行フヲ須ヰンヤ然ルニ我カ立法者ハ始メハ進テ家族制ノ名ヲ採ルノ雅量アリナカラ遂ニ家產ヲ廢シテ其ノ實ヲ擧クルヲ得サラシメヌ何ソ先ニ雅量ニシテ後ニ暴ナルヤ故ニ吾人ハ折リモアラハ更ラニ幾分ノ家產ヲ設ケテ家族制ノ實アラシメ以テ法律ト習慣トヲシテ調和セシメント欲スルモノナリ

第一節　總則

第七百三十二條　戸主ノ親族ニシテ其家ニ在ル者及ヒ其配偶者ハ之ヲ家

族トス

戸主ノ變更アリタル場合ニ於テハ舊戸主及ヒ其家族ハ新戸主ノ家族トス

〔解釋〕　本條ハ家族ノ範圍ヲ定メタルモノナリ是レ世俗ノ所謂家族ナルモノハ其範圍明確ナラス然ルニ本法ニ於テハ戸主ト家族トノ間ニ種々ノ權利義務ノ關係ヲ生セシムルヲ以テ豫シメ其ノ範圍ヲ明カニシ置クノ必要アレハナリ

『家』トハ有形上ノ家屋ノ謂ニアラス無形ノ家族團体ヲ指スナリ換言スレハ本法ノ家トハ戸籍ヲ指スナリ

『其家ニ在ル者』トハ戸主ノ戸籍中ニアルモノヲイフ去レハ現ニ同居スルモ戸籍ニシテ異ナルモノハ家族ニアラス又假令他所ニ寄寓シ若クハ他家ニ寄留スル人ナリトモ戸籍ニシテ同一ナリセハ則チ家族タリ故ニ其ノ反對ヨリスレハ假令同居スルモ奴、婢、妾ノ籍ヲ同シウセサルモノハ一切家族ニアラス

從來ノ家族中ニハ本法ニ依リテ家族トスヘカラサルモノ例ヘハ六等親以外ノ遠縁ノモノ又ハ本家分家等ノ關係ノミノモノ即チ本法ノ所謂親族ニアラサルモノニシテ尙ホ家族トナリ居ルモノ甚タ多シ今後ハ此等ノモノハ家族トナルコトヲ得ス深ク注意セサルヘカラス但シ民法施行法第六十二條ニ依リ本法施行ノ際既ニ家族トナリ居ルモノハ假令民法ノ規定ニ依レハ家族タルコト

ヲ得サルモノニテモ其ノモノニ限リ其ノマヽ之レヲ家族ト爲シ置クノ定メナリ

第七百三十三條　子ハ父ノ家ニ入ル
父ノ知レサル子ハ母ノ家ニ入ル
父母共ニ知レサル子ハ一家ヲ創立ス

〔解釋〕　露骨ニ云ヘハ本法ノ『家』ナルモノハ戸籍ニ當ルヨシハ既ニ之レヲ云ヘキ去レハ通常子カ父ノ『家』即チ父ノ戸籍ニ入リ又父ノ知レサルトキハ母ノ戸籍ニ入ルトイフコトハ當然ノコトナリ又父母共ニ知レサル子ハ屬スヘキ家ナキヲ以テ一家ヲ創立スル也

第七百三十四條　父カ子ノ出生前ニ離婚又ハ離縁ニ因リテ其家ヲ去リタルトキハ前條第一項ノ規定ハ懷胎ノ始ニ遡リテ之ヲ適用ス
前項ノ規定ハ父母カ共ニ其家ヲ去リタル場合ニハ之ヲ適用セス但母カ子ノ出生前ニ復籍ヲ爲シタルトキハ此限ニ在ラス

〔解釋〕　子ハ父ノ家ニ入ルヲ以テ原所トスレトモ若シ子ノ生レ出ツル前ニ父カ離縁又ハ離婚トナリテ其ノ家ヲ去リタルトキハ前條ノ所謂父ノ家ハ懷胎ノ始メニ溯リテ之レヲ定ムヘシ例ヘハ余カ甲家ニ婿トナリテ乙女ヲ懷胎セシメ其後離婚トナリテ出テ去リタルトキハ其ノ子ハ余カ懷胎ノ始メニ居リシ所即チ甲家ニ入ルコトヽナルナリ

戸主ヲシテ私生子ノ其家ニ入ルヲ拒マシムルハ不法也

第二項ハ前例ノ場合ニ於テ父母共ニ甲家ヲ去リタル場合故温乎タル母ノ懐ヲ離シテ其ノ子ノミ獨リ甲家ニ入ルヽニ忍ヒサルニ依リ母ト共ニ現在ノ父ノ家ニ入ルヽコトヽス其ノ但書ノ場合ハ例外ノ例外ナレハ即チ原則ニ戻リテ第一項ト同シク甲家ニ入ルナリ

第七百三十五條　家族ノ庶子及ヒ私生子ハ戸主ノ同意アルニ非サレハ其家ニ入ルコトヲ得ス

庶子カ父ノ家ニ入ルコトヲ得サルトキハ母ノ家ニ入ル

私生子カ母ノ家ニ入ルコトヲ得サルトキハ一家ヲ創立ス

〔解釋〕本條ハ庶子及私生子ノ入ルヘキ家ヲ定メタルモノナリ

〔評論〕戸主ヲシテ私生子ノ其家ニ入ヲ拒マシムルハ無法也

戸主ヲシテ私生子カ母ノ家ニ入ルヲ拒ムコトヲ得セシムルハ如何アルヘキ乎私生子ハ元來不義ノ子タルニ相違ナシト雖トモ其ノ子ニ何ノ罪アルヤ家族ハ戸主ノ威權ニ服從スヘキ義務アルモノニシテ戸主ハ實ニ其家族全体ヲ監督スルノ責メアル者ナリ家族ノ一人カ斯カル不義ノ子ヲ産ムカ如キハ畢竟監督不行屆ノ點アルカ爲メナリ戸主モ亦幾分カ其ノ責ヲ分タチハナラヌモノナリ然ルニ其ノ責ヲ分ツヘキ戸主ヲシテ却テ何ノ罪モナキ私生子ノ母ノ家ニ入ルヲ拒ムコトヲ得セシムルニ至テハ吾人ハ其ノ事理顚倒ヲ疑ハサルヲ得ス

第七百三十六條　女戸主カ入夫婚姻ヲ爲シタルトキハ入夫ハ其家ノ戸主ト爲ル但當事者カ婚姻ノ當時反對ノ意思ヲ表示シタルトキハ此限ニ在ラス

〔解釋〕　戸主ハ通常男子ヲ以テスルコト日本ノ慣例ナルヲ以テ本法モ亦『女戸主カ入夫婚姻ヲ爲シタルトキハ入夫カ其ノ家ノ戸主トナル』ト定メタリ尤モ本法ハ有夫ノ婦ノ女戸主ヲモ認容スルノ主義ナルヲ以テ此處ニ但書ヲ設ケ右ノ規則ニ反對ノ意思ヲ示シタルモノハ依然女戸主ヲ繼續スルモ差支ナキ旨ヲ定メタリ但シ其不當ナルコトハ後ニ論スル所ニ就テ見ルヘシ

第七百三十七條　戸主ノ親族ニシテ他家ニ在ル者ハ戸主ノ同意ヲ得テ其家族ト爲ルコトヲ得但其者カ他家ノ家族タルトキハ其家ノ戸主ノ同意ヲ得ルコトヲ要ス

前項ニ掲ケタル者カ未成年者ナルトキハ親權ヲ行フ父若クハ母又ハ後見人ノ同意ヲ得ルコトヲ要ス

〔解釋〕　本條ハ家族ノ出入ノ原則ヲ示シタルモノナリ『未成年者』トハ二十歳未滿ノモノヲ云フ

第七百三十八條 婚姻又ハ養子緣組ニ因リテ他家ニ入リタル者カ其配偶者又ハ養親ノ親族ニ非サル自己ノ親族ヲ婚家又ハ養家ノ家族ト爲サント欲スルトキハ前條ノ規定ニ依ル外其配偶者又ハ養親ノ同意ヲ得ルコトヲ要ス

婚家又ハ養家ヲ去リタル者カ其家ニ在ル自己ノ直系卑屬ヲ自家ノ家族ト爲サント欲スルトキ亦同シ

〔解釋〕 本條ハ前條ノ補則ナリ

配偶者ノ親族ニアラサル自己ノ親族トハ例ヘハ甲女カ乙家ニ入リテ乙男ノ妻トナリシ場合ニ於テ甲女ノ從兄弟ナル丙女ハ甲女ノ爲メニハ血族ノ四親等ニシテ親族ナルモ乙男ノタメニハ姻族ノ四親等ニシテ親族ニアラス故ニ妻ヨリ云ヘハ是等ハ配偶者ノ親族ニアラサル自己ノ親族トナルヘシ

第七百三十九條 婚姻又ハ養子緣組ニ因リテ他家ニ入リタル者ハ離婚又ハ離緣ノ場合ニ於テ實家ニ復籍ス

第七百四十條 前條ノ規定ニ依リテ實家ニ復籍スヘキ者カ實家ノ廢絕ニ

因リテ復籍ヲ爲スコト能ハサルトキハ一家ヲ創立ス但實家ヲ再興スルコトヲ妨ケス

〔解釋〕右二條ハ離婚、離縁ニ依レル家族ノ出入ヲ定メタルモノニシテ一讀明瞭ナリ

第七百四十一條　婚姻又ハ養子縁組ニ因リテ他家ニ入リタル者カ更ニ婚姻又ハ養子縁組ニ因リテ他家ニ入ラント欲スルトキハ婚家又ハ養家及ヒ實家ノ戸主ノ同意ヲ得ルコトヲ要ス

前項ノ場合ニ於テ同意ヲ爲サヽリシ戸主ハ婚姻又ハ養子縁組ノ日ヨリ一年内ニ復籍ヲ拒ムコトヲ得

〔解釋〕本條ハ婚姻、養子ニ因レル家族ノ出入ヲ定メタルモノニシテ第二項ハ第一項違反者ノ制裁ヲ定メタルモノナリ

第七百四十二條　離籍セラレタル家族ハ一家ヲ創立ス他家ニ入リタル後復籍ヲ拒マレタル者カ離婚又ハ離縁ニ因リテ其家ヲ去リタルトキ亦同シ

〔解釋〕『離籍』トハ或ル戸籍中ヨリ排除スルコトヲ云フ既ニ或ル戸籍ヨリ排除セラレタルモノハ何レノ戸籍ニモ屬シ居ラス去リトテ無籍ハ國法ノ禁スル所ナルヲ以テ直ニ一家ヲ創立セシ

ム復籍ヲ拒マレタル離婚者離縁者亦同一ナリ

第七百四十三條 家族ハ戸主ノ同意アルトキハ他家ヲ相續シ、分家ヲ爲シ又ハ廢絶シタル本家、分家、同家其他親族ノ家ヲ再興スルコトヲ得但未成年者ハ親權ヲ行フ父若クハ母又ハ後見人ノ同意ヲ得ルコトヲ要ス

〔解釋〕『同家』トハ俗ニ出分レ分家ト稱スルモノニシテ例ヘハ甲ナル本家アリ乙丙ノ兩分家アルトキハ一方ノ分家ヨリ他方ノ分家ヲ指シテ同家ト稱スルナリ要スルニ同族ニシテ本支ノ別ナキ二家ノ並立スル場合ノ名稱ナリ

他人ノ家ノ再興モ禁スヘキモノニアラス

〔評論〕 他人ノ家ノ再興モ禁スヘキモノニアラス

本條ハ家族タルモノハ戸主ノ同意ヲ得ハ親族以上ノ關係アルモノノ家ヲ再興スルコトヲ得ル旨ヲ定メヌ其反對ヨリ云ヘハ無關係ノ他人ノ家ハ之レヲ再興スルコトヲ許サストイフニアリ是レ果シテ何ノ由ル所ソ凡ソ廢絶家ヲ再興スルハ其ノ家ノ祖先ノ祭ヲ再興スル所ノ一ノ慈善行爲ニシテ親族タルト他人タルトノ別ナク成ルヘク多ク行ハレシムルヤウ奬勵スヘキノ必要アリ何ソ親族其他ノ關係アル者ノ間ノミニ止マランヤ然ルニ本法カ他人ノ家ノ再興ハ之レヲ禁スルカ如シイフハ解スル能ハサル所ナリ

第七百四十四條 法定ノ推定家督相續人ハ他家ニ入リ又ハ一家ヲ創立ス

ルコトヲ得ス但本家相續ノ必要アルトキハ此限ニ在ラス

前項ノ規定ハ第七百五十條第二項ノ適用ヲ妨ケス

〔解釋〕『法定ノ推定家督相續人』トハ相續法ニ於テ法律カ普通ノ家督相續人ナラント推定セルモノニシテ旨ト戸主ノ長男ヲ指ス而シテ其ノ戸主ノ相續人トナルヘキ人ニシテ其ノ家ヲ去ルコト自由ナリトセハ其ノ推定相續人ハ相續ノ義務ニ反クノミナラス或ハ爲メニ相續人ナキニ至リテ其ノ家ノ廢絶スルカ如キ不幸ニ立至ルコトナキヲ保シ難シ故ニ法律ハ斯クハ禁シタルナリ但シ本家相續ノ場合ハ此ノ限リニアラス

長男ノ分家ハ禁スルニ及ハス

〔評論〕長男ノ分家ヲ禁スルハ無用ナリ

從來ノ習慣ニ依レハ概シテ長男カ其ノ家ノ家督相續ヲ爲シ居レトモ去リトテ本法ノ如ク長男カ他家ニ入リ又ハ一家ヲ創立スルコトヲ禁スルモノニアラス此點ハ全ク各自ノ自由ニ委シ少シモ一定ノ習慣トテハアラサリシ去ルヲ本法カ今俄カニ之レヲ禁ストイフハ無要ノコトナリハタ甚タ不便ノコトナリ

第七百四十五條　夫カ他家ニ入リ又ハ一家ヲ創立シタルトキハ妻ハ之ニ隨ヒテ其家ニ入ル

〔解釋〕妻ハ夫ト同居スルノ義務アルモノ故ニ夫カ他家ニ入リ又ハ一家ヲ創立シタルトキハ

妻カ夫ニ隨テ其家ニ入ルヘキトハ當然ノコト也

第二節　戸主及ヒ家族ノ權利義務

〔解釋〕　本節ハ主トシテ戸主權ノ範圍及ヒ行使ノ方法ヲ定メタルモノナリ蓋シ泰西諸國ニアリテハ概ネ家ナルモノヲ認メサルヲ以テ從テ戸主權ノ要ナケレトモ本法ニ於テハ家族制ヲ採リタルニ依リ茲ニ戸主權ナルモノヲ認メ依テ以テ一家ノ秩序ヲ維持セシム然ルニ一方ニ於テハ更ニ之レカ代用ヲ爲スヘキ所ノ親權ナルモノヲモ採用シタルニ依リ兩權往々抵觸スルニ至レリ其ノ詳細ハ何レ親權ノ下ニ說クコトアラン

第七百四十六條　戸主及ヒ家族ハ其家ノ氏ヲ稱ス

〔解釋〕　本邦ノ舊俗ハ支那流ト同シク假令他家ニ入リテ他人ノ妻トナルモ猶ホ妻ハ生家ノ氏ヲ稱スルニアリシカ本法ハ之レヲ改メ妻子其ノ他ト雖トモ同一家族タルモノハ必ス同一ノ氏ヲ稱スヘキ旨ヲ明カニセリ

第七百四十七條　戸主ハ其家族ニ對シテ扶養ノ義務ヲ負フ

〔解釋〕　『扶養ノ義務』トハ家族ノ生活及ヒ敎育ノ費用ヲ給與スルノ義務ナリ平タク云ヘハ家族ヲ養フノ義務ナリ

本法ノ扶養ハ從來ノ扶養ト大ニ其性質ヲ異ニス

〔評論〕本法ノ扶養ハ從來ノ扶養ト大ニ其性質ヲ異ニス
戸主ハ家族ヲ養フノ義務ヲ有スルコト右ノ如クナルヲ以テ一見シタル所ニテハ從來ノ家族制ト異ナル所ナキカ如シ然レトモ決シテ同一ナルモノニアラス本法ノ下ニアリテハ家族ハ別産主義ニ依リ個々別々ニ財産ヲ有スルヲ以テ彼ノ扶養義務ノ章ニ於テ規定シアルカ如ク扶養權利者ハ自ラ生活及ヒ敎育ノ費用ヲ支辨スルコト能ハサルニ至リシ場合ノ外ハ扶養ヲ求ムルコトヲ得サルモノニシテ從來ノ扶養トハ大ニ其趣ヲ異ニスルモノ也

第七百四十八條　家族カ自己ノ名ニ於テ得タル財産ハ其特有財産トス
戸主又ハ家族ノ孰レニ屬スルカ分明ナラサル財産ハ戸主ノ財産ト推定ス
〔解釋〕『特有財産』トハ特別ニ所有スル財産トイフノ義ナリ是レ本法ハ別産主義ナルカ故ニ家族ナルモノモ遺産相續受贈其他ノ所爲ニ因リテ往々財産ヲ得ルコトアルヲ以テ本條ニ於テ家族タルモノモ特別ニ財産ヲ所有スルコトヲ得ル旨ヲ示シタルモノナリ

第七百四十九條　家族ハ戸主ノ意ニ反シテ其居所ヲ定ムルコトヲ得ス
家族カ前項ノ規定ニ違反シテ戸主ノ指定シタル居所ニ在ラサル間ハ戸主ハ之ニ對シテ扶養ノ義務ヲ免ル
前項ノ場合ニ於テ戸主ハ相當ノ期間ヲ定メ其指定シタル場所ニ居所ヲ轉

スヘキ旨ヲ催告スルコトヲ得若シ家族カ其催告ニ應セサルトキハ戸主ハ之ヲ離籍スルコトヲ得但其家族カ未成年者ナルトキハ此限ニ在ラス

〔解釋〕本條ハ家族ハ戸主ノ指揮ニ依リテ居處ヲ定ムヘキコトヲ命シ併セテ之レカ制裁ヲ定メタルモノナリ

第七百五十條 家族カ婚姻又ハ養子縁組ヲ爲スニハ戸主ノ同意ヲ得ルコトヲ要ス

家族カ前項ノ規定ニ違反シテ婚姻又ハ養子縁組ヲ爲シタルトキハ戸主ハ其婚姻又ハ養子縁組ノ日ヨリ一年内ニ離籍ヲ爲シ又ハ復籍ヲ拒ムコトヲ得

家族カ養子ヲ爲シタル場合ニ於テ前項ノ規定ニ從ヒ離籍セラレタルトキハ其養子ハ養親ニ隨ヒテ其家ニ入ル

〔解釋〕本條ハ婚姻又ハ養子ヲ爲スニハ戸主ノ同意ヲ要スルコトヲ定メタルモノナリ尤モ其ノ同意ヲ得サル婚姻又ハ養子トシテ必スシモ法律上無効ナルニアラス其制裁ハ第二項以下ニ定メタルカ如ク離籍又ハ復籍ヲ拒絶セラルヽ迄ナリ

子カ親ヲ離籍スルハ孝道ニ反ス

〔評論〕　戸主ニモセヨ子カ親ヲ離籍放逐スルハ孝道ニ反ス

右二條ニ依レハ家族タルモノカ戸主ノ同意ヲ得スシテ居所ヲ定メ又ハ養子婚姻等ヲ爲ストキハ其家族ハ戸主ノ父母タルト子弟タルトヲ問ハス戸主ハ一樣ニ之レヲ離籍シテ追出スヿヲ得ルトイフノ規則ナリ然レトモ假令一方ハ戸主ニモセヨ人ノ子ハ何處迄モ人ノ子ナリ其ノ親タルモノカ居處ヲ定メ若クハ縁談ヲ爲スニ付キ吾レト意見協ハサレハトテ子タルモノカ直チニ親ヲ離籍放逐スルコトヲ得ルトイフカ如キ規則ハ實ニ不孝ノ子ニ荷擔スルノ甚シキモノナリ果シテ道義ノ本旨ト背馳セサルカ吾人ハ頗ル遺憾ニ思フナリ何トカ調和ノ策ナキモノニヤ

第七百五十一條　戸主カ其權利ヲ行フコト能ハサルトキハ親族會之ヲ行フ但戸主ニ對シテ親權ヲ行フ者又ハ其後見人アルトキハ此限ニ在ラス

〔解釋〕　本條ハ戸主ノ代理者ヲ定メタルモノナリ親權、後見人、親族等ノコトハ何レモ後ニ至リテ説クコトアラン

第三節　戸主權ノ喪失

第七百五十二條　戸主ハ左ニ掲ケタル條件ノ具備スルニ非サレハ隱居ヲ爲スコトヲ得ス

隱居ハ制限ノ宜キヲ得ハ左マテ害ナシ

一　滿六十年以上ナルコト

二　完全ノ能力ヲ有スル家督相續人カ相續ノ單純承認ヲ爲スコト

〔解釋〕　本條ハ隱居ヲ爲スニ必要ナル制限ヲ定メタルモノナリ蓋シ或ル少壯有爲ナル一家ノ戸主カ自己ノ安逸ヲ計リ隨意ニ戸主權ヲ讓リテ隱居ヲ爲シ力ヲ公私ノ利益ニ盡サルヽカ如キハ之レヲ家族制ノ本旨ヨリスルモ又一般經濟上ノ利益ヨリ見ルモ之レヲ禁止セサルヘカラス然レトモ實際上戸主タル位置ニ堪ヘサル理由アルモノヲシテ尙ホ強ヒテ戸主タラシムルハ無理ナル注文ナレハ隱居ノ制度ヨリ生スル種々ノ弊害ヲ豫防スヘキ制限ヲ設ケ其ノ制限ニ從ヒタルモノハ隱居ヲ許スヲ可トスル本法ノ旨趣ナリ

『完全ノ能力』トハ未成年、禁治產、準禁治產等ニアラスシテ法律上一切ノ行爲ヲ爲シ得ル能力ヲ云フ隱居ヲ爲スニハ先ツ此ノ能力ヲ有スル家督相續人カ相續ノ單純承認ヲ爲スヿヲ要スルナリ

『相續ノ單純承認』トハ前戸主ノ債權債務一切ヲ其ノマヽ引受クル相續ヲ指スモノニシテ卽チ今日最モ普通ニ行ハルヽ所ノ相續法ナリ其ノ詳細ハ相續法（一〇二三）ニ就テ見ルヘシ

〔評論〕　隱居ハ制限ノ宜シキヲ得ハ左マテ害ナシ

世ニ隱居制廢止論アリ其理由トスル所ハ第一隱居ヲ爲セハ戸主タル資格ニ依テ負擔スル義務ハ一切之レヲ免カルヽコトヲ得ヘキモノナレハ苟クモ戸主カ隱居ヲ爲スコトヲ得ルニ於テハ隱居

ハ債主ニ對スル詐欺奸策ノ手段ニ用キラレ第二ニハ隱居ハ封建武門時代ノ遺物ニシテ今日ノ習慣ニアラス第三ニハ之レヲ許サハ往々親權戸主權ノ抵觸ヲ來スヘシ故ニ之レヲ禁スヘシトイフニアリ然トモ相當ノ制限ヲ設ケ置カハ之ヲ許スモ實際ニ於テ左マテノ害ナカラン又今日俄ニ之ヲ禁スルハ却テ習慣ヲ亂スノ恐アリ故ニ相當ノ制限ヲ設ケテ之ヲ許スハ不可ナカラン

第七百五十三條　戸主カ疾病、本家ノ相續又ハ再興其他已ムコトヲ得サル事由ニ因リテ爾後家政ヲ執ルコト能ハサルニ至リタルトキハ前條ノ規定ニ拘ハラス裁判所ノ許可ヲ得テ隱居ヲ爲スコトヲ得但法定ノ推定家督相續人アラサルトキハ豫メ家督相續人タルヘキ者ヲ定メ其承認ヲ得ルコトヲ要ス

〔解釋〕　隱居ハ實際家政ヲ執ルコトヲ得サル狀況ニ至リシ者ヲシテ强ヒテ戸主タラシムルハ實際上却テ不利ナルカ故ニ之レヲ許スナリ故ニ前條ノ條件具備セサルトキト雖トモ疾病其他已ムヲ得サル事故ニテ實際家政ヲ執ルコト能ハサルニ至リシトキハ是レ亦隱居ヲ許サヽルヘカラス是レ本條以下三條ニ於テ前條ノ例外トシテ猶ホ隱居ヲ許ス場合ヲ定メタル所以ナリ本條ノ隱居ヲ爲スニハ三條件ヲ要ス第一ハ戸主カ疾病、本家ノ相續其他ノ已ムヲ得サル事由アルコト第二ハ裁判所ノ許可ヲ得ルコト第三ハ家督相續人アルコト是レナリ

第七百五十四條 戸主カ婚姻ニ因リテ他家ニ入ラント欲スルトキハ前條ノ規定ニ從ヒ隱居ヲ爲スコトヲ得

戸主カ隱居ヲ爲サスシテ婚姻ニ因リ他家ニ入ラント欲スル場合ニ於テ戸籍吏カ其届出ヲ受理シタルトキハ其戸主ハ婚姻ノ日ニ於テ隱居ヲ爲シタルモノト看做ス

〔解釋〕 戸主ハ前項ニ依リ隱居シタル上ニアラサレハ他家ニ入ルコトヲ得サルモノ故ニ戸籍吏ハ隱居セサル戸主ノ婚姻届ハ受理スベカラザル筈ナリ然レトモ若シ誤リテ之レヲ受理シタルトキ猶ホ之レカタメニ婚姻ヲシテ無効ナラシムルトセハ戸籍吏ノ過失ノ責ヲシテ届出人ニ嫁スルモノニシテ不都合ノ事ナリ故ニ此場合ニハ其ノ戸主ハ婚姻ノ日ニ隱居シタルモノトシテ其ノ婚姻ハ有効ナラシムルナリ而シテ婚姻ハ前條ノ已ムヲ得サル事由中ニ入ラサルヲ以テ特ニ此ニ一條ヲ設ケ此場合ニモ隱居ヲ許スコトヲ明カニシタル所以ナリ

第七百五十五條 女戸主ハ年齡ニ拘ハラス隱居ヲ爲スコトヲ得

有夫ノ女戸主カ隱居ヲ爲スニハ其夫ノ同意ヲ得ルコトヲ要ス但夫ハ正當ノ理由アルニ非サレハ其同意ヲ拒ムコトヲ得ス

〔解釋〕 女戸主ハ變則ナリ故ニ年齡ニ拘ハラス完全ノ能力ヲ有スル家督相續人カ相續ノ單純

有夫ノ女戸主ハ無用ナリ

承認ヲ爲ス以上ハ何時ニテモ隱居スルコトヲ得ルトセシモノナリ但シ有夫ノ婦ナルトキハ夫ヱ柔順ノ義務ヲ盡サシムルタメ夫ノ同意ヲ要スルナリ

〔評論〕　有夫ノ女戸主ハ無用ナリ

本法ハ有夫ノ婦ノ女戸主ヲ認メ所々ニ其ノ結果トモ見ルヘキ規則ヲ定メヌ吾人ハ何ノ要アリテカヽル女戸主ヲ認メタルヤヲ知ラス

立法ノ本旨ヨリセハ女戸主ハ已ムヲ得サルニ出ツル一ノ變則ナリコノコトハ家督相續ノ場合ニ於テ女子ハ男子ノ後ニ立ツニテモ知ラレン去レハ『變則ハ狹ク解スルヲ要ス』トノ原則ヨリ觀スルモ女戸主ハ成ルヘク適用ヲ狹クシ已ムヲ得サル彼ノ寡婦ニノミ之レヲ許シ有夫ノ女戸主ハ認メサルコソ至當ナレ

本邦從來ノ夫婦關係ハ『夫唱婦隨』ナリ女子敎育ノ本義ハ常ニ『婦ハ其夫ニ柔順ナレ』ト敎ユ是レ道德ノ觀念ヨリ見ルモ一家ノ組織上ヨリ見ルモマコトニ當然ノコトナリ然ルニ本法ノ如ク有夫ノ女戸主ヲ認ムルニ於テハ戸主タル婦ハ戸主權ヲ笠ニ被テ往々夫ヲ指揮シ叱責スヘク夫ハ常ニ妻ノ命令ニ屈從セサルヘカラス嗚呼本法ノ下ニ於ケル夫婦關係ハ自然ニ『婦唱夫隨』トナラン世ニハ『牝雞晨ヲ告ケテ其ノ家亡フ』テフ諺モアルモノヲイマ〳〵シキハ此ノ規則ナリ

偖テ又有夫ノ婦ノ女戸主ノ實例ノ有リヤ無シヤヲ稽フルニ太古ハ漠タリ知ルニヨシナシ德川時

代ニ在テハ武備ノ要ヨリシテ男子サヘ老レハ隱居セシ程ニテ女子ニハ假令寡婦タリトモタヤスクハ戶主タルコトヲ許サス況シテ有夫ノ婦ニハ全ク之レヲ許サヽリキサテ明治維新後ハ如何ナリシヤ一時社會ハ歐化熱ニカヽリ男女同權ノ聲ハ津々浦々ニマテ吹到シタレトモ一般社會ハ流石ニ未タ有夫ノ女戶主ヲ設クルマテニハ墮落セサリキ頃者旅宿店、理料店、待合、舟宿ナド下等營業ニアリテハ往々妻ノ名前ヲ懸クルコトアリ一見スレハ所謂『有夫ノ女戶主』ナルラシサレト實ハ男子ハ其ノ賤業ナルヲ耻チテ名ヲ出スヲ欲セス或ハ營業上ノ懸引ヨリシテ婦人ノ名前ヲ懸クルノミニシテ是レ唯タ『營業名前人』タルニ過キス戶籍上ノ戶主ハ全ク夫ナリ其ノ他猶ホ有夫ノ女戶主ラシキモノナキニハアラサレトモ深ク探究スレハ妻ノ有スルハ何レモ財產權ノミ戶主權ヲ有スルニハアラサリキ

右ノ譯ナレハ有夫ノ女戶主ハ理窟上ヨリ見ルモ習慣上ヨリ見ルモ其ノ必要ナキカ如シ然ルニ本法ハ敢テ之レヲ創定ス洵ニ無駄ナルカナ

第七百五十六條 無能力者カ隱居ヲ爲スニハ其法定代理人ノ同意ヲ得ルコトヲ要セス

〔解釋〕『無能力者』トハ法律上或ル行爲ヲ爲スノ能力ナキモノニシテ未成年者、禁治產者、準禁治產者ヲイフ

『法定代理人』トハ法律ノ規定ニ依リ當然代理權ヲ與ヘラレタルモノニシテ親權ヲ行フ父又ハ母、後見人、保佐人ヲ云フ

第七百五十七條 隱居ハ隱居者及ヒ其家督相續人ヨリ之ヲ戸籍吏ニ届出ツルニ因リテ其效力ヲ生ス

第七百五十八條 隱居者ノ親族及ヒ檢事ハ隱居届出ノ日ヨリ三ケ月內ニ第七百五十二條又ハ第七百五十三條ノ規定ニ違反シタル隱居ノ取消ヲ裁判所ニ請求スルコトヲ得

女戸主カ第七百五十五條第二項ノ規定ニ違反シテ隱居ヲ爲シタルトキハ夫ハ前項ノ期間內ニ其取消ヲ裁判所ニ請求スルコトヲ得

〔解釋〕　本條及ヒ次條ハ隱居取消ノ事ヲ定メタルモノナリ

第七百五十九條 隱居者又ハ家督相續人カ詐欺又ハ强迫ニ因リテ隱居ノ届出ヲ爲シタルトキハ隱居者又ハ家督相續人ハ其詐欺ヲ發見シ又ハ强迫ヲ免レタルトキヨリ一年內ニ隱居ノ取消ヲ裁判所ニ請求スルコトヲ得但追認ヲ爲シタルトキハ此限ニ在ラス

隱居者又ハ家督相續人カ詐欺ヲ發見セス又ハ強迫ヲ免レサル間ハ其親族又ハ撿事ヨリ隱居ノ取消ヲ請求スルコトヲ得但其請求ノ後隱居者又ハ家督相續人カ追認ヲ爲シタルトキハ取消權ハ之ニ因リテ消滅ス

前二項ノ取消權ハ隱居居出ノ日ヨリ十年ヲ經過シタルトキハ時效ニ因リテ消滅ス

〔解釋〕『追認』トハ追テ承認スルトイフコトニシテ即チ隱居ヲ爲セシハ他人ノ詐欺ニ因ルヲ以テ余ハ隱居ノ取消ヲ爲シ得ルモ今更之レヲ取消スモ益ナケレハ之レヲ爲サスト承認スルノ類ヲイフ

又『時効』トハ時ノ經過ノ効力トイフノ意ニシテ所得時効消滅時効ノ二アリ本條ノ時効ハ則チ消滅時効ナリ

前二條其他本法ニ於テ撿事ノ干渉スル場合少ナカラス抑撿事ハ社會ノ代表者トシテ公益保護ノ任ニアルモノナリ故ニ本法ニ於テモ公益保護ノ必要アル場合ニハ何レモ撿事ヲシテ干渉スルコトヲ得セシメシナリ

第七百六十條 隱居ノ取消前ニ家督相續人ノ債權者ト爲リタル者ハ其取

消ニ因リテ戸主タル者ニ對シテノ辨濟請求ヲ爲スコトヲ得但家督相續人ニ對スル請求ヲ妨ケス

債權者カ債權取得ノ當時隱居取消ノ原因ノ存スルコトヲ知リタルトキハ家督相續人ニ對シテノミ辨濟ノ請求ヲ爲スコトヲ得家督相續人カ家督相續前ヨリ負擔セル債務及ヒ其一身ニ專屬スル債務ニ付キ亦同シ

〔解釋〕　本條ハ隱居取消ノ効力ヲ定ム

例ヘハ甲カ隱居ヲ爲スニ就キ乙カ其ノ家督相續ヲ爲シ其ノ後隱居ノ取消アラサル內ニ相續人乙ハ丙ヨリ金ヲ借リタリ即チ丙ハ隱居ノ取消前ニ家督相續人ノ債權者トナリタリ其ノ後ニ至リ隱居ノ取消アリテ甲者再ヒ戸主トナレリトセヨ此ノ場合ニ於テ丙ハ其ノ家ヲ信シテ其ノ代表者タル戸主ノ資格ヲ有スル人ニ金ヲ貸シタルモノナリ故ニ乙ニシテ戸主ヲ退ケハ今度ハ其ノ取消ニ因リテ戸主トナリタル甲ニ對シテ辨濟ノ請求ヲ爲スコトヲ得ルナリ但シ乙ハ債務者タルニハ相違ナキニ依リ戸主ヲ退キテモ猶ホ辨濟スルノ力アリト見ハ之レニ對シテ請求スルコトヲモ禁セサルナリ

尤モ丙カ取消ニ因リテ成リタル新戸主ニ對シテ請求スルコトヲ得ルハ家督相續人タル乙カ戸主ナリト信シテ貸シタルカ故ナリ故ニ若シ丙カ貸シタル當時隱居取消ノ原因ノ存スルコトヲ知リ

ツヽ貸シタルトキハ必スシモ戸主タル身分ヲ信用シテ貸シタルモノトハイフヘカラサルニ依ル此時ハ新戸主ニ對シテハ請求スルコトヲ得ス單ニ相續人乙ニ對シテ請求シ得ルノミ其ノ他家督相續人カ家督相續前ヨリ負擔シ居ル借金及ヒ其ノ一身ニ專屬スル義務ノ如キハ一切相續人ニ請求スルノ外ナシ

第七百六十一條 隱居又ハ入夫婚姻ニ因ル戸主權ノ喪失ハ前戸主又ハ家督相續人ヨリ前戸主ノ債權者及ヒ債務者ニ其通知ヲ爲スニ非サレハ之ヲ以テ其債權者及ヒ債務者ニ對抗スルコトヲ得ス

〔解釋〕 本條ハ隱居又ハ入夫婚姻ニ因ル戸主權喪失ノ効力ヲシテ第三者ニ及ホスニ必要ナル手續ヲ定メタルモノニシテ前條ト共ニ債主保護ノタメ大ニ必要ノ箇條ナリ

第七百六十二條 新ニ家ヲ立テタル者ハ其家ヲ廢シテ他家ニ入ルコトヲ得

家督相續ニ因リテ戸主ト爲リタル者ハ其家ヲ廢スルコトヲ得ス但本家ノ相續又ハ再興其他正當ノ事由ニ因リ裁判所ノ許可ヲ得タルトキハ此限ニ在ラス

〔解釋〕　本條ハ廢家ニ關スル規則ヲ定メタルモノナリ蓋シ祖先ヨリ繼承シタル家ヲ廢スルコトハ極メテ重大ナル件ニシテ我國從來ノ習慣ニ依ルモ祖先ノ祀ヲ絕チテ其ノ家ヲ廢スルコトハ容易ニ之ヲ許サヽリシ故ニ家督相續ニ依リテ其戸主トナリタルモノハ其ノ家ヲ廢スルコトヲ得ス然リト雖トモ新タニ一家ヲ立テタルモノハ假令之レヲ廢スルモ之レカタメニ祖先ノ祭ヲ廢スルモノニアラサルヲ以テ之ヲ許スモ敢テ家ヲ重スル立法ノ本旨ニ悖ルニ至ラス且ツ一旦新立シタルモノハ必ス之レヲ維持スルヲ要ストセハ往々困難ナル事情ノ存スルコトアリテ實際ニ適セス故ニ新タニ一家ヲ立テタルモノニ限リ廢スルコトヲ許スナリ但シ正當ノ理由アルトキハ假令家督相續人ト雖トモ裁判所ノ許可ヲ得テ之レヲ廢スルコトハ自由ナリ

第七百六十三條　戸主カ適法ニ廢家シテ他家ニ入リタルトキハ其家族モ亦其家ニ入ル

第七百六十四條　戸主ヲ失ヒタル家ニ家督相續人ナキトキハ絕家シタルモノトシ其家族ハ各一家ヲ創立ス但子ハ父ニ隨ヒ又父カ知レサルトキ、他家ニ在ルトキ若クハ死亡シタルトキハ母ニ隨ヒテ其家ニ入ル

前項ノ規定ハ第七百四十五條ノ適用ヲ妨ケス

第三章　婚姻

第一節　婚姻ノ成立

第一款　婚姻ノ要件

第七百六十五條　男ハ滿十七年女ハ滿十五年ニ至ラサレハ婚姻ヲ爲スコトヲ得ス

〔解釋〕　一般ノ法律行爲ヲ爲スニ必要ナル年齢即チ成年ハ滿二十年ナレトモ婚姻ハ一般行爲ノ如ク代理ヲ爲サシムルコト能ハサルヲ以テ其年齢ヲ早クスルノ要アリ而シテ本法ハ男十七歳女十五歳ニ至レハ共ニ其ノ身體思慮ハ婚姻ヲ爲スニ足ルヘシトシ以テ斯クノ如ク定メタリ

婚姻年齢ノ制限ハ無用ナリ

〔評論〕　婚姻年齢ノ制限ハ無用ナリ

婚姻年齢制限ノ可否ニ就テハ種々ノ説アリ而シテ本法ハ早婚ノ弊ハ既ニ世人多數ノ認ムル所ナレハトテ遂ニ右ノ如ク制限シ去レト之レヲ設クルト否トハ猶ホ一考ヲ値スルモノアリ

吾人ハ「サビニヤン」學派ノ如ク身體精神ハ各人同等ナラサルヲ以テ婚姻年齢ヲ豫シメ一定セス各人ニ付テ檢査ノ上之レヲ許否スヘシトノ極端論ヲ可トスルモノニアラサレトモ而カモ尚ホ之レヲ制限スルノ規定ニハ贊成スルコト能ハス

抑婚姻年齡制限ノ制裁ハ如何トイヘハ彼ノ離婚テフイマ〳〵シキモノニシテ一タヒ此制裁ヲ行フコトアランカ其結果ハ自然ニ不貞ノ女ヲ生シ母ノ懷ニ入ルコトヲ得サル不幸ノ子ヲ生シ一家ノ平和ヲ破フル等其害タルヤ決シテ早婚ノ害ノ比ニアラス更ニ西洋諸國ノ立法例ニ稽フルニ彼ノ諸國ニ於テモ初メハ何レモ衞生上ノ理由ヨリシテ此制限ヲ是認シタリシカ近頃ハ之レニ伴フ弊害ノ更ラニ大ナルモノアルヲ知ルニ至リ大ニ其制限規則ヲ持餘シ居レリ

又道德ノ制裁力甚タ薄弱ナル今日ニ於テ人ノ情慾ハ決シテ本法ノ力ヲ以テ制シ得ルモノニアラス故ニ假リニ本法カ能ク其目的ヲ達シ規則外ノ早婚者一人モナキニ至レリトセハ其裏面ニ於テハ野合私生頻リニ行ハレン其害タルヤ亦早婚ノ弊ノ幾層倍ナルヲ知ラス該制限ノ害モ亦大ナリトイフヘシ

凡ソ婚姻ヲ爲サントスルニハ法律ハ先ツ父母其他ノ同意ヲ得セシムルヲ以テ假令制限ナシトスルモ決シテ立法者ノ恐ルヽカ如ク血氣ニ乘シテ早婚ニ失スルカ如キコトハ甚タ少ナカルヘシ

右ノ理由ニ依リ吾人ハ本條ノ削除ヲ希望ス

第七百六十六條　配偶者アル者ハ重子テ婚姻ヲ爲スコトヲ得ス

第七百六十七條　女ハ前婚ノ解消又ハ取消ノ日ヨリ六个月ヲ經過シタル後ニ非サレハ再婚ヲ爲スコトヲ得ス

本條第二項ハ削除スヘシ

女カ前婚ノ解消又ハ取消ノ前ヨリ懐胎シタル場合ニ於テハ其分娩ノ日ヨリ前項ノ規定ヲ適用セス

〔解釋〕『婚姻ノ解消』トハ離婚（八〇八）若シクハ配偶者一方ノ死亡等自然ノ結果ニ因リ婚姻ノ事實ヲ消滅セシムルヲイフ『取消』トハ婚姻要件ノ欠缺等ニ依リテ婚姻ノ取消トナルモノヲ云フ（七七九）

女ハ再婚ノ解消又ハ取消ノ日ヨリ六ケ月ヲ經過シタル後ニアラサレハ其ノ女ニ生レシ子カ前夫ノ子ナルヤ後夫ノ子ナルヤ明カナラスタメニ血統ノ混亂ヲ來スノ恐レアリ故ニ法律ハ斯クノ如ク定メツ然レトモ前婚中ニ懐胎セシトキハ此ノ六ケ月内ニ分娩スルコトアルヘク既ニ分娩セハ前夫ノ子タルコト判然シ最早血統混亂ノ恐レナキヲ以テ假令前婚解消後一ケ月ニテモ二ケ月ニテモ六ケ月ニ至ラサル内ニ再婚スルヲ得ヘシ是レ第二項ノ要旨ナリ

〔評論〕立法者ハ血統ノ混亂ヲ避ケンカタメ此六ケ月ヲ經ヘキノ制限ヲ設ケタリトイフト雖トモ然レトモ此ノ血統混亂ノ恐レナキ場合例ヘハ前婚者トノ再婚、失踪者ノ妻タリシ女ノ再婚ハタ重禁錮ノ刑ニ處セラレタルモノヽ妻タリシ女ノ再婚ノ如キ場合ニ於テモ皆ナ一樣ニ六ケ月ヲ經サレハ再婚スルヲ許ササルヲ見レハ必スシモ血統ノ混亂ヲ避ケントシタルノミニハアラス想フニ道德的觀念ヨリ出テタル懲罰的ノ意味コソ此ヲ設ケシ一理由ナルメレ果シテ然ラハ第二

項ノ如キ血統混雜ノ恐ナキ場合ト雖トモ猶ホ此ノ制限ノ支配ヲ受ケシムルニ至當ナレ故ニ第二項ハ削ルヲ可トセン

第七百六十八條　姦通ニ因リテ離婚又ハ刑ノ宣告ヲ受ケタル者ハ相姦者ト婚姻ヲ爲スコトヲ得ス

〔解釋〕　本條以下四條ニ於テハ婚姻ヲ爲スヲ得サルモノヲ定メタリ

第七百六十九條　直系血族又ハ三親等内ノ傍系血族ノ間ニ於テハ婚姻ヲ爲スコトヲ得ス但養子ト養方ノ傍系血族トノ間ハ此限ニ在ラス

〔解釋〕　『直系血族』トハ例ヘハ父母ト子又ハ祖父母ト孫トノ類ナリ『三親等内ノ傍系血族』トハ兄弟ハ二親等ニシテ叔姪ハ三親等ナリ此等ノモノヽ相婚スヘカラサルハ人倫ノ大本ニ基キタルト生理上有害ナルトニ因ルモノニシテマコトニ當然ナリ從兄弟同士ハ傍系ノ四親等ナルニ依リ則チ本法ニ於テハ相婚スルコトヲ許サレタルモノナリ養子ハ養方ノ傍系血族則チ養親ノ兄弟姉妹又ハ養親ノ實子等トハ法律ノ假定ニ依レル親族ニシテ生理上ノ害ナキヲ以テ相婚スルコトヲ許スナリ

〔評論〕　養子ニ因レル兄弟間ノ婚姻ハ禁スヘシ

本法ハ右ノ如ク養子ニ因リテ成リタル兄弟ノ間ノ婚姻ヲ許シヌ是レ果シテ至當ナルヘキ乎

養子兄弟間ノ婚姻ハ禁スヘシ

本法ハ第七百二十七條ニ於テ『養子ト養親及ヒ其ノ血族トノ間ニ於テハ養子縁組ノ日ヨリ血族間ニ於ケルト同一ノ親族關係ヲ生ス』ト定メヌ人爲ナカラモ既ニ養子ハ他ノ血族ト同一ナリト見做スト定メタルカラニハ婚姻ノ場合ニ於テモ他ノ場合ト同シク亦眞ノ血族ト同樣ニ見做シ養子兄弟間ニ於テハ婚姻スルコトヲ得ストイヒタカリシ然ルヲ本法カ此ノ場合ニ於テハ右ノ如ク二親等ノ間柄ナル養子兄弟ノ間ノ婚姻ヲ許スニ至リテハ亦甚タシキ矛盾ト云フヘシ

聞說西歐先進國ニ於テ近親間ノ婚姻ヲ禁スル規則ハ最初ハ德義ニ反スト云ヘル唯一ノ理由ニ依リテ定メラレ近年ニ至リ偶然ニモ人種改良ノタメト云ヘル一理由ハ追加セラルヽニ至レリト此ノ二理由コソ我ガ立法者ガ據テ以テ金城鐵壁ト頼メル所ナレ果シテ右ノ如クナランニハ養子兄弟ハナルホト人爲ノ親族ナレハ之レヲシテ結婚セシムルモ第二ノ理由タル人種ヲ傷害スルコトハ之レナカランシカレトモ近親結婚ヲ禁ジタル主タル理由ト頼メル道德ニ反スルト云フコトハ未タ以テ免カルヽコトヲ得ス

又第七百七十一條トノ權衡上ヨリ見ルモ頗フル本條ノ不當ナルヲ知ルヘシ同條ニ於テハ例ヘハ養父ト養女トハ假令離縁ニ依リテ親族關係カ止ミ全ク他人ト成リタル後ト雖トモ尚ホ永ク婚姻スルコトヲ禁スト定メタルナリ然ルニ本條ニ於テハ人爲ナカラモ既ニ血族親トシテ取扱居ル所ノ養子兄弟ノ間ノ婚姻ハ其兄弟ノマヽ婚姻スルコトヲ得ルト云フハ頗フル不權衡ニハアラサ

ルカ彼レヲ禁スルニ於テハ之レモ亦禁セサルヘカラス之レヲ許サハ彼レモ亦許サヽルヘカラス必ス何レカ其一ニ居ラサルヘカラス故ニ此點ヨリ見ルモ養子兄弟間婚姻ノ如キハ斷然之レヲ禁スヘシ所詮ハ本條但書ヲ削ルニ如カス

第七百七十條　直系姻族ノ間ニ於テハ婚姻ヲ爲スコトヲ得ス第七百二十九條ノ規定ニ依リ姻族關係カ止ミタル後亦同シ

〔解釋〕『直系姻族』トハ例ヘハ舅ト嫁トノ如シ此ノ嫁ニシテ寡婦トナルモ其ノ舅トハ相婚スルコトヲ得ストイフニアリ且ツ假令其ノ未亡人ハ一旦離婚シテ實家ニ還リタメニ姻族ノ關係已ニ止ミタル後ニテモ曾テ父ト呼ヒ嫁ト呼ヒタルコトアルモノヽ間ノ結婚ハ之レヲ禁ストイフニアリ

直系姻族間ノ婚姻ヲ禁スルコトハ本條ニテ明カナレトモ傍系姻族間ノ結婚ハ許スカ許サヽル乎例ヘハ余ハ亡妻ノ姉妹ト結婚スルヲ得ルカ如何本法ハ諸國ノ立法例ニ稽ヘ我國ノ習慣ニ參シタレトモ右ノ場合ヲ禁ズベキノ理由ヲ見ズトテ之レヲ許シキ

第七百七十一條　養子、其配偶者、直系卑屬又ハ其配偶者ト養親又ハ其直系尊屬トノ間ニ於テハ第七百三十條ノ規定ニ依リ親族關係カ止ミタル後ト雖モ婚姻ヲ爲スコトヲ得ス

〔解釋〕　本條ハ養子、養子ノ配偶者、養子ノ直系卑屬、其ノ直系卑屬ノ配偶者ト養親、養親ノ父母等トノ間ニ於テハ離緣ニ因リテ親族關係カ止ミテ眞ノ他人トナリタル後ニテモ先ニ一旦親族ノ關係アリシモノナレハ情誼上尙ホ相婚姻スルコトヲ許ササルナリ

第七百七十二條　子カ婚姻ヲ爲スニハ其家ニ在ル父母ノ同意ヲ得ルコトヲ要ス但男カ滿三十年女カ滿二十五年ニ達シタル後ハ此限ニ在ラス

父母ノ一方カ知レサルトキ、死亡シタルトキ、家ヲ去リタルトキ又ハ其意思ヲ表示スルコト能ハサルトキハ他ノ一方ノ同意ノミヲ以テ足ル

父母共ニ知レサルトキ、死亡シタルトキ、家ヲ去リタルトキ又ハ其意思ヲ表示スルコト能ハサルトキハ未成年者ハ其後見人及ヒ親族會ノ同意ヲ得ルコトヲ要ス

〔解釋〕　本條ハ婚姻ヲ爲スニ付キ父母、後見人、又ハ親族會ノ同意ヲ得ヘキ旨ヲ定メタルモノナリ

婚姻ハ人生ノ大事ナリ之レヲ爲スニ當リ之レヲ血氣正ニ盛ナル年少子弟ノ了見ニ一任セハ其ノ危險タルヤ大ナリ故ニ子カ婚姻ヲ爲スニハ父母又ハ後見人親族會ノ同意ヲ要ストシタルナリ

〔評論〕　第一　右ノ規則ニハ不都合ナル二箇ノ例外アリ

父母ノ同意ハ同居セスト雖トモ必要ナリ

本條但書ハ修正セヨ

父母ナキ時ハ祖父母ノ同意ヲ得セシメヨ

第一例外　父母ノ家ニアラザル子ハ父母ノ同意ヲ得ルヲ要セストノ規定是レナリ例ヘハ余今二十歲以上ニシテ別ニ一戸ヲ持チ居レリトセヨ此ノ場合ニ余カ妻ヲ迎ヘントセハ余ハ何人ノ同意ヲモ要セス隨テ余カ血氣ニ乘シテ或ハ賤妓賤娼ヲ娶リ又ハ幕違不貞ノ女ヲ娶リ以テ家名ヲ傷ツケ家運ヲ危ウスルコトアルモ余ト同居シ居ラサル所ノ父母ハ之レヲ座視スルノミ何トモ云フヲ得サルナリ依テ思フニ本法カ『其家ニ在ル父母ノ同意ヲ得ルコトヲ要ス』トノミ記シ同居セサル父母ノ同意ヲ要用トセサリシハ聊カ國情民俗ニ適ハサルカ如シ故ニ『家ニ在ル』ノ四字ハ之レヲ削リ其ノ家ニアルト否トヲ問ハス一般ニ父母ノ同意ヲ得セシムル樣改ムヘシ

第二例外　本條但書ニ依レハ三十歲以上ノ男二十五歲以上ノ女ハ是又父母ノ同意ヲ得ルヲ要セストアリ是又本邦道德慣習ノ觀念ヨリセハ全ク首肯シ能ハサル所ナリ彼佛國民法カ三十歲以上ノモノニモ尚恭敬書ナルモノヲ以テ同意ヲ求メシムルカ如キハ大ニ參考トスヘキ一法ナリ其方法ハ何レニモセヨ子ヲシテ親ノ同意ヲ得ルノ義務ヲ全然免除スルハ不可ナリ該但書ハ修正セン

第二　本條第二項ニ依ハ父母共ニ其ノ意思ヲ表示スルコト能ハサルトキハ未成年者ハ後見人ト親族會トノ同意ヲ得ルコトヲ要ストセリ然レトモ父母ニ次キテ親族上ノ關係最モ近キモノハ祖父母ナリ父母ニ代リテ其ノ孫兒ノ利益ヲ計ルモノハ實ニ此ノ祖父母ニ若クモノナシ實際ニ於テ父母ナキ孫兒ハ何レモ其ノ祖父母ニ於テ扶養シ居ルモノ甚タ多キヲ見ルヘシ前民法カ此ノ場合

父母祖父母ナキトキハ後見人ノ同意ヲ得ハ可ナリ

ニ對シテ『父母共ニ死亡シ又ハ其意思ヲ表スルコト能ハサルトキハ其家ノ祖父母ノ許諾ヲ受クルコトヲ要ス』ト定メタリシハ能ク本邦ノ習慣ト人情トニ適シタルモノトイフヘシ然ルニ本法ハ父母ナキ場合ニハ徒ラニ多數ノ同意ヲ得セシメントシテ後見人及ヒ親族會ノ同意ヲ受クヘシトシタルハ徒ラニ手數ヲ要スルノミニシテ事ニ益ナシ故ニ右ノ場合ニハ先ツ其家ニ在ル祖父母ノ同意ヲ得セシムルコトヽシ其ノ能ハサル場合ニノミ本項ノ規定ノ如ク後見人及ヒ親族會ノ同意ニテ婚姻スルモ可ナリトスル方穩當ナラン

又此末項ニハ『後見人及ヒ親族會ノ同意ヲ得ルコトヲ要ス』ト記シテ父母ノ同意ヲ得ルコト能ハサルトキハ未成年者ハ後見人ト親族會ト二者ノ同意ヲ得ヘシト定メタレトモ是レ又少シク繁雜ニ失スルモノナリ何トナレハ後見人ハ親權ヲ行フ父又ハ母ト殆ト同一ノ權能ヲ有スルモノナリ故ニ婚姻ノ同意ヲ與フル場合モ父母ノ同意ト同シク之レノミニテ足ルヘシ然ルニ後見人ノ同意ヲ得ル場合ニハ其上ニ猶ホ親族會ノ同意ヲ得セシムルハ甚タ重複ニシテ無益ナレハナリ

第七百七十三條 繼父母又ハ嫡母カ子ノ婚姻ニ同意セサルトキハ子ハ親族會ノ同意ヲ得テ婚姻ヲ爲スコトヲ得

〔解釋〕 本條ハ繼父母又ハ嫡母カ其子ノ婚姻ニ同意セサルトキハ子ハ親族會ノ同意ヲ得テ婚姻スルコトヲ得ルトイフニアリ是レ繼父母又ハ嫡母ハ眞ノ血族ニアラサレハ多少ノ無理ヲ云フ

本條ハ有害無益ナリ

ヲ同意ヲ拒ムコトナキヲ保スヘカラサレハナリ

〔評論〕　本條ハ有害無益ナリ

繼父母ニモセヨ嫡母ニモセヨ親ハ親ナリ本法ハ此ノ親子間ニ於テ『同意セヨ同意セヌ』トイフ爭論ノ生シタル時ニ當リ子ニ親族會テフ後援ヲ與ヘ子ヲシテ『我カ婚姻ニ同意セヌナラ勝手ニセヨ吾ハ親族會ノ同意ヲ得テ勝手ニ婚姻ス』ト抗辨放言セシメントスルモノナリ是レ恰モ親子ノ爭闘ニ當リ子ニ兇器ヲ授ケテ其ノ親ヲ仆サシムルノ類ナリ

世ニハ繼父母又ハ嫡母ニシテ繼子又ハ庶子ハ眞ニ我カ生ミシ子ニアラサルヲ以テ其ノ婚姻ニ付テモ多少無理ヲ云フモノナキニハ限ラサルヘシト雖トモ去リトテ又一方ニハ我儘勝手ナル繼子庶子ナシトモ限ラス然ルニ此ノ場合ニ於テ其ノ子ヲシテ父母ニ搆ハス親族會ノ同意ヲ得テ勝手ニ婚姻セシムルカ如キハ果シテ能ク本邦ノ習慣ト道德トニ適スルヲ得ルカ余ハ頗フル惑ヒナキ能ハス

又養子ノ場合トノ權衡上ヨリ考フルモ養子ハ其ノ始メ眞ノ他人タルモノ多ク之レニ反シテ繼子庶子ハ母ヨリ云ヘハ一心同体トモイフヘキ我夫ノ血ヲ享ケタルモノニシテ養子ニ比スレハ固ヨリ幾分ノ關係厚キモノナリ幾分カ眞ノ親子ニ近キモノナリ去レハ人情ノ上ヨリ見レハ養子ニ比シテ愛情ノ大ニ深キ筈ノモノナリ其ノ愛情深キ結果ハ其ノ婚姻ニ對シテ不法ニ同意セヌトイフ

コトモ養子ノ場合ニ比シテ稀ナルヘキ筈ナリ然ルニ本法カ養子ニハ眞ノ親子ト同一ニ父母ノ同意ヲ必要トシ繼子、庶子ハ却テ父母ノ同意ヲ要セス（親族會ノ同意ニテモ足ル）トイフハ大ニ不權衡ナリ故ニ曰ク本條ハ有害無用ナリト

第七百七十四條 禁治產者カ婚姻ヲ爲スニハ其後見人ノ同意ヲ得ルコトヲ要セス

〔解釋〕 禁治產者ハ後見ニ付シ一切ノ法律行爲ハ後見人ニ依テ爲スモノナリ然レトモ婚姻ハ一ニ本人ノ意思ニ依リテ行フヘキモノ故ニ本法ハ特ニ本條ヲ置キテ婚姻ニ就テハ其ノ同意ヲ要セサルコトヲ明カニセリ但シ戸主父母等ノ同意ヲ要スルコトハ他ノモノト異ナルコトナシ

第七百七十五條 婚姻ハ之ヲ戸籍吏ニ届出ツルニ因リテ其效力ヲ生ス

前項ノ届出ハ當事者雙方及ヒ成年ノ證人二人以上ヨリ口頭ニテ又ハ署名シタル書面ヲ以テ之ヲ爲スコトヲ要ス

〔解釋〕 從來ノ習慣ニテハ婚姻成立ノ時期明カナラスシテ種々ノ不都合アリシカハ本法ハ本條ヲ以テ婚姻ハ届出ニ依リテ效力ヲ生スル旨ヲ明カニセリ其ノ届書ノ記載事項等ハ戸籍法ニ明カナリ

第七百七十六條　戸籍吏ハ婚姻カ第七百四十一條第一項、第七百四十四條第一項、第七百五十條第一項、第七百五十四條第一項、第七百六十五條乃至第七百七十三條及ヒ前條第一項ノ規定其他ノ法令ニ違反セサルコトヲ認メタル後ニ非サレハ其屆出ヲ受理スルコトヲ得ス但婚姻カ第七百四十一條第一項又ハ第七百五十條第一項ノ規定ニ違反スル場合ニ於テ戸籍吏カ注意ヲ爲シタルニ拘ハラス當事者カ其屆出ヲ爲サント欲スルトキハ此限ニ在ラス

〔解釋〕　本條但書ノ場合ハ多少不當ノ婚姻ナルヲ以テ其ノ屆出アルニ當テハ戸籍吏ハ一應其ノ事ヲ注意スルヲ必要トスレトモ當人等ニ於テ尙ホ之レヲ承知セサルトキハ其ノ婚姻ハ少シク不都合アリトイフノミニシテ全ク無效ノモノニアラサルヲ以テ强テ屆書ヲ拒ムヘキニアラス即チ之レヲ受理スヘシ唯當人カ右第七百四十一條第一項及第七百五十條第二項ノ制裁ヲ受クルコトアルヘキノミ

第七百七十七條　外國ニ在ル日本人間ニ於テ婚姻ヲ爲サント欲スルトキハ其國ニ駐在スル日本ノ公使又ハ領事ニ其屆出ヲ爲スコトヲ得此場合ニ

於テハ前二條ノ規定ヲ準用ス

第二款　婚姻ノ無效及ヒ取消

第七百七十八條　婚姻ハ左ノ場合ニ限リ無效トス

一　人違其他ノ事由ニ因リ當事者間ニ婚姻ヲ爲ス意思ナキトキ

二　當事者カ婚姻ノ屆出ヲ爲サヽルトキ但其屆出カ第七百七十五條第二項ニ揭ケタル條件ヲ缺クニ止マルトキハ婚姻ハ之カ爲メニ其效力ヲ妨ケラルヽコトナシ

〔解釋〕『無效』トハ初メヨリ成立セサルモノニシテ之レヲ追認スルモ效力ノ生セサルモノナリ取消トナルヘキモノトハ大イナル相違アルコトヲ忘ルヘカラス

一．婚姻ハ普通ノ契約ニアラストスルモ亦一ノ合意タルニ違ハス故ニ婚姻ノ意思ナキ場合ニ無效ナルハ論ナシ而カモ意思ナキ場合ハ一ニシテ止マス例ヘハ甲兵衛ニ配セントシテ誤リテ乙兵衞ニ往キタルカ如キ人違ノ場合ハ其ノ女ハ初ヨリ乙兵衞ト婚姻セントノ意思ナキモノニシテ其ノ婚姻ハ勿論無效ナルヘシ又初メヨリ少シモ婚姻セントノ意ナキニ他人ヨリ強暴ヲ以テ無理ニ婚姻ノ式ヲ擧ケサセラレタルカ如キ場合モ亦意思ナキモノトシテ無效ナルヘシ其ノ他苟クモ當

人ニ婚姻ヲ爲スノ意ナキコト明カナル場合ハ何レモ此ノ條ニ依リテ無效トナルナリ

二　本法ハ屆出ヲ以テ婚姻成立ノ一條件トナシタルヲ以テ其ノ屆出ナキモノヲ無效トナスハ當然ナリ但シ其ノ屆出カ第七百七十四條第三項ニ於テ定メタル所ノ證人カ未成年ナリシトカ又ハ證人二人トアルニ一人ナリシトカイフタケノコトナルトキハ婚姻ハ之レカ爲メニ無効トマテハナラヌナリ

近親間ノ婚姻ハ無效トナスヘシ

〔評論〕　近親間ノ婚姻ハ無效ト爲スヘシ

本法ニ於テハ婚姻ノ無效ヲ右二ケノ場合ニ限リ近親間ノ婚姻ハ單ニ之レヲ取消得ヘキモノトセリ然レトモ吾人ハ近親間ノ婚姻モ亦無效トナスノ至當ナルヲ信スル者也

先ツ無效ト取消トノ間ニ如何ナル差異アルヤヨリ一言センニ(一)婚姻ヲ無效トスレハ其婚姻ハ始メヨリ成立セサリシモノ故ニ其無效ナルコトハ何人ヨリモ申立ルコトヲ得ヘシ反之單ニ取消得ヘキモノトスルトキハ婚姻ハ利害關係人及ヒ檢事等法律ノ許ジタル數人ノ外申立ルコトヲ得ス(二)婚姻ヲ無效トスレハ始メヨリ成立セサルモノ故ニ何年間經ルモ完全ノ婚姻トナルコトヲ得ス反之取消得ヘキモノトスレハ一定ノ取消請求期限ヲ經レハ當然完全ノ婚姻トナル(三)婚姻ヲ無效ノモノトスレハ始メヨリ成立セサルモノ故ニ若シ無效ノ婚姻ニ因リテ生レタル子ハ私生子トナルノミ反之取消得ヘキモノトスレハ婚姻ノ取消ハ其效力ヲ既往ニ及ホサヽルカ故ニ(七

八七）其ノ取消サルヽマテノ間ニ生レタル子ハ正當ノ嫡子ナリ故ニ之レヲ無效ノ婚姻ト爲スト取消得ヘキ婚姻ト爲ストノ間ニハ重大ナル差異ノ存スルモノナリ

右ノ如ク婚姻ノ取消ハ其效力ヲ既往ニ及ホサヽルカ故ニ其取消ニ至ル迄ノ間ニハ或ハ暫時ニ或ハ永久ニ有效ノ婚姻トシテ種々ノ效果ヲ生シ而シテ後日其婚姻ハ取消シトナルモ其既ニ生シタル結果ハ依然トシテ存在ス例ヘハ甲ナル繼父其女乙ト不法ニ婚姻シ其ノ間ニ一兒ヲ擧ケタリトセヨ若シ本法ノ如ク其ノ婚姻ヲ成立セシメ單ニ取消得ルノミトセハ其ノ兒ハ婚姻ニ依リテ生レタルモノナリ婚姻ハ其後取消トナルモ其ノ子ハ立派ニ其ノ父ノ子トシテ存在シ法律上永ク亂倫ノ紀念物トシテ存在セシムルノ已ムヲ得サルニ至ルヘシ

之レニ反シテ斯カル婚姻ハ無效トシテ初メヨリ成立セサリシモノトセハ右ノ婚姻ハ初メヨリ無カリシモノヽ故ニ其ノ兒ハ母ノ私生子トシテ取扱フヘキニ依リ父ノ何人タルヤヲ知ラス法律上ニハ少シモ亂倫ノ痕跡ヲ止メス少ナクモ表面上タケハ亂倫ノ如キ不義不德ノ現象無カラシムルヲ得ヘシ

又婚姻ノ取消ハ法律ノ定メタル或一定ノ取消請求年限ヲ經レハ最早完全正當ノ婚姻トシテ繼續スルモノナリ然ルニ前例ノ塲合ノ如キ父子亂倫ノ婚姻ヲシテ一定ノ年限ヲ經タルカ故ニ法律ハ之レヲ正當ノ婚姻ト看做ストイフカ如キハ決シテ理ノ許ササル所ナリ故ニ之レヲ無効婚姻ト爲

シ何年ヲ經ルモ決シテ正當ノ婚姻ト爲ルコトヲ得サラシムルコトヲ要スナリ又他ノ方面ヨリ見ルモ近親結婚ハ第一ニ人倫ヲ破フリ道德ニ反シ第二ニ社會ノ紀綱風俗ヲ壞リ第三ニ人種ヲ傷害ス此等ノ點ヨリ見ルモ其弊害ノ甚タ大ナルヲ知ルヘシ故ニ近親間ノ婚姻ハ之レヲ無効トセラレンコトヲ望ム

第七百七十九條　婚姻ハ後七條ノ規定ニ依ルニ非サレハ之ヲ取消スコトヲ得ス

第七百八十條　第七百六十五條乃至第七百七十一條ノ規定ニ違反シタル婚姻ハ各當事者、其戸主、親族又ハ撿事ヨリ其取消ヲ裁判所ニ請求スルコトヲ得但撿事ハ當事者ノ一方カ死亡シタル後ハ之ヲ請求スルコトヲ得ス

第七百六十六條乃至第七百六十八條ノ規定ニ違反シタル婚姻ニ付テハ當事者ノ配偶者又ハ前配偶者モ亦其取消ヲ請求スルコトヲ得

〔解釋〕　婚姻年齡、重婚、再婚、相姦者又ハ親族間ノ相婚ニ關スル規則ハ何レモ人倫上公益上ニ大ナル關係ヲ有スル規則ナルヲ以テ之レヲ犯スモノアルトキハ之レカ關係人又ハ檢事ヨリ

其ノ取消ヲ請求スルコトヲ得ルナリ
第二項ニ依レハ重婚ノ場合ニハ當事者ノ配偶者モ取消ヲ請求スルコトヲ得例ヘハ甲カ乙トイフ妻アルニ丙女ト婚姻スレハ乙ヨリモ取消ヲ請求スルコトヲ得ルナリ
再婚ノ場合ニハ當事者ノ前配偶者例ヘハ甲カ其妻乙ヲ離縁セシニ乙カ離婚後六ケ月内ニ丙ト婚姻セシトキハ前配偶者タル甲モ其ノ取消ヲ請求スルヿヲ得ルナリ
相姦者婚姻ノ場合例ヘハ甲ノ妻乙カ丙ト姦通シ甲ヨリ離縁セラレテ後丙ト婚姻セシトキハ前離縁者タル甲モ其ノ取消ヲ請求スルコトヲ得ルナリ

第七百八十一條 第七百六十五條ノ規定ニ違反シタル婚姻ハ不適齢者カ適齢ニ達シタルトキハ其取消ヲ請求スルコトヲ得ス
不適齢者ハ適齢ニ達シタル後尚ホ三个月間其婚姻ノ取消ヲ請求スルコトヲ得但適齢ニ達シタル後追認ヲ爲シタルトキハ此限ニ在ラス

〔解釋〕　不適齢者ノ婚姻ハ前條ニ依リテ其ノ取消シ得ヘキコト明カナレトモ其ノ不適齢者カ適齢ニ達シタルトキハ最早取消スコトヲ得ス是レ取消原因ノ既ニ消滅シタルカタメニシテ當然ノコトナリ

然レトモ是レ唯戸主親族及ヒ撿事ニ限リテ請求ヲ爲スコトヲ得サルモノニシテ不適齢者ニアリテハ然ラス不適齢者ハ適齢ニ達シテ始メテ取消權ヲ行フコトヲ得ヘキモノ故ニ其ノ適齢ニ達シタルトキハ最早取消ヲ請求スルコトヲ得ストセハ不適齢者自身ハ常ニ取消スコトヲ得サルヘシ故ニ不適齢者ニ就テハ適齢ニ達シタル後六ケ月間其ノ取消ヲ請求スルコトヲ得ルトシタルナリ但シ其取消權ヲ行ヒ得ヘキ所ノ適齢ニ達シタル後追認ヲ爲シタルトキハ假令三ケ月內ニモセヨ最早取消ヲ請求スルコトヲ得サルハ勿論ナリ

第七百八十二條　第七百六十七條ノ規定ニ違反シタル婚姻ハ前姻ノ解消若クハ取消ノ日ヨリ六个月ヲ經過シ又ハ女カ再婚後懷胎シタルトキハ其取消ヲ請求スルコトヲ得ス

〔解釋〕　再婚ニ就テ前婚取消ヨリ六ケ月ヲ經タルトキハ最早取消原因ノ消滅シタルモノナリ又女カ再婚後懷胎シタルトキハ其兒ハ後夫ノ子ニシテ最早前夫ノ子ノ懷胎ナキコト明カナリ故ニ此ノ二個ノ場合ニハ最早取消ヲ請求スルコトヲ得スト定メタリ

第七百八十三條　第七百七十二條ノ規定ニ違反シタル婚姻ハ同意ヲ爲ス權利ヲ有セシ者ヨリ其取消ヲ裁判所ニ請求スルコトヲ得同意カ詐欺又ハ

本條ニハ第七百八十三條ノ數字ヲ加フヘシ

本人ニモ取消ヲ求メシムヘシ

强迫ニ因リタルトキモ亦同シ

〔解釋〕『詐欺ニ因ル同意』トハ甲ヲ娶ラントシナカラ乙ヲ娶ルモノナリトテ同意セシメタルカ如キ又ハ娶ラントスル甲ハ淫賣婦ナルニ良家ノ女ナリトイフテ同意セシメタルカ如キヲイフ

『强迫ニ因ル同意』トハ暴力又ハ脅喝ヲ以テ無理ニ同意セシメタルヲイフ

〔評論〕第一　本條ニハ『第七百八十三條』ノ數字ヲ加フヘシ

本條ハ第七百七十二條ノ違反者ニ對スル制裁ノミヲ定メ第七百七十三條ニ付テ何トモ云ハサルハ奇怪ノ感ナキニアラス然レトモ第七百七十三條ハ第七百七十二條ノ補則ナルヲ以テ同條ノ違反者ニ對シテモ亦本條ニ依リテ取消ヲ請求セシムルヲ得ヘシ故ニ若シ本條中『第七百七十二條』ノ下ニ『第七百七十三條』ノ七字ヲ加ヘ置カハ更ニ明了ニシテ妥當也

第二　本人ニモ取消ヲ求メシムヘシ

本條ノ場合ニ於テ前民法ハ尙ホ當事者ニモ取消ヲ求ムルコトヲ許シシカド本法ハ『凡ソ婚姻ヲ爲スニハ宜シク先ツ父母後見人等ノ同意ヲ經ヘキ筈ナリ然ルニ之ヲ經スシテ隨意ニ婚姻シ而シテ後ニ至リ自ラ其ノ取消ヲ求ムルコトヲ得ルトセハ却テ婚姻ヲ輕視スルノ弊ヲ生セシメンコトヲ恐ル』トテ遂ニ當事者ニハ取消請求ノ權ヲ與ヘサリキ

是レ一應理ナキニアラス去リナカラ當初未タ正當ニ同意ヲ得サリシモノヲ誤テ同意ヲ得タルモ

ノト認メ善意ヲモテ婚姻シ後ニ至リテ其ノ誤マリナルコトヲ發見スルカ如キ場合ナシトセス斯カル場合ニ於テハ苟クモ少シク良心ノ存スルモノナラシメハ更ニ父母ノ同意ヲ求メ若シ聽カレサル場合ニハ之レヲ取消シテ當初ノ不都合ヲ謝セントスルナラン例之ハ他人ノ物ヲ我物ト思ヒ誤テ携去リ後ニ至リテ之レヲ悟リ自ラ之レヲ返却シテ以テ其過ヲ謝セントスルカ如シ理當ニ斯クノ如クナルヘシ去ルヲ本法ノ如クハ一旦婚姻シタル當事者ハ假令當初不都合アリシヲ悟リテ後悔シ居ルモ自ラハ之レカ取消ヲ求ムルコトヲ得スト爲スモノニシテ一旦惡事ヲ爲シタルモノハ未來永刧善心ニ立還ルヲ禁ストイフニ等シ是所謂非ヲ遂ケシムルナリカルカ故ニ吾ハ舊法ト同シク當人自身ニモ取消ヲ求ムルコトヲ得セシメント欲スルモノナリ

第七百八十四條　前條ノ取消權ハ左ノ場合ニ於テ消滅ス

一　同意ヲ爲ス權利ヲ有セシ者カ婚姻アリタルコトヲ知リタル後又ハ詐欺ヲ發見シ若クハ强迫ヲ免レタル後六个月ヲ經過シタルトキ

二　同意ヲナス權利ヲ有セシ者カ追認ヲ爲シタルトキ

三　婚姻屆出ノ日ヨリ二年ヲ經過シタルトキ

第七百八十五條　詐欺又ハ强迫ニ因リテ婚姻ヲ爲シタル者ハ其婚姻ノ取

消ヲ裁判所ニ請求スルコトヲ得

前項取消權ハ當事者カ詐欺ヲ發見シ若クハ強迫ヲ免レタル後三个月ヲ經過シ又ハ追認ヲ爲シタルトキハ消滅ス

〔解釋〕 詐欺又ハ脅迫ヲ受ケテ爲シタル婚姻ハ本心ヨリ爲シタル婚姻ニアラス是亦一種ノ意思ナキ婚姻故ニ之レカ取消ヲ請求スルコトヲ許スナリ而シテ其ノ詐欺又ハ脅迫ハ當事者ノ一方カ爲シタルト又ハ第三者カ爲シタルトハ問ヲ要セス何レモ皆取消ノ原因トナルナリ然レトモ婚姻ノ媒介ニハ『仲人口』トイヘル諺モアル如ク仲立人カ一方ニ至リテ多少他方ヲ賞メ過キル等ノコトハ有リ勝チノコトナレハ如何ナル些細ナル詐欺ニテモ悉ク取消ノ原因トナルトセハ何レノ婚姻モ取消サルヽカ如キコトアリテ甚タ不都合ナリ故ニ詐欺ノ內ニテモ多少ノ制限ヲ加ヘサルヘカラス

凡ソ詐欺ハ何レノ場合ニ於テモ之レカタメニ一方ヲシテ錯誤ニ陷ラシムルモノナリ而シテ其ノ錯誤ニ二種アリ一ヲ有形上ノ錯誤トス例ヘハ通常ノ人物ト信シタルニ盲人タリシカ如キ是レナリ而シテ此等ノ錯誤ヲ生セシメタル詐欺ハ則チ本條ノ取消原因トナルモノナリ但シ其ノ詐欺カ甚タシクシテ人違ヲ生スルトキハ無効原因トナル第二ハ無形上ノ錯誤ニシテ才子ト信シタルニ

白痴ナリシカ如キ是レナリ（其他身分家柄等ニ關スルモノ皆是レ也）此等ハ取消ノ原因トナラス要スルニ詐欺トイヒ脅迫トイヒ何レモ程度ニ關スルモノニシテ事實問題ナリ

第七百八十六條　婿養子緣組ノ場合ニ於テハ各當事者ハ緣組無効又ハ取消ノ理由トシテ婚姻ノ取消ヲ裁判所ニ請求スルコトヲ得但緣組ノ無効又ハ取消ノ請求ニ附帶シテ婚姻ノ取消ヲ請求スルコトヲ妨ケス

前項ノ取消權ハ當事者カ緣組無効ナルコト又ハ其取消シアリタルコトヲ知リタル後三ケ月ヲ經過シ又ハ其取消權ヲ抛棄シタルトキハ消滅ス

〔解釋〕　婿養子緣組トハ女婿ト爲スタメノ養子ヲイフ其養子カ既ニ婚姻シタル後ニ其ノ養子緣組カ離緣トナレハ之レヲ理由トシテ離婚ヲ請求スルヲ得ルトイフニアリ是レ養子ト婚姻トハ甚タ密着シタルモノニシテ其ノ一方ノミヲ繼續スルハ甚タ困難ナレハナリ但シ其ノ取消ハ必スシモ別々ニナスヲ要セス緣組ノ取消ト同時ニナスモ差支ナキモノナリ

第七百八十七條　婚姻ノ取消ハ其効力ヲ既往ニ及ホサス

婚姻ノ當時其取消ノ原因ノ存スルコトヲ知ラサリシ當事者カ婚姻ニ因リテ財産ヲ得タルトキハ現ニ利益ヲ受クル限度ニ於テ返還ヲ爲スコトヲ要

ス

婚姻ノ當時其取消ノ原因ノ存スルコトヲ知リタル當事者ハ婚姻ニ因リテ得タル利益ノ全部ヲ返還スルコトヲ要ス尙ホ相手方カ善意ナリシトキハ之ニ對シテ損害賠償ノ責ニ任ス

〔解釋〕　總則第百二十一條ニ依レハ『取消シタル行爲ハ初メヨリ無効ナリシモノト見做ス』トアリ故ニ普通ノ取消ハ其効力ヲ既往ニ溯ラシムルヲ以テ原則トナスモノナリ然レトモ婚姻取消ノ効ヲシテ既往ニ及ホサシムルトキハ取消前ニ生レタル子モ私生兒トセラルヽニ至リ甚タ不都合ノ結果ヲ生スヘシ故ニ婚姻取消ハ例外トシテ其効力ヲ既往ニ及ホサストセシモノナリ

第二項ノ場合ハ婚姻ノ當時其ノ取消原因ノ存スルコトヲ知ラサリシ當事者ハ事情大ニ憫諒スヘキモノ故ニ其ノ者カ財産ヲ得タルトキハ其ノ受取リタル高ハ何程ニモセヨ夫レニハ搆ハス現ニ受クヘキ利益タケヲ返ヘサシムルコトヽスルナリ

之レニ反シテ取消原因アルコトヲ知リツヽ婚姻セシモノハ憎ムヘキ點アルモ憫ムヘキ點ナシ故ニ此者ニハ現ニ受クル利益ノミナラス曾テ受取リシ利益一切ヲ返還セシメ且ツ相手方カ善意ニシテ且ツ其者ニ損害ヲ生セシムレハ之レヲモ償ハシムルナリ『善意』トハ單ニ事實ヲ知ラストノ

謂ナリ

第二節　婚姻ノ効力

本節ハ無意義ナリ

〔評論〕婚姻ノ効果ハ例ヘハ夫婦相互ニ敬愛スル義務、夫ノ妻ヲ保護スル義務、妻ノ夫ニ貞操ナル義務等ノ如ク多クハ道徳ノ範圍ニ屬スルモノニシテ法律ノ範圍ニ屬スルモノハ甚タ少ナシ故ニ本節ノ記スル所モ僅ニ左ノ數條ニ過キス而カモ其スラ殆ト無意義ナリ

第七百八十八條　妻ハ婚姻ニ因リテ夫ノ家ニ入ル

入夫及ヒ婿養子ハ妻ノ家ニ入ル

〔說明〕本法ノ家トハ戸籍ノコトナリ故ニ其ノ『夫ノ家ニ入ル』トハ夫ノ家族トナリテ其ノ戸籍ニ列ストイフコトナリ

第七百八十九條　妻ハ夫ト同居スル義務ヲ負フ

夫ハ妻ヲシテ同居ヲ爲サシムルコトヲ要ス

〔說明〕本條ハ同居ノ義務ヲ定メタルモノニシテ妻ハ夫ノ意ニ反シテ同居ヲ拒ムコトヲ得ス夫モ妻ノ意ニ反シテ同居ヲ拒ムコトヲ得ストイフニアリ同居ヲ爲サシムルハ共ニ双方ノ義務ニ

シテ又双方ノ權利ナリ本邦ノ如キ一夫一婦制ノ國ニ於テ其ノ間軒輕アルヘキ筈ナケレハナリ

同居ノ義務ハ夫婦同一ニスヘシ

〔評論〕　同居義務ハ夫婦同一ニスヘシ

本條ハ夫婦ノ同居義務ヲ規定スルニ當リ之レヲ二項ニ區別シ文字ヲ異ニシテ記載シタルニヨリ本法ニ於テハ同居義務ニ就テ夫婦ノ間ニ何カ差別アルカノ如ク思ハル然レトモ夫婦ノ同居義務ニ付テハ其間ニ何等ノ區別ヲ設クヘキ筈ナケレハ本條ノ精神ハ妻ニ同居ノ義務アルカ如ク夫ニモ亦同居ノ義務アリトスルニアルナリ詳言セハ法律ハ此ノ問題ニ就テハ夫妻ヲ同一ニ取扱ハントスルニアルナリ果シテ然リトセハ立法者ハ何ヲ苦ンテ同一ナルコトヲ記スルニカクマテ冗漫ニ渉リ文ヲ別ニシ項ヲ別ツノ愚ヲ學ヒシヤ吾ハ夫妻ノ兩者ヲ合セテ『夫婦ハ同居ノ義務ヲ負フ』トノ一項ニ記スルノ簡ニシテ便ナルヲ思フ

第七百九十條　夫婦ハ互ニ扶養ヲ爲ス義務ヲ負フ

第七百九十一條　妻未成年者ナルトキハ成年ノ夫ハ其後見人ノ職務ヲ行フ

第七百九十二條　夫妻間ニ於テ契約ヲ爲シタルトキハ其契約ハ婚姻中何時ニテモ夫婦ノ一方ヨリ之ヲ取消スコトヲ得但第三者ノ權利ヲ害スルコ

トヲ得ス

〔説明〕凡ソ夫婦ノ間ニアリテハ他人ノ間ニ於ケルトハ大ニ關係ノ異ナルモノナリ去レハ契約ヲ成スニ當リテモ或ハ妻ハ威力ヲ以テ押付ケラレ十分ニ己カ意思ヲ述フルヲ得サルコトアルヘクハタ夫ハ妻ノ愛ニ溺レテ不知不識ノ間ニ意思ヲ奪ハレ本心ニアラサル約束ヲ為ス等ノコトアルヘシ然ルニ一旦定メタル契約ハ必ス履行セサルヘカラストセハ或ハ為メニ一家ノ平和ヲ破フルコトナシトセス故ニ夫婦間ノ契約ハ婚姻中何時ニテモ取消スコトヲ得トセシ所以ナリ然レトモ之レカ為メニ第三者ヲ害セシムルコトアリテハ甚タ不都合ナレハ但書ヲ置キテ第三者ヲ保護セリ例ヘハ妻カ其ノ夫ニ不動産ヲ贈與スル契約ヲ為シタルニ夫ハ其ノ財産ヲ抵當トシテ金子ヲ借入レタリトセヨ此ノ場合ニ妻カ本條ニ依リテ其ノ贈與契約ヲ取消セハ夫カ不動産ヲ失フノ結果貸主ハ抵當權ヲ失フヘシ是レ其ノ取消カ第三者ヲ害スル場合ナリ故ニ本法ハ但書ヲ以テ斯カル場合ニハ夫ニ對シテハ有効ニ取消サルヽモ其ノ抵當ハ依然トシテ消滅セサル旨ヲ定メタルモノナリ

第三節　夫婦財産制

〔説明〕『夫婦財産制』トハ夫婦間ニ於ケル財産關係ヲ定ムルノ規則ナリ蓋シ本邦従來ノ夫婦

間ノ財産關係ハ財産共通ナリ之レニ反シテ本法ノ法定財産制ハ別産制ナリ

第一款　總則

第七百九十三條　夫婦カ婚姻ノ届出前ニ其財産ニ付キ別段ノ契約ヲ爲サヽリシトキハ其財産關係ハ次款ニ定ムル所ニ依ル

〔説明〕　本條ノ意ハ夫婦ノ財産關係ハ何レニスルトモ双方ノ勝手ナリ併カシ其ノ關係ハ婚姻届出前ニ別段ニ契約ヲ取結フヘシ且ツ之レヲ以テ第三者ニ對抗セントスルナラハ更ラニ登記ヲモ經置クヘシ（次條）然ラサレハ其ノ財産關係ハ次款ニ定メタル別産制ニテ處分スヘシトイフニアリ

第七百九十四條　夫婦カ法定財産制ニ異ナリタル契約ヲナシタルトキハ婚姻ノ届出マテニ其登記ヲ爲スニ非サレハ之ヲ以テ夫婦ノ承繼人及第三者ニ對抗スルコトヲ得ス

〔説明〕　『夫婦ノ承繼人』トハ夫又ハ婦ノ或ル權利ヲ承繼スルモノヲイフ例ヘハ夫ヨリ某不動産ノ贈與ヲ受ケタルモノハ其ノ不動産ニ付キ夫ノ所有權ヲ承繼シタルモノニシテ即チ之レヲ承

繼人トイフナリ『第三者』トハ夫婦及ヒ承繼人以外ノ人總テヲ指スノ名稱ナリ

第七百九十五條　外國人カ夫ノ本國ノ法定財產制ニ異ナリタル契約ヲ爲シタル場合ニ於テ婚姻ノ後日本ノ國籍ヲ取得シ又ハ日本ニ住所ヲ定メタルトキハ一年內ニ其契約ヲ登記スルニ非サレハ日本ニ於テハ之ヲ以テ夫婦ノ承繼人及ヒ第三者ニ對抗スルコトヲ得ス

〔說明〕　夫婦カ法定財產制ニ異ナリタル契約ヲ爲シタルトキハ之レヲ登記セサレハ夫婦ノ承繼人及ヒ第三者ニ對シテ之レヲ抗辨スルコトヲ得サルハ前條ニ定ムル所ノ如シ此ノ事タル內國人ニノミ然ルニアラス外國人ニ就テモ同一ナリ即チ外國人カ夫ノ本國ノ法定財產制ニ異ナリタル契約ヲ爲シタルトキハ本條ニ依リテ登記スルニアラサレハ夫婦ノ承繼人及ヒ第三者ニ對抗スルコトヲ得スシテ遂ニ夫ノ本國ノ法定財產制ニ依ルコトヽナルナリ

第七百九十六條　夫婦ノ財產關係ハ婚姻屆出ノ後ハ之ヲ變更スルコトヲ得ス

夫婦ノ一方カ他ノ一方ノ財產ヲ管理スル場合ニ於テ管理ノ失當ニ因リ其財產ヲ危クシタルトキハ他ノ一方ハ自ラ其管理ヲ爲サンコトヲ裁判所ニ

請求スルコトヲ得
共有財產ニ付テハ前項ノ請求ト共ニ其分割ヲ請求スルコトヲ得

〔說明〕 夫婦ノ財產關係ハ上來述ヘシカ如ク婚姻前ニ定ムヘキモノナリ故ニ本條第一項ハ婚姻後ニハ之レヲ變更スルヲ得サル旨ヲ定メ第二項以下ニ於テ管理ノ失當ニ依リ財產ヲ危クスルカ如キ已ムヲ得サル場合ニハ裁判所ニ請求シテ管理權ヲ取戻シ得ルコトヲ定メタリ而シテ之レヲ第三者及夫婦ノ承繼人ニ對抗スルニハ是又次條ニ依リテ登記スルヲ要ス

第七百九十七條 前條ノ規定又ハ契約ノ結果ニ依リ管理人ヲ變更シ又ハ共有財產ノ分割ヲ爲シタルトキハ其登記ヲ爲スニ非サレハ之ヲ以テ夫婦ノ承繼人及ヒ第三者ニ對抗スルコトヲ得ス

第二款 法定財產制

〔說明〕 本法ノ法定ノ夫婦財產制ハ夫婦ヲシテ双方別々ニ財產ヲ所有セシムルノ主意ニシテ一種ノ別產主義ナリ學者ハ此ノ珍奇ナル制度ヲ名ツケテ無共產制ト云フ稍々別產主義トモ異ナル所アルカタメナリ即チ夫婦ハ各別ニ自己ノ財產ヲ有シ而カモ夫又タハ戸主タル妻ハ其ノ配偶

法定財産制ハ習慣ニ反ス

者ハ財産ニ就キ之レヲ使用收益スルノ權利ヲ有スルモノトスルニアリ試ミニ外國ノ例ヲ求ムレハ獨伊二民法ハ別産制ニシテ佛蘭西、和蘭、瑞典、那威ノ民法ハ之ニ反シテ共産制ヲ採リ西班牙瑞西及ヒ米國ノルイヂアナ州等ハ皆ナ所得共産制ナリ去ルヲ我カ立法者ハ此レニ採ラスシテ彼レニ採リ慣習ニ從ハスシテ一大新制ヲ創立シタルナリ其ノ本法カ夫婦財産制ニ關シテ無共産制ヲ採用シタルノ事實ハ第七百九十八條以下數條ニ於テ明瞭ナリ

因ニ云フ所謂無共産制ナルモノハ別産制ノ一ナリ故ニ余ハ明瞭ナランコトヲ欲シ本法ノ夫婦財産制ヲ指シテ常ニ別産制又ハ別産主義ト云フ見ン人之レヲ諒セヨ

〔評論〕　法定財産制ハ全ク習慣ニ反スルヲ以テ最モ注意スヘキ所ナリ

始メ立法者ハ謂ラク契約ハ自由ナリ夫婦間ノ財産關係ノ如キモ何レナリトモ双方協議ノ上自由ニ契約スヘシ法定財産制ナルモノハ畢竟夫婦カ特ニ契約セサル場合ニノミ適用スルモノナレハ國ノ習慣ノ如キハ問フニ及ハス夫レヨリハ寧ロ財産ヲ保護スルニ便利ナルヲ可トスヘシト此心ヨリシテ遂ニ本法ハ別産制ナル新制度ヲソ創立シタリケル然レトモ是マテ日本ニハ婚姻ヲナサントスルニ當リ先ヅ『夫婦間ノ財産關係ハ斯ク〳〵ニスヘシ』ト射利的契約ヲナシ且ッ之レヲシテ第三者ニ對抗センカタメ登記ヲモ經置キ然ル後漸ク婚姻ヲナスカ如キ殺風景ナル慣習ハ絕エテ無キ所ナレハ恐ラクハ本法實施ノ上ハ立法者當初ノ豫想ハ全ク反對ノ事實ヲ現出シ每婚ミナ

本法ノ創定タル別産制ノ支配ヲ受クルニ至リ從來ノ習慣ハ之レト共ニ全ク其ノアトヲ留メサルニ至ラン本制ノ創定コソ最モ注意スヘキ所ナレ

第七百九十八條 夫ハ婚姻ヨリ生スル一切ノ費用ヲ負擔ス但妻カ戶主タルトキハ妻之ヲ負擔ス

前項ノ規定ハ第七百九十九條及ヒ第八章ノ規定ノ適用ヲ妨ケス

〔說明〕『婚姻ヨリ生スル一切ノ費用』トハ單ニ婚姻ノ儀式ニ要スル費用ノミナラス即チ婚姻トハ夫婦タル事實其者ヲ指スモノ故ニ婚姻ヲ爲シテヨリ婚姻ノ消滅即チ一方ノ死亡又ハ離婚ヲ爲スマテノ間ニ於ケル夫婦間ノ費用一切ヲ云フ例ヘハ妻ノ飮食衣服其他日常ノ小遣錢又ハ其ノ婚姻ヨリ生シタル子ニ關スル右等ノ費用ニ至ル迄一切ヲ包含スルモノトス

此ノ費用ハ通常夫ニ於テ負擔ス是レ夫權當然ノ結果ナリ然レトモ妻カ若シ戶主タルトキハ夫ハ妻ノ戶主權ノ下ニ服從スル一家人ニ過キス而シテ戶主ハ元來家族扶養ノ義務ヲモ有スルモノ故ニ右ノ費用モ亦妻ヲシテ負擔セシムルナリ

然レトモ第七百九十條ニ依レハ夫婦ハ互ニ扶養ノ義務ヲ有スルモノナリ又第八章ニ依レハ親族間ニハ互ニ扶養ノ義務アルモノナリ此等ノ扶養義務ナルモノハ仮令夫又ハ女戶主ニテモ其者カ無資力ニシテ自活スルコト能ハサルトキハ女戶主ノ夫又ハ妻ノ方ヨリ扶養料ヲ給スヘキモノニ

シテ本條第一項トハ全ク反對ナリ故ニ第二項ニ於テ夫婦中ノ夫又ハ戸主タル婦ハ婚姻ヨリ生スル一切ノ費用ヲ負擔スルヲ原則トスレトモ若シ其ノ一方カ無資力タルトキハ他ノ一方カ第七百九十條又ハ第八章ニ依リテ扶養ノ義務ヲ盡スヘシト定メ以テ二者ノ衝突ヲ避ケシメタルナリ

第七百九十九條　夫又ハ女戸主ハ用方ニ從ヒ其配偶者ノ財産ノ使用及ヒ收益ヲ爲ス權利ヲ有ス

夫又ハ女戸主ハ其配偶者ノ財産ノ果實中ヨリ其債務ノ利息ヲ拂フコトヲ要ス

〔說明〕『使用』トハ家屋ナラハ之レニ住居シ衣服ナラハ之レヲ着用スルノ類ナリ『收益』トハ利益ヲ收得スルモノニシテ家屋衣服ナラハ之レヲ賃貸シテ其ノ家賃損料ヲ收ムルノ類ナリ又田畑ナラハ之レヲ使用シテ穀物ヲ收獲スルカ如ク使用收益ヲ一手ニ爲スコトモアルヘシ夫又ハ女戸主カ他ノ一方ノ財産ヲ使用收益スルハ是レ前條ノ結果ナリ即チ夫又ハ女戸主ハ前條ニ依リ婚姻ヨリ生スル費用ヲ負擔スルヲ通則トスルカタメ其ノ費用負擔ノ幾分ノ代償トシテ他ノ一方ノ財産ヲ使用シ收益セシムルナリ之レニ依リテ婚姻ヨリ生スル費用ハ結局双方ニテ負擔スルコトヽナルナリ

『果實』トハ樹木ノ果實ノ如ク或財産ヨリ生スル利益ヲ云フ土地ニ於ケル穀類牧畜ニ於ケル其ノ子金錢ノ利息ノ如キ皆是レナリ
利息ハ一ノ果實ナリ故ニ之レヲ支拂フニ財産ノ果實ヲ以テスヘキコトハ當然ナリ故ニ夫又ハ女戸主ハ其ノ配偶者ノ財産ヲ使用收益スト雖トモ其ノ所有者カ若シ他人ニ對シテ債務ヲ負居ルトキハ使用收益者ハ先ツ其ノ果實中ヨリ債務ノ利息ヲ拂ハサルヘカラサルナリ

第八百條 第五百九十五條及ヒ第五百九十八條ノ規定ハ前條ノ場合ニ之ヲ準用ス

〔解釋〕 本條ニ引用セシ二條ハ共ニ使用貸借ノ規則ナリ左ノ如シ

第五百九十五條 借主ハ借用物ノ通常ノ必要費ヲ負擔ス
此他ノ費用ニ付テハ第五百八十三條第二項ノ規定ヲ準用ス
第五百九十八條 借主ハ借用物ヲ原狀ニ復シテ之ニ附屬セシメタル物ヲ收去スルコトヲ得
又右第五百九十五條ノ第二項ニ引用セシ規定ハ買戻ニ關スル規定ニシテ左ノ如シ
第五百八十三條(第二項) 買主又ハ轉得者カ不動産ニ付キ費用ヲ出シタルトキハ賣主ハ第百九十六條ノ規定ニ從ヒ之ヲ償還スルコトヲ要ス但シ有益費ニ付テハ裁判所ハ賣主ノ請求ニ因リ之ニ相當ノ期限ヲ許與スルコトヲ得

『必要費』トハ保存費用ニシテ『有益費』トハ改良ニ要シタル費用ヲイフ
夫又ハ女戸主ハ普通ノ借主ニハアラサレトモ一方ノ財産ヲ使用收益スルニ就テハ恰モ借主ト異ナルコトナシ故ニ其ノ使用收益物ノ必要費用ノ負擔及ヒ其ノ形狀ヲ復舊スル等ノ義務ハ通常ノ借主ト異ナルコトナカラシメタルナリ

第八百一條　夫ハ妻ノ財產ヲ管理ス
夫カ妻ノ財產ヲ管理スルコト能ハサルトキハ妻自ラ之ヲ管理ス

〔說明〕『管理』トハ處分ニ對スル語ニシテ財產ヲ保監シ保存ニ必要ノ處置ヲ爲スヲイフ例ヘハ家屋ヲ修繕シ金錢ヲ銀行ニ預入スル等ノ行爲是レナリ

第八百二條　夫カ妻ノ爲メニ借財ヲ爲シ、妻ノ財產ヲ讓渡シ之ヲ擔保ニ供シ又ハ第六百二條ノ期間ヲ超エテ其賃貸ヲ爲スニハ妻ノ承諾ヲ得ルコトヲ要ス但管理ノ目的ヲ以テ果實ヲ處分スルハ此限ニ在ラス

〔說明〕『借財』トハ文字ヨリ云ヘハ凡テ財產ヲ借ルコトナレトモ此處ニ云フ借財トハ斯カル廣義ノ借財ニアラス主トシテ金錢等消費物ノ借入ヲ指スモノト解スヘシ
『讓渡』トハ賣却、贈與等總テ所有權ヲ他人ニ移スノ所爲ヲイフ

『擔保ニ供ス』トハ質、抵當等ニ入ルヽヲイフ

『第六百二條ノ期間ヲ超エタル賃貸』ハ稍々長期ノ賃貸故ニ法律上處分行爲ト看做シタルモノナリ其ノ期限左ノ如シ

第六百二條　處分ノ能力又ハ權限ヲ有セサルモノカ賃貸借ヲナス場合ニ於テハ其賃貸借ハ左ノ期間ヲ超ユルコトヲ得ス

一　樹木ノ栽植又ハ伐採ヲ目的トスル山林ノ賃貸借ハ十年

二　其他ノ土地ノ賃貸借ハ五年

三　建物ノ賃貸借ハ三年

四　動産ノ賃貸借ハ六ヶ月

本條ニ定メタル事柄ハ皆ナ處分ノ行爲ナリ而シテ處分ハ直ニ財産ノ增減ニ關スルモノニシテ事頗フル重大ナリ故ニ此等ノ處分行爲ハ一々其ノ所有者タル妻ノ承諾ヲ要スルコトヽ定メタリ

第八百三條　夫カ妻ノ財産ヲ管理スル場合ニ於テ必要アリト認ムルトキハ裁判所ハ妻ノ請求ニ因リ夫ヲシテ其財産ノ管理及ヒ返還ニ付キ相當ノ擔保ヲ供セシムルコトヲ得

〔說明〕『擔保』トハ前ニモ云ヘリシ如ク質、抵當、保證人等ヲ云フ夫カ妻ノ財產ヲ管理スルニ當リ或ハ管理ノ失當ニ因リ其ノ財產ヲ危クスルモノナシトスヘカラス故ニ第七百九十六條ニ於テハ斯カル場合ニハ其ノ財產ヲ取戾スコトヲ許ス然リト雖トモ直チニ之レヲ取戾サシムレハ一家內ニ不和ヲ生スルカ如キコトナシトセス去リトテ其ノマヽニ爲シ置カハ妻ノタメニ不安心ナリ又未タ危クスルニ至ラス只夫カ管理ニ未熟ナレハ不安心ナリト思フ位ノコトニテハ取戾スヲ得ス故ニ斯カル場合ニハ妻ノ請求ニ依リ夫ヨリ妻ニ對シテ擔保ヲ差入レシムルコトヲ得ルナリ

第八百四條　日常ノ家事ニ付テハ妻ハ夫ノ代理人ト看做ス

夫ハ前項ノ代理權ノ全部又ハ一部ヲ否認スルコトヲ得但之ヲ以テ善意ノ第三者ニ對抗スルコトヲ得ス

〔解釋〕『日常ノ家事』トハ米薪ノ買入衣服ノ調達等日々普通ニ生スヘキ事柄ニシテ其範圍頗フル狹キモノナリ此等ノ事柄ハ夫自ラ之レヲ處理スルコト能ハス所謂夫ハ外ニ處シ妻ハ內ヲ守ルノ原則ヨリシテ全ク妻ノ任務ニ屬スヘキモノナリ故ニ此等ノ事ニ就テハ妻ハ夫ノ代理人ト看做シ夫ヲシテ其ノ責ニ任セシムルコトヽセリ

右ノ代理權ニシテ不都合アリトスルトキハ夫ハ其ノ一部又ハ全部ヲ差止ムルコトヲ得ヘシ此ノ差止タルヤ妻ニ對シテハ固ヨリ有効ナリ然レトモ妻カ之ヲ聽カスシテ例ヘハ衣服ヲ買入レタリトセヨ而シテ其賣主タル第三者カ善意即チ其ノ否認事實ヲ知ラスシテ其ノ取引ヲ爲シタルトキハ夫ハ其ノ賣主ニ對シテ之ヲ對抗シテ其ノ責ヲ免カルヽコトヲ得サルナリ

第八百五條 夫カ妻ノ財産ヲ管理シ又ハ妻カ夫ノ代理ヲ爲ス場合ニ於テハ自己ノ爲ニスルト同一ノ注意ヲ爲スコトヲ要ス

〔說明〕 本條ハ上來定メタル管理者及ヒ代理者ノナスヘキ注意ノ程度ヲ定メタルモノナリ此ノ注意ノ程度ノコトニ就テハ古來法學上隨分八ヶ間敷沿革的説明アルモノナレトモ要ナキコトナレハ略ス而シテ若シ本條ノ注意ヲ缺キタルモノハ損害賠償ノ責ヲ免カレス

第八百六條 第六百五十四條及ヒ第六百五十五條ノ規定ハ夫カ妻ノ財産ヲ管理シ又ハ妻カ夫ノ代理ヲ爲ス場合ニ之ヲ準用ス

〔說明〕 本條ニ揭クル二條ハ委任ノ規則ニシテ左ノ如シ

第六百五十四條 委任ノ場合ニ於テ急迫ノ事情アルトキハ受任者其相續人又ハ法定代理人ハ委任者、其相續人又ハ法定代理人カ委任事務ヲ處理スルコトヲ得ルニ至ルマテ必要ナル處

分ヲ爲スコトヲ要ス

第六百五十五條　委任終了ノ事由ハ其委任者ニ出テタルト受任者ニ出テタルトヲ問ハス之ヲ相手方ニ通知シ又ハ相手方カ之ヲ知リタルトキニ非サレハ之ヲ以テ其相手方ニ對抗スルコトヲ得ス

夫ノ管理權及妻ノ代理權ハ別段ノ委任ニ因ラストモ法律上當然其委任アリシモノト看做スニ依リ之レニ委任ノ規則ヲ準用スルハ當然ノコトナリ

第八百七條　妻又ハ入夫カ婚姻前ヨリ存セル財産及ヒ婚姻中自己ノ名ニ於テ得タル財産ハ其特有財産トス

夫婦ノ孰レニ屬スルカ分明ナラサル財産ハ夫又ハ女戸主ノ財産ト推定ス

第四節　離婚

第一款　協議上ノ離婚

〔説明〕　協議上ノ離婚ニ付テハ多少手續ノ繁雜ニ渉リタルモノナキニハアラサレトモ今日ノ時勢上亦必要ノコトナラン

第八百八條 夫婦ハ其協議ヲ以テ離婚スルコトヲ得

第八百九條 滿二十五年ニ達セサル者カ協議上ノ離婚ヲ爲スニハ第七百七十二條及ヒ第七百七十三條ノ規定ニ依リ其婚姻ニ付キ同意ヲ爲ス權利ヲ有スル者ノ同意ヲ得ルコトヲ要ス

第八百十條 第七百七十四條及ヒ第七百七十五條ノ規定ハ協議上ノ離婚ニ之ヲ準用ス

第八百十一條 戸籍吏ハ離婚カ第七百七十五條第二項及ヒ第八百九條ノ規定其他ノ法令ニ違反セサルコトヲ認メタル後ニ非サレハ其届出ヲ受理スルコトヲ得ス

戸籍吏カ前項ノ規定ニ違反シテ届出ヲ受理シタルトキト雖モ離婚ハ之カ爲メニ其効力ヲ妨ケラルヽコトナシ

〔說明〕　本條ニ擧ケタル諸條其他ノ法令ニ違反シタル離婚ハ不法ノモノ故ニ戸籍吏ハ斯カル不法ノ離婚ヲ受理スルコトヲ得ス何回ニテモ直ホサセ諸規則ニ違反セサルコトヲ認メテ始メテ

受理スヘキノミ

然ルニ若シ戸籍吏カ誤リテ前項ノ規定ニ反キタル離婚ノ届出ヲ受理シタルトキハ之レカ為メニ其ノ届出マテヲ無効トスルガ如キハ甚氣ノ毒ノコト故其ノ離婚ハ有効トシテ成立タシムルモノナリ

第八百十二條　協議上ノ離婚ヲ爲シタル者カ其協議ヲ以テ子ノ監護ヲ爲スヘキ者ヲ定メサリシトキハ父ニ屬ス

父カ離婚ニ因リテ婚家ヲ去リタル場合ニ於テハ子ノ監護ハ母ニ屬ス

前二項ノ規定ハ監護ノ範圍內ニ於テ父母ノ權利義務ニ變更ヲ生スルコトナシ

〔說明〕『子ノ監護』トハ其子ノ保護監督ノ謂ナリ

第二欵　裁判上ノ離婚

離婚ノ規定ハ風敎ニ害アリ

〔評論〕離婚ノ規定ハ風敎ニ害アリ大ニ斟酌ヲ要ス

裁判上ノ離婚ナルモノハ從來殆ト見サル所ニシテ今日ノ習慣ニテハ妻カ其ノ夫ヲ訴ヘテ離婚セ

シムルコトハ殆ト爲シ能ハサルカ如ク思ヒ居ルモノ多キナリ即チ離婚ト云ヘハ協議上ノ外ハ爲シ能ハサルモノノ如ク思ヒ居ルモノ多キナリ然ルニ本法ハ離婚請求ノ原因ヲ一々明カニ列記ス是レ則チ『斯ク々々ノ原因アルモノハ夫ニ協議ハ入ラヌ勝手ニ夫ヲ訴ヘテ離婚セヨ』ト云フカ如ク實ニ人民ニ不德義ヲ敎ヘ人情ヲシテ愈々刻薄非道ニ導クモノナリ本法カ道義ニ反シ風敎ヲ害スルコト擧ケテ云フニ堪ヘンヤ

凡ソ法律ハ權利義務ノ上ニ存在スルモノニシテ權利義務ナケレハ法律亦起ラス故ニ此ニ夫婦間ノ權利義務ヲ揭クルカ如キハ法律制定上當然ノ結果ニシテ又已ムヲ得サルモノナリ決シテ無理トノミハ云フヘカラス然レトモ之レカタメニ風敎道德ヲ害スルコトハ事實ナリ故ニ之レヲ規定スルニ當リテハ可及的道德ヲ斟酌シ二者ノ調和ヲ計ラサルヘカラス又其人民タル者ハ大ニ玆ニ鑑ミ可成的此等ノ規則ノ適用ヲ受ケサル樣大ニ注意センコトヲ要ス

第八百十三條 夫婦ノ一方ハ左ノ場合ニ限リ離婚ノ訴ヲ提起スルコトヲ得

一 配偶者カ重婚ヲ爲シタルトキ

二 妻カ姦通ヲ爲シタルトキ

三　夫カ姦淫罪ニ因リテ刑ニ處セラレタルトキ
四　配偶者カ僞造、賄賂、猥褻、竊盜、强盜、詐欺取財、受寄物費消、贓物ニ關スル罪若クハ刑法第百七十五條第二百六十條ニ掲ケタル罪ニ因リテ輕罪以上ノ刑ニ處セラレ又ハ其他ノ罪ニ因リテ重禁錮三年以上ノ刑ニ處セラレタルトキ
五　配偶者ヨリ同居ニ堪ヘサル虐待又ハ重大ナル侮辱ヲ受ケタルトキ
六　配偶者ヨリ惡意ヲ以テ遺棄セラレタルトキ
七　配偶者ノ直系尊屬ヨリ虐待又ハ重大ナル侮辱ヲ受ケタルトキ
八　配偶者カ自己ノ直系尊屬ニ對シテ虐待ヲ爲シ又ハ之ニ重大ナル侮辱ヲ加ヘタルトキ
九　配偶者ノ生死カ三年以上分明ナラサルトキ
十　壻養子縁組ノ場合ニ於テ離婚アリタルトキ又ハ養子カ家女ト婚姻ヲ爲シタル場合ニ於テ離婚若クハ縁組ノ取消アリタルトキ

僅カニ十一日ノ刑ヲ以テ離婚ノ原因トナスハ酷ナリ

〔解釋〕本條ハ裁判上ノ離婚ノ原因ヲ定メタルモノナリ而シテ本條ハ制限法ナルヲ以テ此以外ニ於テハ如何ナル理由アリトモ離婚ノ原因トナスヲ許サヽルナリ

『虐待』トハ慘酷ニ待遇セラルヽノ謂ニシテ常ニ毆打セラルヽカ又ハ常ニ減食セラルヽ如キヲ云フ而シテ其ノ虐待ハ必ス同居ニ堪ヘサル程ノモノナラサレハ離婚ノ原因トナラサルナリ

『侮辱』トハ辱カシムルモノニシテ言語ヲ以テスルコトモアルヘク形容ヲ以テスルコトモアルヘシ是又重大ナルモノニアラサレハ原因トナラス其重大ナルヤ否ヤハ事實問題ニシテ豫シメ定メ難シ

〔評論〕僅カニ十一日位ノ刑ニ處セラレタルモノヲシテ直ニ離婚ノ原因タラシムルハ頗ル不都合ナリ

婚姻ハ大禮ナリ古ヨリ之ヲ人生三大事（生婚死）ノ一トス去レハ道德ノ觀念ヨリスルモ將タ實際ノ利害ヨリ見ルモ一旦成立チタル婚姻ハナルヘク離別ナキヲ要ス殊ニ協議上ノ離婚ノ自由ナル以上ハ裁判上ノ離婚ハ大ニ制限スルヲ要ス本法カ或場合ニ限リテノミ之ヲ許シ其他ヲ禁シタルモ亦タ實ニ之カタメナリ然ルニ本條カ『某々罪ニ因リ輕罪以上ノ刑ニ處セラレタルモノ』ト書シ僅カニ十一日ノ刑ニ處セラレタルモノモ猶ホ離婚ノ原因トナルト定メタルハ其區域頗フル廣キニ失シテ甚タ道ニ當ラスト思フサテ本條ノ見タル十一日以上ノ輕罪トハ如何ナルモノナルカ請

フ左ニ少シク之ヲ説カン

○猥褻ノ所行ヲ爲シタルモノ　例ヘハ一男アリ他ノ女ニ對シ猥褻ニ渉ル惡戯ヲ爲シタリトセヨ其ノ男ハ刑法上猥褻罪トシテ罰セラルヘシ而シテ此ノ場合ニハ假令其罰十一日ニ過キサルトキト雖モ猶是レ本條ニ於テハ離婚ノ原因トナルナリ

○詐欺取財ヲ爲シタルモノ　例ヘハ余一升ノ油ヲ賣ルニ當リ分量ヲ僞ハリ八合ヲ以テ一升ト稱シテ賣渡シタルトキハ刑法上詐欺取財トシテ罰セラルヘク假令其罪情狀憫諒スヘキモノアリ僅カニ十一日ノ刑ニ處セラレタルトキト雖モ猶ホ本條ニ依リテ離婚ノ原因トナル也

○受寄物ヲ費消シタルトキ　假令ハ余カ友人ヨリ小説一冊ヲ借リ來リ讀了リテ屑屋ニ賣リタリトセヨ其ノ所爲タル刑法ハ之ヲ受寄物費消ノ罪トシテ罰セン而シテ假令其罪十一日ニ過キサルトキト雖モ是又本條ニ於テハ離婚ノ原因トナラン

○贓物ヲ受ケタルトキ　例ヘハ一僞慈善者アリ今ヤ饑寒ニ迫リ居ル貧家族ニ對シテ白米ヲ惠メリ此場合ニ於テ貧者ハ其米ノ他ヨリ詐取シタルモノト知リツヽ之ヲ受ケテ食シタリトセヨ刑法ハ之ヲ贓物罪トシテ十一日ノ禁錮ニ處ス而カモ是又離婚ノ原因トナルナリ

右等ノ場合ニ於テ其ノ刑ノ微々タルニモ拘ハラス猶ホ之レヲ以テ離婚ノ原因トナスカ如キハ離婚ノ原因廣キニ失シ法律カ離婚ヲ制限セントスルノ本旨ニモ違フナリ

又一方ヨリ論スレハ頗フル權衡ヲ失スルモノアリ即チ本條ハ離婚ノ原因トナルヘキ犯罪ヲ大別シテ二種トナシ一ハ『輕罪以上』即チ十一日以上ノ刑ニ處セラレタルモノハ皆以テ離婚ノ原因タラシメ一ハ『三年以上ノ刑ニ處セラレタルトキ』ニアラサレハ以テ離婚ノ原因トナサス之レヲ比例セハ恰モ一ト百トノ差アリ前者ハ十一日ニテ離婚ノ原因トナリ後者ハ其ノ百倍ノ長キ三年ニアラサレハ離婚ノ原因ト爲サス其ノ差異タルヤ大ナリ法律ハ何カ故ニ斯ク迄前者ニ酷ニシテ後者ニ寛ナルヤ想フニ前者ハ破廉耻罪トシテ其意思惡クムヘキノ程度深ク後者ハ國事ニ關スル犯罪若シクハ靜謐ヲ害スル犯罪ノ類ニシテ前者ニ比スレハ廉耻ヲ破ルコト少ナク其ノ情狀多少憫察スヘキモノアリトシ以テ兩者ノ間ニ斯クノ如キ大差異ヲ設ケシモノナラン然レトモ同シク是レ犯罪ナリ一ハ十一日ニシテ離婚ノ原因トナリ一方ハ其ノ百倍タル一千零九十五日(三年)以上ニアラサレハ離婚ノ原因トナラストイフカ如キ大差異ヲ設クヘキモノナルヤ吾人ハ全ク其ノ理由ナキヲ信スルナリ(全ク差異ナシトハ云ハス)況ンヤ其ノ破廉耻罪ト否トハ實際ニ於テ之レヲ甄別スルコト極メテ難キモノナルヲヤ

又之レヲ犯罪ニ因レル離緣(離緣トハ養子ニ限ル)ノ原因(八六六)ニ比スレハ甚不權衡ナリ何トナレハ夫婦ハ一心同体ニシテ其ノ關係ハ非常ニ親密ナリ反之養子ハ嫡子ニ準スルマテノモノナレハ養親子ノ關係ハ夫婦ノ關係ニ比シテ餘程薄シトイハサルヘカラス去レハ離別ノ原因ニ付テ

モ離婚ノ場合ニハ餘程重大ナル原因アルヲ要シ養子離縁ノ場合ニハソレヨリ多少輕キ原因ニテモ之レヲ許スコソ至當ナレ然ルニ第八百六十六條ノ犯罪ニ因レル離縁ノ原因ヲ見ルニ『他ノ一方カ重禁錮一年以上ノ刑ニ處セラレタルトキ』トアリテ之レヲ離婚ノ原因タル『輕罪ノ刑（十一日）ニ處セラレタルモノ』トイフニ比スレハ殆ト三十二倍餘ノ重大ナル原因アルニアラサレハ離縁ヲ許ササルナリ抑離縁ノ場合ハ離婚ノ場合ニ比スレハ理當ニ餘程輕クシテ可ナルヘクシテ實際ノ規定ハ却テカクノ如ク重シ不權衡モ亦甚タシカラスヤ

然ラハ兩者ノ間ハ如何ニシテ其ノ權衡ヲ得セシムヘキヤ元來裁判上ノ離婚離縁ノ原因ハ私益上公益上成ルヘク其ノ少ナキヲ望ムモノナレハ離婚ノ原因ハ一切三年以上トシ以テ兩者ノ權衡ヲ得セシメサルヘカラス

上來述ヘ來リタルカ如キ不都合アルニ依リ犯罪ニ由レル離婚ノ原因ハ斷然之レヲ改メテ草案ノ如ク『配偶者カ禁錮三年以上ニ處セラレタルトキ』トノ一句ニ修正センコトヲ望ムモノナリ

第八百十四條　前條第一號乃至第四號ノ場合ニ於テ夫婦ノ一方カ他ノ一方ノ行爲ニ同意シタルトキハ離婚ノ訴ヲ提起スルコトヲ得ス

前條第一號乃至第七號ノ場合ニ於テ夫婦ノ一方カ他ノ一方又ハ其直系尊

屬ノ行爲ヲ宥恕シタルトキ亦同シ

〔解釋〕　夫婦ノ一方カ他ノ一方ノ行爲ニ同意シタルトキハ是則チ從犯トモ云フヘキモノニシテ已レモ其ノ責ニ任セチハナラヌモノナリ故ニ此ノ塲合ニハ其ノ行爲ヲ理由トシテ離婚ノ訴ヲ起スコトヲ得サルナリ

又夫婦ノ一方カ他ノ一方ノ爲シタル行爲ニ付キ後日之レヲ宥恕シタルトキハ是又其ノ行爲ニ同意ヲ表シタルモノナリ故ニ此ノ場合ニ於テモ亦最早之レヲ以テ離婚ノ原因トナスコトヲ得サルナリ

第八百十五條　第八百十三條第四號ニ掲ケタル處刑ノ宣告ヲ受ケタル者ハ其配偶者ニ同一ノ事由アルコトヲ理由トシテ離婚ノ訴ヲ提起スルコトヲ得ス

第八百十六條　第八百十三條第一號乃至第八號ノ事由ニ因ル離婚ノ訴ハ之ヲ提起スル權利ヲ有スル者カ離婚ノ原因タル事實ヲ知リタル時ヨリ一年ヲ經過シタル後ニ之ヲ提起スルコトヲ得ス其事實發生ノ時ヨリ十年ヲ經過シタル後亦同シ

第八百十七條 第八百十三條第九號ノ事由ニ因ル離婚ノ訴ハ配偶者ノ生死カ分明ト爲リタル後ハ之ヲ提起スルコトヲ得ス

第八百十八條 第八百十三條第十號ノ場合ニ於テ離婚又ハ縁組取消ノ請求アリタルトキハ之ニ附帶シテ離婚ノ請求ヲ爲スコトヲ得

第八百十三條第十號ノ事由ニ因ル離婚ノ訴ハ當事者カ離婚又ハ縁組ノ取消アリタルコトヲ知リタル後三个月ヲ經過シ又ハ離婚請求ノ權利ヲ拋棄シタルトキハ之ヲ提起スルコトヲ得ス

〔解釋〕『拋棄』ニハ明示ノ拋棄ト默示ノ拋棄トノ二アリ本條ノ拋棄ハ何レノ拋棄ニテモ其ノ効アリ

第八百十九條 第八百十二條ノ規定ハ裁判上ノ離婚ニ之ヲ準用ス但裁判所ハ子ノ利益ノ爲メ其監督ニ付キ之ニ異ナリタル處分ヲ命スルコトヲ得

第四章　親子

〔解釋〕本章ハ親子ノ關係ヲ定メタルモノナリ而シテ子ニハ實子養子ノ別アリ故ニ本法ハ左

ニ節ヲ別チテ之レヲ規定シタリ

第一節　嫡子

第一款　嫡出子

〔解釋〕『嫡出子』トハ妻カ婚姻中ニ懷胎シタル夫ノ子ヲ云フ

第八百二十條　妻カ婚姻中ニ懷胎シタル子ハ夫ノ子ト推定ス
婚姻成立ノ日ヨリ二百日後又ハ婚姻ノ解消若クハ取消ノ日ヨリ三百日內ニ生レタル子ハ婚姻中ニ懷胎シタルモノト推定ス

〔解釋〕『婚姻中』トハ適法ニ婚姻ヲ爲シテヨリ其解消又ハ取消ニ至ル迄ノ間ヲ云フ
『推定』トハ前後ノ事實ニ依リ法律カ斯クアルヘシト推測ヲ以テ決定スルノ謂ナリ
妻カ婚姻中ニ懷胎シタル子ト雖トモ時ニ或ハ姦通ニ依リ姦夫ノ子ナルコトナシトイフヘカラス然レトモ此等ハ實ニ例外ノ場合ナルヲ以テ法律ハ概シテ之レヲ夫ノ子ト推定スルナリ故ニ若シ其ノ子カ已レノ子ニアラストセハ夫ハ反證ヲ擧ケテ之レヲ否認スルコトヲ得ルナリ（八二二）然レトモ其ノ懷胎カ果シテ婚姻中ニアルヤ否ヤハ頗フル明確ナリ難キ事實ナリ故ニ法律ハ直ニ

其ノ次項ニ於テ『婚姻成立ノ日ヨリ二百日後又ハ婚姻ノ解消若クハ取消ノ日ヨリ三百日内ニ生レタル子ハ婚姻中ニ懷胎シタルモノト推定ス』ル旨ヲ定メタリ是レ出生ハ通常懷胎ヨリ二百日後又ハ三百日内ニアルヲ醫學上通常ノ事實ト爲スニ因ル然レトモ又時ニ或ハ二百日内若クハ三百日後ニ出生スル場合ナキニアラス此ノ場合ニハ其ノ推定ニ反對ノ證據ヲ擧ケ否認シ得ルハ勿論ナリ（八二二）

第八百二十一條　第七百六十七條第一項ノ規定ニ違反シテ再婚ヲ爲シタル女カ分娩シタル場合ニ於テ前條ノ規定ニ因リ其子ノ父ヲ定ムルコト能ハサルトキハ裁判所之ヲ定ム

〔解釋〕前條ノ規則アリト雖トモ女カ若シ第七百六十七條第一項ノ規則ニ反キ前婚消滅ヨリ六ケ月ヲ經サル内ニ再婚シ其ノ女カ分娩シタル場合ニ於テハ往々其ノ父ノ前夫ナルカ將タ後夫ナルカ知リ難キコトアラン此ノ場合ニハ已ムヲ得ス裁判所ニ請求シテ其ノ決定ヲ仰クノ外ナキナリ

第八百二十二條　第八百二十條ノ場合ニ於テ夫ハ子ノ嫡出ナルコトヲ否認スルコトヲ得

第八百二十三條 前條ノ否認權ハ子又ハ其法定代理人ニ對スル訴ニ依リテ之ヲ行フ但夫カ子ノ法定代理人ナルトキハ裁判所ハ特別代理人ヲ選任スルコトヲ要ス

〔解釋〕 本條ハ右否認權實行ノ方法ヲ定メタルモノナリ

否認權ノ相手ハ子ナリ故ニ否認權ヲ行フニハ子ニ對シテ訴ヲ起サヽルヘカラス然レトモ其ノ子ハ多クノ場合ニ於テ未成年ナリ故ニ若シ其ノ子カ未成年又ハ其ノ他ノ無能力者ナルトキハ其ノ法定代理人ニ對シテ訴ヲ起スヘシ

然レトモ若シ夫カ既ニ法定代理人トナリ居ルトキハ自分カ自分ニ對シテ訴ヲ起スコトハナシ能ハサルヲ以テ此場合ニハ裁判所ニ請求シテ特ニ此ノ事件ノミニ關スル子ノ代理人ヲ選任セシメ其ノ特別代理人ニ對シテ訴ヲ起スヘキモノトス

第八百二十四條 夫カ子ノ出生後ニ於テ其嫡出ナルコトヲ承認シタルトキハ其否認權ヲ失フ

〔解釋〕 『承認』ニハ默示ノ承認ト明示ノ承認トアリ明示ノ承認トハ我カ子ナルコトヲ明言シテ承認スルヲイフ又默示ノ承認トハ例ヘハ夫カ其生レタル子ハ婚姻成立前ヨリ懷胎シ居タルコ

トヲ知リツヽ我子トシテ出生届ヲ爲シタルカ如キ是レナリ而シテ否認權ハ明示默示何レノ承認ニテモ消失ス

第八百二十五條　否認ノ訴ハ夫カ子ノ出生ヲ知リタル時ヨリ一年内ニ之ヲ提起スルコトヲ要ス

第八百二十六條　夫カ未成年者ナルトキハ前條ノ期間ハ其成年ニ達シタル時ヨリ之ヲ起算ス但夫カ成年ニ達シタル後ニ子ノ出生ヲ知リタルトキハ此限ニ在ラス

夫カ禁治產者ナルトキハ前條ノ期間ハ禁治產ノ取消アリタル後夫カ子ノ出生ヲ知リタル時ヨリ之ヲ起算ス

〔解釋〕　本條ハ前條出訴期間ノ起算點ニ付キ特例ヲ定メタルモノナリ夫カ未成年又ハ禁治產者ナルトキハ共ニ無能力者ナルニ依リ否認訴權ヲ行フノ能力ナシト看做シ其無能力中ニ子ノ出生ヲ知リタルトキハ其ノ能力ノ生セシトキ即チ未成年者ハ成年ニ達シタルトキ禁治產者ハ禁治產ノ取消アリタル後其ノ子ノ出生アリタルコトヲ知リタル時ヨリ起算シテ前條一年ノ期間ヲ定ムヘシトイフニアリ

第二款　庶子及ヒ私生子

庶子ヲ認ムルハ已ムヲ得サルノ便宜法ナリ

〔評論〕本法ハ嫡出子ニアラサル子ヲ分チテ庶子及ヒ私生子トセリ本法ハ妾ヲ認メサルヲ以テ法律上庶子ヲ認ムルハ少シク穏當ナラサルノ嫌ナキニアラスト雖トモ其ノ子ノ利益上及ヒ習慣上亦已ムヲ得サルノ規定ナリ

第八百二十七條　私生子ハ其父又ハ母ニ於テ之ヲ認知スルコトヲ得
父カ認知シタル私生子ハ之ヲ庶子トス

〔解釋〕『私生子』トハ婚姻ヲ爲サヽルモノヽ間ニ生レタル子ヲイフ所謂野合ノ子ナリ
『認知』トハ我カ子ナリトシテ届出ルヲイフ
父母ニ於テ其ノ子ヲ認知スレハ茲ニ始メテ法律上親子ノ關係ヲ生シ是レヨリ相續等ノ場合ニ於テ種々ノ權利義務ノ關係ヲ生スルモノニシテ認知ハ頗ル重要ノ事件ナリ

第八百二十八條　私生子ノ認知ヲ爲スニハ父又ハ母カ無能力者ナルトキト雖モ其法定代理人ノ同意ヲ得ルコトヲ要セス

第八百二十九條　私生子ノ認知ハ戸籍吏ニ届出ツルニ依リテ之ヲ爲ス

認知ハ遺言ニ依リテモ亦之ヲ爲スコトヲ得

〔解釋〕　認知ノ手續ハ第一項ニ定ムルカ如ク戸籍吏ニ屆出ルヲ以テ普通ノ手續ト爲ス然レトモ人ノ死ニ瀕シテ認知ヲ爲サントスル場合ニハ往々屆出ヲ爲ス能ハサル場合アラン故ニ第二項ニ於テ認知ハ遺言ニテ爲シ置クモ有效ナリトセリ但シ遺言ニ依レル認知ヲシテ第三者ニ對シテ效力アラシメントスルニハ其遺言ヲ更ニ戸籍吏ニ屆出ルヲ要スルヤ勿論ナリ

第八百三十條　成年ノ私生子ハ其承諾アルニ非サレハ之ヲ認知スルコトヲ得ス

第八百三十一條　父ハ胎内ニ在ル子ト雖モ之ヲ認知スルコトヲ得此場合ニ於テハ母ノ承諾ヲ得ルコトヲ要ス

父又ハ母ハ死亡シタル子ト雖モ其直系卑屬アルトキニ限リ之ヲ認知スルコトヲ得此場合ニ於テ其直系卑屬カ成年者ナルトキハ其承諾ヲ得ルコトヲ要ス

〔解釋〕　胎内ニアル子ハ法律上未タ人ト見做サス故ニ之レニ對シテハ何等ノ行爲ヲモ爲シ得サルヲ原則トス然レトモ子ノ利益ナルトキハ例外トシテ之レヲ許スコトアリ而シテ此ノ認知モ

死子ノ認知ハ直系卑屬アルトキニ限ルヘカラス

亦子ノ利益ノタメニスルモノ故ニ法律ハ之レヲ認知スルコトヲ得ト定メタルナリ但シ認知ハ母子ノ利害ニ關係スルコトナレハ之レヲ認知スルニハ母ノ承諾ヲ得ルコトヲ要ス

第二項ハ既ニ死亡シタル子ト雖トモ其子ニ又其ノ子アルトキ即チ父母ノ孫ニ當ルヘキ直系卑屬アルトキハ其已ニ死セシ子ヲ認知スルコトヲ得ルト云フニアリ例ヘハ甲ナルモノ乙ナル私生子ヲ有セリ而シテ乙ハ未タ認知ヲ受ケサル内ニ丙ナル子ヲ殘シテ死亡シタリトセヨ此場合ニ於テ甲ハ既ニ死亡シ去リタル乙ヲモ余カ子ナリト認知スルコトヲ得ルナリ是レ其ノ子ハ死シタルモ其ノ孫ハ之レニ依リテ往々祖父母ノ相續權ヲ得ル等ノ利益アレハナリ尤モ其ノ孫ニシテ既ニ成年者ナルトキハ是又其ノ承諾ヲ得ルコトヲ要ス

〔評論〕　第一　死亡シタル子ノ認知ハ其直系卑屬ナキトキニ於テモ之レヲ許スヲ可トス

本條ニ依レハ既ニ死亡シタル子ハ其子ノ直系卑屬ノ存在スルトキニノミ認知スルコトヲ許シ直系卑屬ナキモノハ之レヲ許サス立法者ハ何カ爲メニ斯カル區別ヲ設ケタルヤ曰ク既ニ死亡シテ直系卑屬ヲモ存セサルモノハ之レヲ認知スルモ財産上ノ利益ヲ受クルコトナキヲ以テ之レヲ認知スルノ必要ナシト認メタルカタメナラン然トモ認知ノ利益ハ必スシモ財産上ノ利益ノミナラス或ハ之レカ爲メニ死後永ク祀ヲ享クルノ利益モアルヘク又名譽ヲ回復スル等ノ利益モアラム決シテ利益ナシトイフヘカラス

未成年者ノ認知ハ法定代理人ノ承認ヲ要ス

又第八百三十六條ニ於テハ婚姻ノ結果ニ依リテ庶子カ嫡子ノ身分ヲ取得スル塲合ヲ定メテ曰ク『庶子ハ父母ノ婚姻ニ依リテ嫡子タル身分ヲ取得ス前項ノ規定ハ子カ既ニ死亡シタル塲合ニ之ヲ準用ス』ト是レ其子ニ直系卑屬アルト否トヲ區別セス庶子ニハ總テ嫡子タルノ身分ヲ取得セシムルモノニシテ是レ即チ立法者自ラ死後ニ直系卑屬ナキ子モ尙ホ嫡子タル自分ヲ取得スルノ必要アルヲ認メタル者ナリ而シテ其必要ナル點ヨリ云ヘハ嫡子タル身分ヲ取得スル塲合ト庶子私生子タル身分ヲ取得スル塲合ト異ナルコトナシ然ルニ嫡子タルノ身分ヲ取得スル塲合ハ既ニ死亡シタル者ニ卑屬ナキトキニテモ取得セシメ庶子私生子ノ身分ヲ取得スル塲合ニハ死者ニ卑屬アル塲合ニ限ルトハ甚タ不權衡ニシテ且ツ不理屈ニハアラサルカ故ニ本條第二項中『直系卑屬アルトキニ限リ』ノ一句ヲ除キ何レノ死子ヲモ悉ク認知スルヲ得セシムル方穩當ナラン

第二　未成年者ノ認知ニハ法定代理人ノ承諾ヲ得セシムヘシ

認知ハ大ニ其子ノ利害ニ關ス故ニ本法ハ成年ノ子ヲ認知スルニハ其承諾ヲ得ルヲ要ストシ胎兒認知ノ塲合ニハ母ノ承諾ヲ得ルヲ要ストセリ然ルニ未成年者認知ノ塲合ニハ何人ノ承認ヲモ要スト云ハス是レ果シテ未年者認知ニ就テハ何人ノ承諾ヲモ要セサルノ意ナルヤ否ヤ凡ソ認知ハ何レノ認知ニモセヨ其子及ヒ其他ノ利害關係人ハ何レモ反對ノ事實ヲ主張スルコトヲ得ルモノ（八三四）ナレハ豫シメ此等ノ人ノ承諾ヲ得ルノ必要ハ決シテ胎兒及ヒ成年者認知ノ塲合ニノミ

限ラサルナリ然ルニ前者ニノミ其母又ハ本人ノ承諾ヲ得セシムルコトトシ後者ニハ何人ノ承諾ヲモ要セストヌルハ甚タ理由ナキコトナリ故ニ未成年者ノ場合ニ於テモ豫シメ其子ノ法定代理人若クハ其他ノ承諾ヲ得セシムルコトヽ定メ置ク方妥當ナリ

第八百三十二條 認知ハ出生ノ時ニ溯リテ其效力ヲ生ス但第三者カ既ニ取得シタル權利ヲ害スルコトヲ得ス

〔解釋〕 認知ハ或子ヲ指シテ我子ナリト承認スルモノナレハ一旦認知スルトキハ出生ノ時ニ溯リテ其効ヲ生シ出生ノ時ヨリ認知者ノ子タリシモノトナルハ當然ノコトナリ但シ第三者ニ對シテマテ出生ノ時ヨリ子ナリト云フコトヲ主張シ得ルモノトセハ之レカタメニ相續ノ場合ニ於テ大ニ他ノ人ヲ害スルコトアルヘシ是ヲ以テ第三者カ既ニ得タル權利ハ之レヲ害スルコトヲ得ストナスナリ

第八百三十三條 認知ヲ爲シタル父又ハ母ハ其認知ヲ取消スコトヲ得ス

〔解釋〕 認知ハ私生子若クハ庶子タルノ身分ヲ生スルモノナレハ容易ニ變動ヲ生セシメサルヲ要ス故ニ一旦認知シタルモノハ復タ之レヲ取消サシメサルナリ但シ其ノ要素タル事實ニ錯誤アリタルトキハ其ノ認知ハ當然無効タルヘク又其ノ認知カ詐欺若クハ强迫ニ因ルトキハ取消シ得ヘシ是レ一般原則（九五、九六）ニシテ本條ト相防ケサルモノナレハナリ

第八百三十四條　子其他ノ利害關係人ハ認知ニ對シテ反對ノ事實ヲ主張スルコトヲ得

〔解釋〕　『利害關係人』トハ認知者カ父ナル場合ニ於テハ其母又ハ認知者ノ他ノ子等何レモ是レナリ

第八百三十五條　子、其直系卑屬又ハ是等ノ者ノ法定代理人ハ父又ハ母ニ對シテ認知ヲ求ムルコトヲ得

第八百三十六條　庶子ハ其父母ノ婚姻ニ因リテ嫡出子タル身分ヲ取得ス

婚姻中父母カ認知シタル私生子ハ其認知ノ時ヨリ嫡出子タル身分ヲ取得ス

前二項ノ規定ハ子カ既ニ死亡シタル場合ニ之ヲ準用ス

〔解釋〕　本條ハ庶子及私生子カ嫡出子トナル原因ヲ定メタルモノナリ例ヘハ余乙女ニ一子ヲ產マシメ認知シテ庶子トナシ其後乙女ト正當ニ婚姻シタリ此場合ニ其ノ子ハ法律ノ假定ニ因リテ嫡出子トナルナリ

第二項ハ婚姻中ノ認知ニ付テハ認知ノ時ヨリ其ノ子カ嫡出子トナル旨ヲ定メタリ

右ノ二項ハ其子カ既ニ死シタル場合ニ於テモ同樣ノ効力ヲ生スルモノナリ

家族制上養子ハ已ムヲ得サルモノナリ

第二節　養子

〔評論〕　家族制ノ國ニ於テハ養子ハ必要ナリ

養子ハ人爲ヲ以テ親子ノ關係ヲ作ルモノニシテ背理ノ所爲ナリ故ニ之レヲ禁スヘシトノ說アリ然レトモ人類進化ノ或程度ニ至ルマテハ養子カ人類ノ生存社會ノ組織ニ必要ナルコトハ爭フヘカラス殊ニ我國ノ如キハ家ヲ以テ社會ノ基礎トナスニ依リ養子制度ノ必要ヲ感スルコトモ亦大ナリ故ニ本法カ養子制度ヲ設ケタルハ實際已ムヲ得サル次第ナリ

第一款　緣組ノ條件

〔解釋〕　此處ニ『緣組』トイフハ養子緣組ノコトナリ全体從來ノ慣例ヨリスレハ婚姻養子共ニ緣組ト稱シタリキ然ルニ本法ハ單ニ緣組ノ二字ヲ以テ養子固有ノ名稱ト爲シ其ノ結果トシテ『離緣』モ亦養子破緣ノ特有名稱トセリ故ニ本法ニ於テ單ニ緣組又ハ離緣ト書スルハ必ス養子ニ關スル場合ナリ注意スヘシ

第八百三十七條　成年ニ達シタル者ハ養子ヲ爲スコトヲ得

〔解釋〕　養子ハ他人ノ子ヲ養フテ已レノ子トナスモノニシテ新タニ一ノ親族關係ヲ生スヘキ重大ノ事件ナリ然ルニ未タ成年ニモ達セサルモノヲシテ隨意ニ之レヲ爲スコトヲ得セシムルカ如キハ頗ル危險ナリ且ツ養子ハ自己ニ子ナキモノニシテ初メテ其必要ヲ生スルモノナルニ未タ子ナキヤ否ヤ明カナラサル未成年者ノ如キハ未タ之レヲ急クノ必要ナシ故ニ本法ハ從來習慣ナキニモ拘ハラス本條ニ於テ未成年者ノ養子ヲ爲スヲ禁シタリ

養子年齡ノ制限ハ無用ナリ

〔評論〕　養子ヲ爲スモノヽ年齡ヲ制限スルハ無用ナリ

本法ハ右ニ解釋シタルカ如キ理由ニ因リ未成年者ノ養子ヲ禁シタリ然レトモ吾レハ之レヲ贊スル能ハス何故ナレハナルホト養子ヲ爲スハ一身ニ取リテハ婚姻ニ次テノ大事ニハ相違ナキモ之レニ關スル危險ヲ防カンカタメニハ父母。後見人、親族會等アルニ依リ之レヲ禁スルマテニ虞ルヽニハ足ラシ加之本法ノ養子ヲ許スハ彼ノ老年ノ無實子者ヲ憐ムノミニハアラス實ニ家族制ノ結果トシテ家ヲ重スルノ餘ニ出テシモノナリ故ニ未成年者タリトモ已レカ疾病等已ムヲ得サル事故ニヨリ家督相續人ヲ定ムルニ就テハ同シク養子ノ必要ヲ感スルナリ然ルニ本法ノ如ク未成年者ニハ如何ナル場合ニ於テモ之レヲ禁スルカ如キハ未タ必要ニ應セサル無用ノ規定ナリ少ナクトモ實子ナキモノハ成年未成年ノ別ナク何レモ之レヲ許シテ同一恩澤ニ浴セシムルヲ要ス無制限ナルカナ

第八百三十八條 尊屬又ハ年長者ハ之ヲ養子ト爲スコトヲ得ス

〔解釋〕 養子ハ法律ノ假定ヲ以テ自然ノ親子ニ擬スルモノナリ然ルニ尊屬親及ヒ年長者ヲ養子ト爲スヲ得ルトセハ倫序ヲ乱タシ自然ニ反スルコト愈甚シキニ至ルヲ以テ本法ハ之レヲ禁スルナリ

第八百三十九條 法定ノ推定家督相續人タル男子アル者ハ男子ヲ養子ト爲スコトヲ得ス但女婿ト爲ス爲ニスル場合ハ此限ニ在ラス

〔解釋〕 養子ハ子ナキ者カ家督相續人ヲ設クルカ爲メニ之レヲ爲スヲ本旨トス故ニ既ニ法定ノ推定家督相續人タル男子アルモノハ男子ヲ養子トスルノ必要ナキニ依リ之レヲ禁ス尤モ時ニ依リテハ女子カ推定相續人タルコトナキニアラサレトモ家督相續ハ成ルヘク男子ヲ貴フノ習慣ナルヲ以テ女子ノ場合ニハ搆ハヌトシタルナリ

本條但書ノ場合ハ例ヘハ相續人タル男子アルニモセヨ其ノ姉ナリ妹ナリノ女婿ト爲ス爲ニスル養子ハ之レカタメニ少シモ相續權ヲ害スルコトナキヲ以テ之レヲ禁セサルナリ

第八百四十條 後見人ハ被後見人ヲ養子ト爲スコトヲ得ス其任務カ終了シタル後未タ管理ノ計算ヲ終ハラサル間亦同シ

前項ノ規定ハ第八百四十八條ノ場合ニハ之ヲ適用セス

〔解釋〕後見人カ被後見人ヲ養子ト爲スコトヲ許ストキハ後見人ハ被後見人ノタメニナスヘキ財產管理ノ計算ヲ曖昧ニセンカタメノ惡手段トシテ養子ヲ爲スコトアルヘシ故ニ法律ハ其弊ヲ避ケンカタメニ之レヲ禁シタリ

第八百四十一條　配偶者アル者ハ其配偶者ト共ニスルニ非サレハ緣組ヲ爲スコトヲ得ス

夫婦ノ一方カ他ノ一方ノ子ヲ養子ト爲スニハ他ノ一方ノ同意ヲ得ルヲ以テ足ル

第八百四十二條　前條第一項ノ場合ニ於テ夫婦ノ一方カ其意思ヲ表示スルコト能ハサルトキハ他ノ一方ハ雙方ノ名義ヲ以テ緣組ヲ爲スコトヲ得

第八百四十三條　養子ト爲ルヘキ者カ十五年未滿ナルトキハ實家ニ在ル父母之ニ代リテ緣組ノ承諾ヲ爲スコトヲ得

繼父母又ハ嫡母カ前項ノ承諾ヲ爲スニハ親族會ノ同意ヲ得ルコトヲ要ス

〔解釋〕　本條ハ養子ト爲ル者カ十五年未滿ナルトキハ父母代リテ承諾ヲ爲シ得ル旨ヲ定メタルモノナリ

父母カ代リテ承諾ヲ爲スヲ得ルハ父母ハ親子ノ情愛上十分其ノ子ノ利害ヲ慮カリテ承諾ヲ與フルコトナラント推測スルカ爲メナリ然ルニ父母カ繼父母又ハ嫡母ナルトキハ眞ノ親子ニアラサルカ故ニ或ハ十分ニ利害ヲ慮ラスシテ諾否ヲ決スルノ恐ナシトセス故ニ親族會ノ同意ヲ得ルヲ要ストセリ

第八百四十四條　成年ノ子カ養子ヲ爲シ又ハ滿十五年以上ノ子カ養子ト爲ルニハ實家ニ在ル父母ノ同意ヲ得ルコトヲ要ス

第八百四十五條　縁組又ハ婚姻ニ因リテ他家ニ入リタル者カ更ニ養子トシテ他家ニ入ラント欲スルトキハ實家ニ在ル父母ノ同意ヲ得ルコトヲ要ス但妻カ夫ニ隨ヒテ他家ニ入ルハ此限ニ在ラス

〔解釋〕　本條ハ一旦縁組ニ依リテ他家ニ入リタルモノカ再ヒ他家ニ入ラントスル場合ノ規則ナリ例ヘハ甲家ノ子カ乙家ノ養子トナリシ後更ニ丙家ノ養子トナラントスルトキハ實家即チ甲家ノ父母ノ同意ヲ得ルヲ要スナリ尤モ此場合ニテモ其子ハ猶ホ前條ニ依リテ乙家ノ父母ノ同意

ヲ要スルコトハ勿論ナリ

第八百四十六條　第七百七十二條第二項及ヒ第三項ノ規定ハ前三條ノ場合ニ之ヲ準用ス

第七百七十三條ノ規定ハ前二條ノ場合ニ之ヲ準用ス

第八百四十七條　第七百七十四條及ヒ第七百七十五條ノ規定ハ縁組ニ之ヲ準用ス

第八百四十八條　養子ヲ爲サントト欲スル者ハ遺言ヲ以テ其意思ヲ表示スルコトヲ得此場合ニ於テハ遺言執行者、養子ト爲ルヘキ者又ハ第八百四十三條ノ規定ニ依リ之ニ代ハリテ承諾ヲ爲シタル者及ヒ成年ノ證人二人以上ヨリ遺言カ効力ヲ生シタル後遲滯ナク縁組ノ屆出ヲ爲スコトヲ要ス

前項ノ屆出ハ養親ノ死亡ノ時ニ遡リテ其効力ヲ生ス

〔解釋〕　本條ハ遺言ニテ養子ヲ爲ス時ノ手續ヲ定メタルモノナリ

『遺言カ効力ヲ生シタル後』トハ遺言ハ元來遺言者死亡ノ時ニ其効力ヲ生スルモノナリ故ニ其ノ

以後ヲ云フナリ
末項ノ意味ハ遺言カ効力ヲ生スルハ右ノ如ク遺言者死亡ノ時ニシテ其後遅滞ナク届出ヲ爲スモ其間多少ノ日子ヲ費スハ免カレサル所ナリ依テ死亡ノ時ト届出ノ時トハ多少異ナルヘキモ縁組ノ効力ハ溯リテ遺言者死亡ノ時ヨリ生スルコトヽ定メタルナリ

第八百四十九條 戸籍吏ハ縁組カ第七百四十一條第一項第七百四十四條第一項、第七百五十條第一項及ヒ前十二條ノ規定其他ノ法令ニ違反セサルコトヲ認メタル後ニ非サレハ其届出ヲ受理スルコトヲ得ス
第七百七十六條但書ノ規定ハ前項ノ場合ニ之ヲ準用ス

第八百五十條 外國ニ在ル日本人間ニ於テ縁組ヲ爲サント欲スルトキハ其國ニ駐在スル日本ノ公使又ハ領事ニ其届出ヲ爲スコトヲ得此場合ニ於テハ第七十五條及ヒ前二條ノ規定ヲ準用ス

第二款　縁組ノ無效及ヒ取消

第八百五十一條 縁組ハ左ノ場合ニ依リ無效トス

一　人違其他ノ事由ニ因リ當事者間ニ緣組ヲ爲ス意思ナキトキ
二　當事者カ緣組ノ屆出ヲ爲サヽルトキ但其屆出カ第七百七十五條第二項及ヒ第八百四十八條第一項ニ揭ケタル條件ヲ缺クニ止マルトキハ緣組ハ之カ爲メニ其效力ヲ妨ケラルヽコトナシ

〔解釋〕　本條ハ緣組ノ無効ノ原因ヲ定タルモノナリ而シテ本條ハ婚姻無効ノ規定タル第七百七十八條ト略ホ同一ナレハ同條ノ解釋ヲ參照セハ自ラ明カナリ依テ玆ニ贅セス

第八百五十二條　緣組ハ第七條ノ規定ニ依ルニ非サレハ之ヲ取消スコトヲ得ス

第八百五十三條　第八百三十七條ノ規定ニ違反シタル緣組ハ養親又ハ其法定代理人ヨリ其取消ヲ裁判所ニ請求スルコトヲ得但養親カ成年ニ達シタル後六ケ月ヲ經過シ又ハ追認ヲ爲シタルトキハ此限ニ在ラス

〔評論〕　本條ハ第八百三十七條ノ規定ニ違反シタル緣組ノ取消手續ヲ定メタルモノナリ然ルニ余ハ既ニ云ヘリシ如ク第八百三十七條ヲ削除セント欲スルモノナルニヨリ其結果トシテ本條ヲモ削除スヘシ

本條ハ削除スヘシ

第八百五十四條　第八百三十八條又ハ第八百三十九條ノ規定ニ違反シタル縁組ハ各當事者其戸主又ハ親族ヨリ其取消ヲ裁判所ニ請求スルコトヲ得

第八百五十五條　第八百四十條ノ規定ニ違反シタル縁組ハ養子又ハ其實方ノ親族ヨリ其取消ヲ裁判所ニ請求スルコトヲ得但管理ノ計算カ終ハリタル後養子カ追認ヲ爲シ又ハ六个月ヲ經過シタルトキハ此限ニ在ラス

追認ハ養子カ成年ニ達シ又ハ能力ヲ回復シタル後之ヲ爲スニ非サレハ其效ナシ

養子カ成年ニ達セス又ハ能力ヲ回復セサル間ニ管理ノ計算カ終ハリタル場合ニ於テハ第一項但書ノ期間ハ養子カ成年ニ達シ又ハ能力ヲ回復シタル時ヨリ之ヲ起算ス

〔解釋〕　本條ハ大ニ複雜シ居レトモ要スルニ第一項但書以下ハ皆取消ノ出訴期間ヲ定メタルモノニ過キサレハ此處ニ簡單ニ其ノ期間ヲ列記セン

第一　後見ノ關係存續中

第二後見ノ任務終リタルモ未タ管理ノ計算ヲ終ラサル間
第三管理ノ計算既ニ終リタルトキハ養子カ能力ヲ回復シタル後追認ヲ爲スマテノ間
第四養子カ成年ニ達セス又ハ能力ヲ回復セサル間ニ管理ノ計算カ終リタルトキハ其ノ成年ニ達シ又ハ能力ヲ回復シタル時ヨリ六ケ月間

第八百五十六條　第八百四十一條ノ規定ニ違反シタル縁組ハ同意ヲ爲ササリシ配偶者ヨリ其取消ヲ裁判所ニ請求スルコトヲ得但其配偶者カ縁組アリタルコトヲ知リタル後六个月ヲ經過シタルトキハ追認ヲ爲シタルモノト看做ス

第八百五十七條　第八百四十四條乃至第八百四十六條ノ規定ニ違反シタル縁組ハ同意ヲ爲ス權利ヲ有セシ者ヨリ其取消ヲ裁判所ニ請求スルコトヲ得同意カ詐欺又ハ强迫ニ因リタルトキ亦同シ
第七百八十四條ノ規定ハ前項ノ場合ニ之ヲ準用ス

〔解釋〕　縁組ヲ爲スニ付キ父母後見人又ハ親族會ノ同意ヲ得ヘキ場合ニ之レヲ得スシテ爲シタル縁組ハ其ノ同意ヲ與フヘキ權利ヲ有セシモノ即チ父母、後見人、親族會ヨリ其取消ヲ裁判

所ニ請求スルコトヲ得其ノ同意カ詐欺又ハ强迫ニ因リタルトキモ亦同意ナキニ同シキヲ以テ之レヲ請求スルヲ得ベシ

右ノ取消請求權ハ第七百八十四條ヲ準用シ同條ニ列記シタル場合ニハ消滅セシムルモノトス

第八百五十八條 婿養子緣組ノ場合ニ於テハ各當事者ハ婚姻ノ無效又ハ取消ヲ理由トシテ緣組ノ取消ヲ裁判所ニ請求スルコトヲ得但婚姻ノ無效又ハ取消ノ請求ニ附帶シテ緣組ノ取消ヲ請求スルコトヲ妨ケス

前項ノ取消權ハ當事者カ婚姻無效ナルコト又ハ其取消アリタルコトヲ知リタル後六个月ヲ經過シ又ハ其取消權ヲ拋棄シタルトキハ消滅ス

〔解釋〕 婿養子緣組ノ場合ニ於テハ養子ト婚姻ト一身ノ上ニ生スルモノニシテ二者全ク混一ス後ニ其ノ一ヲ無效トシ他ノ一ヲ有效トシテ存在セシムルコトハ困難ナリ故ニ此ノ場合ニハ婚姻ノ無效又ハ取消ヲ理由トシテ緣組ノ取消ヲモ請求スルコトヲ得セシムルナリ

第八百五十九條 第七百八十五條及第七百八十七條ノ規定ハ緣組ニ之ヲ準用ス但第七百八十五條第二項ノ間ハ之ヲ六个月トス

第三款 緣組ノ效力

第八百六十條　養子ハ縁組ノ日ヨリ養親ノ嫡出子タル身分ヲ取得ス

〔解釋〕　養子縁組ノ效力ハ養親ノ嫡出子タルノ身分ヲ取得スルニアリ既ニ養子ハ眞ノ親子ト同一ノ關係ヲ生シ親權ニ服スルノ義務相續ヲ爲スノ權利若クハ扶養ノ權利義務等親子間ニ於ケル一切ノ權利義務ヲ其間ニ生スルモノナリ但シ右ノ效力ハ縁組ノ日ヨリ生スルモノニシテ其子出生ノ日ニ溯ルモノニアラス是レ私生子庶子ノ認知ト大ニ其効力ヲ異ニスル所ナリ

第八百六十一條　養子ハ縁組ニ因リテ養親ノ家ニ入ル

第四款　離縁

第八百六十二條　縁組ノ當事者ハ其協議ヲ以テ離縁ヲ爲スコトヲ得

養子カ十五年未滿ナルトキハ其離縁ハ養親ト養子ニ代ハリテ縁組ノ承諾ヲ爲ス權利ヲ有スル者トノ協議ヲ以テ之ヲ爲ス

養親カ死亡シタル後養子カ離縁ヲ爲サント欲スルトキハ戸主ノ同意ヲ得テ之ヲ爲スコトヲ得

〔解釋〕　本條ハ協議上ノ離縁ノ手續ヲ定メタルモノナリ

婚姻ニ就テ協議上ノ離婚ト裁判上ノ離婚トアルカ如ク養子ニ就テモ亦協議上ノ離縁ト裁判上ノ離縁トアリ協議上ノ離縁トハ即チ本條ニ定ムル所ナリ而シテ協議上ノ離縁ハ双方任意ノ協議ニ因リテ行フモノナルヲ以テ法律ハ其原因ノ如何ヲ問ハス即チ如何ナル場合ニ於テモ之レヲ禁セサルモノナリ

第八百六十三條 滿二十五年ニ達セサル者カ協議上ノ離縁ヲ爲スニハ第八百四十四條ノ規定ニ依リ其縁組ニ付キ同意ヲ爲ス權利ヲ有スル者ノ同意ヲ得ルコトヲ要ス

第七百七十二條第二項、第三項及ヒ第七百七十三條ノ規定ハ前項ノ場合ニ之ヲ準用ス

第八百六十四條 第七百七十四條及ヒ第七百七十五條ノ規定ハ協議上ノ離縁ニ之ヲ準用ス

第八百六十五條 戸籍吏ハ離縁カ第七百七十五條第二項、第八百六十二條及ヒ第八百六十三條ノ規定其他ノ法令ニ違反セサルコトヲ認メタル後ニ非レハ其届出ヲ受理スルコトヲ得ス

戸籍吏カ前項ノ規定ニ違反シテ届出ヲ受理シタルトキト雖モ離縁ハ之カ為メニ其効力ヲ妨ケラルルコトナシ

〔解釋〕　本條ハ第八百十一條ト同一ノ旨趣ニ出テタルモノナリ故ニ同條ノ解釋ヲ見ハ自ラ明カナリ

第八百六十六條　縁組ノ當事者ノ一方ハ左ノ場合ニ限リ離縁ノ訴ヲ提起スルコトヲ得

一　他ノ一方ヨリ虐待又ハ重大ナル侮辱ヲ受ケタルトキ
二　他ノ一方ヨリ惡意ヲ以テ遺棄セラレタルトキ
三　養親ノ直系尊屬ヨリ虐待又ハ重大ナル侮辱ヲ受ケタルトキ
四　他ノ一方カ重禁錮一年以上ノ刑ニ處セラレタルトキ
五　養子ニ家名ヲ瀆シ又ハ家産ヲ傾クヘキ重大ナル過失アリタルトキ
六　養子カ逃亡シテ三年以下復歸セサルトキ
七　養子ノ生死カ三年以上分明ナラサルトキ
八　他ノ一方カ自己ノ直系尊屬ニ對シテ虐待ヲ爲シ又ハ之ニ重大ナル

侮辱ヲ加ヘタルトキ
九　婿養子縁組ノ場合ニ於テ離縁アリタルトキ又ハ養子カ家女ト婚姻ヲ爲シタル場合ニ於テ離姻若クハ婚姻ノ取消アリタルトキ

〔解釋〕　本條ハ裁判上ノ離縁ノ原因ヲ定メラレタルモノナリ而シテ裁判上ノ離縁モ亦裁判上ノ離婚ト同シク協議上ノ離縁行届カサルトキ其ノ一方ヨリ本條ノ原因ヲ理由トシテ裁判所ニ請求シ裁判ノ力ニ依リテ離縁スルモノナリ其ノ原因ハ裁判上ノ原因トシテ定メタル第八百十三條ト大同小異ナルヲ以テ今再説セス

第八百六十七條　養子カ滿十五年ニ達セサル間ハ其縁組ニ付キ承諾權ヲ有スル者ヨリ離縁ノ訴ヲ提起スルコトヲ得
第八百四十三條第二項ノ規定ハ前項ノ場合ニ之ヲ準用ス

第八百六十八條　第八百六十六條第一號乃至第六號ノ場合ニ於テ當事者ノ一方カ他ノ一方又ハ其直系尊屬ノ行爲ヲ宥恕シタルトキハ離縁ノ訴ヲ提起スルコトヲ得ス

第八百六十九條　第八百六十六條第四號ノ場合ニ於テ當事者ノ一方カ他

ノ一方ノ行爲ニ同意シタルトキハ離縁ノ訴ヲ提起スルコトヲ得ス

第八百六十六條　第四號ニ掲ケタル刑ニ處セラレタル者ハ他ノ一方ニ同一ノ事由アルコトヲ理由トシテ離縁ノ訴ヲ提起スルコトヲ得ス

第八百七十條　第八百六十六條第一號乃至第五號及ヒ第八號ノ事由ニ因ル離縁ノ訴ハ之ヲ提起スル權理ヲ有スル者カ離縁ノ原因タル事實ヲ知リタル時ヨリ一年ヲ經過シタル後ハ之ヲ提起スルコトヲ得ス其事實發生ノ時ヨリ十年ヲ經過シタル後亦同シ

第八百七十一條　第八百六十六條第六號ノ事由ニ因ル離縁ノ訴ハ養親カ養子ノ復歸シタルコトヲ知リタル時ヨリ一年ヲ經過シタル後ハ之ヲ提起スルコトヲ得ス其復歸ノ時ヨリ十年ヲ經過シタル後亦同シ

第八百七十二條　第八百六十六條第七號ノ事由ニ因ル離縁ノ訴ハ養子ノ生死カ分明ト爲リタル後ハ之ヲ提起スルコトヲ得ス

第八百七十三條　第八百六十六條第九號ノ場合ニ於テ離縁又ハ婚姻取消

ノ請求アリタルトキハ之ニ附帶シテ離緣ノ請求ヲ爲スコトヲ得
第八百六十六條第九號ノ事由ニ因ル離緣ノ訴ハ當事者カ離婚又ハ婚姻ノ取消アリタルコトヲ知リタル後六个月ヲ經過シ又ハ離緣請求ノ權利ヲ抛棄シタルトキハ之ヲ提起スルコトヲ得ス

〔解釋〕以上數條ニ記スル所ハ何レモ裁判上ノ離婚ノ規則ト大同小異ナルヲ以テ今復タ之ニ再說セス

第八百七十四條　養子カ戶主ト爲リタル後ハ離緣ヲ爲スコトヲ得ス但隱居ヲ爲シタル後ハ此限ニ在ラス

〔解釋〕本法ハ家族制ヲ採用シ大ニ『家』ヲ重スルモノナリ然ルニ一家ノ長タル戶主ヲシテ離緣ヲ爲シ其ノ家ヲ去ルヲ得セシムルトキハ其家ハ戶主ヲ失フテ廢滅スルノ已ムヲ得サルニ至ルコトアラン是レ甚タ忌ムヘキノコトニシテ立法上ナルヘク之レヲ避ケサルヘカラス故ニ本法ニ於テハ養子カ一旦戶主ト爲リタル後ハ最早如何ナル原因アリトモ離緣ヲ爲スコトヲ得ストシテメツ但シ一旦戶主トナルモ其ノ後更ニ隱居シタルモノハ之レヲシテ其家ヲ去ラシムルモ最早其家ノ廢絕等ヲ來スノ恐レナキヲ以テ之レヲ離緣スルモ差支ナキナリ

第八百七十五條 養子ハ離縁ニ因リ其實家ニ於テ有セシ身分ヲ回復ス但第三者カ既ニ取得シタル權利ヲ害スルコトヲ得ス

〔解釋〕 一旦養子トナリタルモノハ養親ト親子ノ關係ヲ生シ其ノ嫡出子タルノ身分ヲ得ヘシ〔八六〇〕隨テ其日ヨリ實家ニ於ケル親子ノ身分ハ失フモノナリ故ニ其ノ養子カ離縁トナリテ實家ニ戻レハ其時ハ養家ニ於ケル身分ヲ失ヒ實家ニ於テ曾テ有セシ身分ヲ回収スル也但シ第三者カ既ニ取得シタル權利ハ害ナルヿヲ得ス例ヘハ甲家ノ嫡出子ニシテ二男タル乙、丙家ノ養子トナリ數年ヲ經テ離縁トナリ復歸シタリ然ルニ甲家ニテハ其間ニ長男死亡シテ三男既ニ相續シ居レリトセヨ此ノ場合ニ於テ乙ハ今度再ヒ二男タルノ身分ヲ得タリトテ三男ニ對シテ之レヲ主張シ三男カ既ニ得タル相續權ヲ害スルカ如キヿハナシ得サルナリ

第八百七十六條 夫婦カ養子ト爲リ又ハ養子カ養親ノ他ノ養子ト婚姻ヲ爲シタル場合ニ於テ妻カ離縁ニ因リテ養家ヲ去ルヘキトキハ夫ハ其選擇ニ從ヒ離婚又ハ離縁ヲ爲スコトヲ要ス

〔解釋〕 本條ハ夫婦共ニ養子ナルトキ其妻カ離縁トナリテ養家ヲ去ルトキハ夫ハ養親ニ對スル養子タルノ關係ト妻ニ對スル夫タルノ關係トヲ併セテ存續スルコトヲ得サルヲ以テ妻ニ對シテ離婚スルトモ養家ニ對シテ離縁スルトモ其ノ選フ所ニ出テシムルナリ

親權戸主權ノ調和ヲ要ス

第五章 親權

〔解釋〕 親權トハ未成年ノ子若クハ未タ獨立ノ生計ヲ爲シ得サル子ニ對シ親ノ行フ監督權也其ノ如何ナルモノナルヤハ後ノ第二節ニ定ムル所ナリ

〔評論〕 親權戸主權ハ調和ヲ計ルヘシ

親權ナルモノハ全ク本法ノ創定ナリ前民法ニハ二三ノ之レカ適用ラシキモノアルノミ而シテ之レヲ本法ニ掲ゲタルハ西洋個人制ノ法律ヲ摸倣シタルノ結果ナリ而シテ本邦ノ如キ變態的家族制ハ多少親權ヲ認ムルノ餘地ナキニアラサルヲ以テ之レヲ摸倣シタル强チ咎ムヘキニアラス然レトモ親權ト戸主權トノ調和ヲ計ルニ就テハ更ラニ一層ノ研究ヲ要スルモノアラン若兩者ノ間衝突スルモノアラハ家庭ノ和樂ハ之ヨリ消スヘク家族ノ安寧ハ之レヨリ害セラレン本法ハ此ノ點ニ就テ果シテ遺憾ナキヲ得ル乎吾レハ頗ル憂ヘナキヲ得ス

抑々歐洲諸國ニハ概シテ『家』ナル制度ナク隨テ戸主權ナシ故ニ一家內ノ秩序ヲ維持スルニハ常ニ親權ヲモテ之レヲ維持ス然ルニ本邦ノ慣例ニ於テハ通常父タルモノ（父ナキ場合ニハ母）其ノ家ノ戸主トナルヲ以テ親權戸主權ハ常ニ一致合体ス之レヲ名ケテ戸主權ト稱シ以テ一家ノ秩序ヲ維持スルノ大權トナス隨テ二權ヲシテ併立セシムルノ要ナク遂ニ今日迄親權ナト云ヘル名稱

ハ起ラサリキ
然ルニ本法ハ家族制ノ名ノ下ニ於テ個人制ヲ行フモノ故ニ右ノ二權ヲ採用シ戶主權ノ支配ニ屬スル仕事ヲ二分シ一半ヲ戶主權ニ托シ一半ヲ親權ニ托セリ故ニ二種ノ範圍甚タ明カナラス之カタメニ二種相衝突シ家庭ノ紛議是レヨリ絕ユルコトナカラントス例ヘハ親權ハ親ノ子ニ對スルノ權利ナルヲ以テ一家內ニ三夫婦アリトセハ其父ハ何レモ親權ヲ有スヘシ依テ此一家內ニハ三親權アリ其外ニ猶戶主アリテ一ノ戶主權ヲ生ス故ニ本法ニ依レハ實ニ一家中ニハ常ニ數個ノ主權相對立シ衝突紛爭已ムトキナキニ至ラン故ニ此二權ヲ併用セントセハ更ラニ二權ノ調和ヲ計ラサルヘカラス其ノ調和ニシテ望ナシトセハ親權ヲ採ルカ戶主權ヲ取ルカ何レカ其一ニ居ラサルヘカラス然ルニ本法ハ調和ノ策ヲモ講セス漫ニ二權ヲ併用ス恰モ犬ト猿トヲ同車セシメタランカ如シ二權ノ調和ヲ計ルコソ最モ肝要ナレ

第一節　總則

第八百七十七條　子ハ其家ニ在ル父ノ親權ニ服ス但獨立ノ生計ヲ立ツル成年者ハ此ノ限ニ在ラス
父カ知レサルトキ、死亡シタルトキ、家ヲ去リタルトキ又ハ親權ヲ行フ

コト能ハサルトキハ家ニ在ル母之ヲ行フ

〔解釋〕 親權ハ子ヲ保護監督スルノ權ナレハ其ノ子ハ必ス家ニアル父ノ親權ニ服從セサルヘカラス而シテ父ニシテ若シ其ノ家ニ同居スル場合ニアラサレハ監督ハ到底行屆カサルヘキニ依リ之レヲ其ノ家ニアル父ニ限リヌ

親權ハ子ノ智慮ノ未熟ヲ補ハンカタメナリ故ニ既ニ成年ニ達シ且ツ獨立ノ生計ヲ立ツル子ハ假令父ト同居スルモ最早智慮完全ニ達シタルモノト見ルヘキニ依リ親權ニ服スルニ及ハサルナリ是レ但書アル所以也

親權ハ親カ子ニ對スルノ權利故ニ父母共ニ有スルモノナレトモ同時ニ之レヲ行ハシムルニ於テハ二者ノ間或ハ牴觸スルコトアルヘキヲ以テ一家ノ取締上何レカ一方ヲシテ行ハシメサルヘカラス故ニ先ツ第一項ニ於テハ父之レヲ行フモノトシ第二項ニ於テ父之レヲ行フコト能ハサルトキ母之レヲ行フトセシナリ

第八百七十八條 繼父母又ハ嫡母カ親權ヲ行フ場合ニ於テハ次章ノ規定ヲ準用ス

〔解釋〕 繼父母又ハ嫡母ハ法律上親子ノ關係アリト雖トモ元來血屬ノ關係ナキモノナレハ其

ノ愛情到底異ノ親子ト異ナル所ナキヲ免カレス故ニ此等ノモノカ親權ヲ行フ場合ニハ次章ノ規則ヲ適用シテ子ノ利益ヲ保護スルナリ

第二節　親權ノ効力

第八百七十九條　親權ヲ行フ父又ハ母ハ未成年ノ子ノ監護及ヒ教育ヲ爲ス權利ヲ有シ義務ヲ負フ

〔解釋〕　親權第一ノ効果ハ本條ニ定メタル監護及ヒ教育ノ權ナリ監護トハ保護監督ノ謂ニシテ起居動作ヨリ品行勤惰等ニ至ル迄一切ノ監督保護ヲ爲スヘキモノニシテ其範圍頗フル廣シ而シテ此ノ監護ト教育トハ親ノ權利ニシテ同時ニ義務ニ屬スルモノナレハ親ハ之ヲ怠ルコトヲ得ス例ヘハ親ニシテ教育ヲ授クルコトヲ怠ルニ於テハ子ハ本條ニヨリテ之レヲ親ニ請求シ得ルモノナリ

第八百八十條　未成年ノ子ハ親權ヲ行フ父又ハ母カ指定シタル場所ニ其居所ヲ定ムルコトヲ要ス但第七百四十九條ノ適用ヲ妨ケス

〔解釋〕　親權ヲ行フモノハ其子ヲ教育シ監護スルノ任アリ故ニ其子ノ居所ヲ指定スルノ權ナ

親權戸主權抵觸ノ一例

クレハ不便ナリ故ニ本條ハ親權ヲ行フモノニ子ノ居所ノ指定權ヲ與ヘタルナリ但シ第七百四十九條ニ依リ戸主カ其ノ居所ヲ指定シタルトキハ必ス戸主ノ指定ニ從ハサルヘカラス

〔評論〕 本條モ亦親權戸主權牴觸ノ一例ナリ

第八百八十一條 未成年ノ子カ兵役ヲ出願スルニハ親權ヲ行フ父又ハ母ノ許可ヲ得ルコトヲ要ス

〔解釋〕 是レ子ノ兵役ニ服スルト否トハ其ノ監護及ヒ教育ニ關シテ親ノ利害ニ影響スル所少ナカラサレハナリ

第八百八十二條 親權ヲ行フ父又ハ母ハ必要ナル範圍內ニ於テ自ラ其子ヲ懲戒シ又ハ裁判所ノ許可ヲ得テ之ヲ懲戒場ニ入ルヽコトヲ得

子ヲ懲戒場ニ入ルヽ期間ハ六个月以下ノ範圍內ニ於テ裁判所之ヲ定ム但此期間ハ父又ハ母ノ請求ニ因リ何時ニテモ之ヲ短縮スルコトヲ得

〔解釋〕 親權ヲ行フ父又ハ母ハ子ヲ監護及教育スルノ權利アリ然ルニ子ニシテ怠惰不品行等ナルトキハ父母ハ之レヲ懲戒スルニアラサレハ其ノ目的ヲ達スルコトヲ得サランカ故ニ父母ハ必要ナル範圍內ニ於テ自ラ其子ヲ懲戒シ又ハ懲戒場ニ入ルヽコトヲ得トセリ

『必要ノ範圍內』トハ實際問題ニシテ豫シメ定メ難シ或ハ數日間外出ヲ禁シ又ハ或種ノ遊戯ヲ禁

スル等其子ノ改悛ヲ限度トシテ定ムヘシ懲戒場ニ入ルヽハ裁判所ノ定ムル所ナレトモ餘リ長キニ失スルモ宜シカラストシ法律ハ之レヲ六ケ月以內ニ於テスヘシト制限シヌ

第八百八十三條　未成年ノ子ハ親權ヲ行フ父又ハ母ノ許可ヲ得ルニ非サレハ職業ヲ營ムコトヲ得ス

父又ハ母ハ第六條第二項ノ場合ニ於テハ前項ノ許可ヲ取消シ又ハ之ヲ制限スルコトヲ得

〔解釋〕　『職業』トハ人ノ爲スヘキ業務一切ヲ包含スルモノニシテ農商工業其他一切ヲ指ス子カ父又ハ母ノ許可ヲ得テ爲シタル事業ハ其ノ未成年者ナルニモ拘ハラス其事ニ限リ法律上成年者ト同一ノ能力ヲ有スルモノト看做スモノナリ《六》

第八百八十四條　親權ヲ行フ父又ハ母ハ未成年ノ子ノ財產ヲ管理シ又其財產ニ關スル法律行爲ニ付キ其子ヲ代表ス但其子ノ行爲ヲ目的トスル債務ヲ生スヘキ場合ニ於テハ本人ノ同意ヲ得ルコトヲ要ス

〔解釋〕　未成年ノ子カ財產ヲ所有スル場合ニ其子自ラ之レヲ管理スルヲ得ルトスルハ頗フル危險ナリ故ニ父母ヲシテ之レヲ管理セシム

又其ノ財産ニ關シテハ賣買讓渡等ノ法律行爲ヲ爲スニ付キテモ其子ヲ代表シテ取扱フ也
『代表』トハ代理ニ比シテ頗フル權限ノ廣キモノナリ故ニ代表ノ場合ニハ委任ヲモ要セス又タ本人ノ意思ニ從フコトヲモ要セス而シテ其ノ行爲ノ結果ハ當然本人ヲシテ其責ニ任セシムルモノナリ
父母ハ斯クノ如ク其子ヲ代表スルモノナレトモ若シ子ノ行爲例ヘハ子ノ揮毫彫刻等ヲ目的トスルコトハ其子ノ自由ヲ束縛スルモノニシテ之レヲモ親ノ勝手ニ約束スルコトヲ得セシムルハ人情ニ戻ルヘキニ付キ此等ノ事ニ付テハ先ツ其子ノ同意ヲ得ルコトヲ要スルコト、セリ

第八百八十五條　未成年ノ子カ其配偶者ノ財産ヲ管理スヘキ場合ニ於テハ親權ヲ行フ父又ハ母之ニ代ハリテ其財産ヲ管理ス

第八百八十六條　親權ヲ行フ母カ未成年ノ子ニ代ハリテ左ニ掲ケタル行爲ヲ爲シ又ハ子ノ之ヲ爲スコトニ同意スルニハ親族會ノ同意ヲ得ルコトヲ要ス

一　營業ヲ爲スコト
二　借財又ハ保證ヲ爲スコト
三　不動産又ハ重要ナル動産ニ關スル權利ノ喪失ヲ目的トスル行爲ヲ

爲スコト

四　不動產又ハ重要ナル動產ニ關スル和解又ハ仲裁契約ヲ爲スコト

五　相續ヲ拋棄スルコト

六　贈與又ハ遺贈ヲ拒絶スルコト

〔解釋〕　親權ヲ行フ父又ハ母ハ財產ニ關スル法律行爲ニ付テハ其子ヲ代表シテ行フノ權アルヲ原則トス而シテ此代表權タルヤ父カ行フ場合ニハ右ノ原則通リ十分ニ行フヲ得ヘシト雖トモ女子タル母カ之レヲ行フニ付テハ多少ノ制限ヲ設ケサレハ危險ナリ故ニ法律ハ母カ本條ニ揭ケタル行爲ヲ爲シ又ハ子カ之レヲナスニ同意ヲ與フルニハ必ス親族會ノ同意ヲ得ルコトヲ必要トシ以テ大ニ之レヲ制限シタリ

第八百八十七條　親權ヲ行フ母カ前條ノ規定ニ違反シテ爲シ又ハ同意ヲ與ヘタル行爲ハ子又ハ其法定代理人ニ於テ之ヲ取消スコトヲ得此場合ニ於テハ第十九條ノ規定ヲ準用ス

前項ノ規定ハ第百二十一條乃至第百二十六條ノ適用ヲ妨ケス

第八百八十八條　親權ヲ行フ父又ハ母ト其未成年ノ子ト利益相反スル行爲ニ付テハ父又ハ母ハ其子ノ爲メニ特別代理人ヲ選任スルコトヲ親族會

ニ請求スルコトヲ要ス

父又ハ母カ數人ノ子ニ對シテ親權ヲ行フ場合ニ於テ其一人ト他ノ子トノ利益相反スル行爲ニ付テハ其一方ノ爲メ前項ノ規定ヲ準用ス

〔解釋〕『父又ハ母ト子ト利益相反スル行爲』トハ例ヘハ父子間ノ賣買讓與ノ如キ是レナリ第二項ノ場合ハ例ヘハ甲ナル父乙丙二人ノ子ニ對シテ親權ヲ行フ時ニ當リ其ノ乙丙間ニ賣買ヲ爲スカ如キ場合是レナリ

父又ハ母ハ財產ニ關スル法律行爲ニ付テハ子ヲ代表シテ行フノ權アリト雖トモ右ノ如キ利益相反スル場合ニ於テハ一人ニ於テ權利者義務者トナルヲ以テ子ノ利益ヲ害シテ自己ヲ利スル等ノ恐レアリ故ニ一方ニ特別代理人ヲ選任セシメ之ト取引セシムルナリ

第八百八十九條 親權ヲ行フ父又ハ母ハ自己ノ爲メニスルト同一ノ注意ヲ以テ其管理權ヲ行フコトヲ要ス

母ハ親族會ノ同意ヲ得テ爲シタル行爲ニ付テモ其責ヲ免ルヽコトヲ得ス

但母ニ過失ナカリシトキハ此限ニ在ラス

〔解釋〕本條ハ父又ハ母カ管理權ヲ行フニ際シテ用ユヘキ注意ノ程度ヲ定メタルモノナリ

第八百九十條 子カ成年ニ達シタルトキハ親權ヲ行ヒタル父又ハ母ハ遲

滞ナク其管理ノ計算ヲ爲スコトヲ要ス但其子ノ養育及ヒ財産ノ管理ノ費用ハ其子ノ財産ノ收益ト之ヲ相殺シタルモノト看做ス

〔解釋〕　此等ノ費用ヲ收益ト相殺シタルモノト看做スハ親子ノ關係ヲ斟酌シテ定メタル規則ナリ故ニ假令一方ノ額カ一方ヨリ多カリシトスルモ其差額ハ何レヨリモ請求スルコトヲ得サルモノトス

第八百九十一條　前條但書ノ規定ハ無償ニテ子ニ財産ヲ與フル第三者カ反對ノ意思ヲ表示シタルトキハ其財産ニ付テハ之ヲ適用セス

〔解釋〕　『無償』トハ贈與遺贈權利ノ拋棄等ヲ云フ第三者カ斯クノ如ク無償ニテ其子ニ財産ヲ與フルハ其子ノ財産ヲ增殖センコトヲ計ルカ爲メナリ故ニ此場合ニハ前條ノ但書ニ反シテ其收益ト費用トヲ相殺セス費用ヲ引キ去リテ殘リアラハ其分ハ皆子ニ渡スヘシトノ意思ヲ表示スルコトアルヘシ此場合ニハ其意思ヲ重シテ相殺スルコトヲ許サス嚴密ニ精算シ殘餘額ハ皆其子ニ渡サヽルヘカラス

第八百九十二條　無償ニテ子ニ財産ヲ與フル第三者カ親權ヲ行フ父又ハ母ヲシテ之ヲ管理セシメサル意思ヲ表示シタルトキハ其財産ハ父又ハ母ノ管理ニ屬セサルモノトス

前項ノ場合ニ於テ第三者カ管理者ヲ指定セサリシトキハ裁判所ハ子、其親族又ハ檢事ノ請求ニ因リ其管理者ヲ選任ス
第三者カ管理者ヲ指定セシトキト雖モ其管理者ノ權限カ消滅シ又ハ之ヲ改任スル必要アル場合ニ於テ第三者カ更ニ管理者ヲ指定セサルトキ亦同シ
第二十七條乃至第二十九條ノ規定ハ前二項ノ場合ニ之ヲ準用ス

〔解釋〕 前條ハ父母ニ管理セシムルモ其終リニ精算シテ其殘餘アラハ皆子ニ渡サシムルモノナリ然ルニ本條ハ始メヨリ父母ニ管理セシメサラシトスルノ意思ヲ表示シタル場合ナリ然レトモ斯ク定メタルノ理由ハ同シク無償贈與者ノ意思ヲ重シテ其意思通リ特別ニ管理人ヲ選任セシムルトイフニアリ

第八百九十三條 第六百五十四條及ヒ第六百五十五條ノ規定ハ父又ハ母カ子ノ財産ヲ管理スル場合及ヒ前條ノ場合ニ之ヲ準用ス

〔解釋〕 本條ハ別ニ說明ヲ要セス只參照ニ便センカタメ條文中引用セル法文ヲ左ニ揭ク

第六百五十四條 委任終了ノ場合ニ於テ急迫ノ事情アルトキハ受任者、其相續人又ハ法定代理人ハ委任者、其相續人又ハ法定代理人カ委任事務ヲ處理スルコトヲ得ルニ至ルマテ必要

ナル處分ヲ爲スコトヲ要ス

第六百五十五條　委任終了ノ事由ハ其委任者ニ出テタルト受任者ニ出テタルトヲ問ハス之ヲ相手方ニ通知シ又ハ相手方カ之ヲ知リタルトキニ非サレハ之ヲ以テ其相手方ニ對抗スルコトヲ得ス

第八百九十四條　親權ヲ行ヒタル父若クハ母又ハ親族會員ト其子トノ間ニ財産ノ管理ニ付テ生シタル債權ハ其管理權消滅ノ時ヨリ五年間之ヲ行ハサルトキハ時效ニ因リテ消滅ス

子カ未タ成年ニ達セサル間ニ管理權カ消滅シタルトキハ前項ノ期間ハ其子カ成年ニ達シ又ハ後任ノ法定代理人カ就職シタル時ヨリ之ヲ起算ス

第八百九十五條　親權ヲ行フ父又ハ母ハ其未成年ノ子ニ代ハリテ戶主權及ヒ親權ヲ行フ

〔解釋〕　己レ未タ親權ニ服從シ居リナカラ戶主トナリ又ハ子ヲ設ケテ親トナリタリトテ直ニ他ニ向テ戶主權及ヒ親權ヲ行フハ甚シキ矛盾ニシテ法律ハ之レヲ禁セサルヘカラス故ニ斯カル場合ニハ同シク親權ヲ行フ父又ハ母ヲシテ代テ戶主權及ヒ親權ヲモ行ハシムルナリ

第三節　親權ノ喪失

第八百九十六條 父又ハ母カ親權ヲ濫用シ又ハ著シク不行跡ナルトキハ裁判所ハ子ノ親族又ハ檢事ノ請求ニ因リ其親權ノ喪失ヲ宣告スルコトヲ得

〔解釋〕『親權ノ濫用』トハ例ヘハ必要外ノ懲戒ヲ爲シタルトキ、不當ニ兵役出願ヲ許可セサルトキ、又ハ營業ノ許可ヲ與ヘサルトキノ如キ皆是レナリ

『著シキ不行跡』トハ甚タシク品行ノ亂レタルモノニシテ例ヘハ淫酒ニ耽ケリ博奕ヲ事トスルカ如キ其ノ主タルモノナリ要スルニ右二個ノ場合ハ何レモ事實問題ニ屬スルヲ以テ事ニ當リテ決スルノ外ナシ

假令無要ニモセヨ法律カ一旦親權ヲ與ヘタル以上ハ妄リニ之レヲ失ハシムヘカラス故ニ本條ハ之レヲ失フ場合ヲ制限的ニ規定シタリ即チ第一ニ親權濫用又ハ著シキ不行跡アルコト第二ニ子ノ親族又ハ檢事ノ請求アルコト第三ニ裁判所カ宣告ヲ爲スコト此三條件具備シタルモノニ限リ始メテ之レヲ喪失セシムルコトヽセリ

第八百九十七條 親權ヲ行フ父又ハ母カ管理ノ失當ニ因リテ其子ノ財產ヲ危クシタルトキハ裁判所ハ子ノ親族又ハ檢事ノ請求ニ因リ其管理權ノ喪失ヲ宣告スルコトヲ得

父カ前項ノ宣告ヲ受ケタルトキハ管理權ハ家ニ在ル母之ヲ行フ

第八百九十八條　前二條ニ定メタル原因カ止ミタルトキハ裁判所ハ本人又ハ其親族ノ求ニ因リ失權ノ宣告ヲ取消スコトヲ得

〔解釋〕本條ハ親權ノ失權取消ノ原因ヲ定メタルモノナリ

第八百九十九條　親權ヲ行フ母ハ財産ノ管理ヲ辭スルコトヲ得

〔解釋〕財産ノ管理ハ婦人ノ往々難シトスル場合アリ故ニ母ハ財産ノ管理ニ限リ辭スルコトヲ得ルモノ也

第六章　後見

〔解釋〕『後見』トハ無能力者ノ身体財産ヲ監護シ及ヒ諸般ノ法律行爲ニ付キ無能力者ヲ代表スルノ任務ナリ是レ廣義ニ後見ヲ解釋シタルモノニシテ未成年者ノ後見禁治産者ノ後見共ニ其ノ内ニ包含スルモノナリ

〔評論〕後見規則ハ繁雜ニ失ス

後見規則ハ煩雜ニ失ス

從來ノ規則ニテハ後見人ナルモノハ大抵戸主ノ幼者ナル場合ニノミ之レヲ設ケラレキ然ルニ本法ニ依レハ例ヘハ一家中數人ノ未成年者アレハ幾人ニテモ其數タケノ後見人ヲ設ケントスルモ

ハ、ナリ決シテ未成年者カ戸主タルトキト然ラサルトキヲ區別セサルナリ
偖テ新舊二法ノ間ニ斯クノ如キ差異ノ生シタル所以ハ他ノ義ニアラス從來日本ノ習慣ニテハ家族制度ノ本義ニ依リ戸主一人ニテ總テノ事ヲ處理シタルヲ以テ戸主ノ幼者タル場合ノ外ハ後見人ノ必要アラサリシナリ然ルニ本法ハ右ノ手ニ於テハ家族制度ニ依リテ戸主權ヲ押立テナカラ左ノ手ニ於テハ個人主義ヲ引キコミテ戸主ノ權利ヲ削リ財産ヲ各自ニ分有セシムルヲ以テ一家内幾人タリトモ未成年者ノアラン限リ悉ク後見人ノ必要ヲ生スルニ至リシカタメナリ
本法ハ啻ニ後見ノ數ヲ非常ニ多カラシメタルノミナラス後見人ノ監督機關ニ就テモ非常ニ繁雜ノ規則ヲ設ケタリ例ヘハ茲ニ一幼者アリトセヨ之レヲ監督スルニハ第一ニ後見人アリ第二ニ之レヲ監督スル所ノ後見監督人アリ第三ニ親族會ヲシテ更ニ其ノ後見監督人ヲ監督セシムルノ規則ナリ是レ實ニ一幼者ニ就テ三段ノ監督者ヲ立ツルモノニシテ甚タシキ煩雜ノ規則トイフヘシ是等煩雜ナル手續カ果シテヨク本邦今日ノ情態ニ於テ圓滑ニ行ハレ得ヘキ乎思フニ人民ハ必ス其ノ煩ニ堪ヘサルヘシ是レ決シテ今日ノ國情民度ニ適シタルモノニアラサレハナリ蓋シ後見規則モ亦大ニ改正ヲ要スルモノナラン而シテ其ノ改正スヘキモノハ一ニシテ止マサルヘシト雖トモ要スルニ後見監督人ヲ廢シ其他大ニ削除スヘキ也

第九百條　後見ハ左ノ場合ニ於テ開始ス

一　未成年者ニ對シテ親權ヲ行フ者ナキトキ又ハ親權ヲ行フ者カ管理權ヲ有セサルトキ

二　禁治產ノ宣告アリタルトキ

〔解釋〕『禁治產ノ宣告』トハ民法第七條ニ於テ規定スル所ノ心神喪失ノ常況ニアルニ依リ又ハ附加刑トシテ自ラ財產ヲ治ムルヲ禁セラレタルモノヲイフ

未成年者ノ身体財產ハ親權ヲ行フ父又ハ母ニ於テ監護スルカ一番便利ナレトモ時ニ父母ナク又父母アルモ簡理ノ能力ヲ有セサルコトアリ此ノ場合ニハ後見人ヲシテ父又ハ母ニ代リテ其子ヲ監護セシムルコト必要ナリ

成年者ハ自ラ財產ヲ管理シ其他一切ノ法律行爲ヲ爲スノ能力アリ隨テ後見ノ必要ナキハ常ナリ然レトモ禁治產ノ宣告ヲ受ケタルトキハ之レカタメニ財產ヲ處分シ管理スルノ能力ヲ失フモノナリ故ニ此ノ場合ニモ亦後見ヲ開始セシムルノ要アルナリ

第二節　後見ノ機關

〔解釋〕『後見ノ機關』トハ後見事務ヲ行ハシムヘキ機關ナリ其機關ニ二種アリ後見人及後見監督人是ナリ

第一款　後見人

第九百一條　未成年者ニ對シテ最後ニ親權ヲ行フ者ハ遺言ヲ以テ後見人ヲ指定スルコトヲ得但管理權ヲ有セサル者ハ此限ニ在ラス
親權ヲ行フ父ノ生前ニ於テ母カ豫メ財產ノ管理ヲ辭シタルトキハ父ハ前項ノ規定ニ依リテ後見人ノ指定ヲ爲スコトヲ得

〔解釋〕本條ハ後見人指定ノ方法及ヒ指定權ヲ有スル人ヲ定メタルモノナリ
『最後ニ親權ヲ行フモノ』トハ父母二人ノ內ニ就テ云フモノニシテ例ヘハ父死亡シ母之レニ代リタルトキハ母ハ則チ最後ニ親權ヲ行フモノナリ又母既ニ死亡シテ父カ親權ヲ行ヒ居ルトキハ則チ父カ最後ニ親權ヲ行フモノナリ
遺言ヲ以テ後見人ヲ指定スル場合トハ指定者ハ最後ニ親權ヲ行フモノニシテ父ニテモ母ニテモ可ナリ然レトモ後見ノ事務ハ概ネ財產管理ニシテ後見人ヲ指定スルハ管理權ノ一部トモ云フヘシ故ニ母ハ親權ヲ行フモ管理ヲ有セサルトキハ之レヲ指定スルコトヲ得サルナリ

第九百二條　親權ヲ行フ父又ハ母ハ禁治產者ノ後見人ト爲ル
妻カ禁治產ノ宣告ヲ受ケタルトキハ夫其後見人ト爲ル夫カ後見人タラサ

ルトキハ前項ノ規定ニ依ル

夫カ禁治產ノ宣告ヲ受ケタルトキハ妻其後見人ト爲ル妻カ後見人タラサルトキ又ハ夫カ未成年者ナルトキハ第一項ノ規定ニ依ル

〔解釋〕本條ハ禁治產者ノ後見人ヲ定メタルモノナリ

第一項、一般ノ成年者カ禁治產ノ宣告ヲ受ケタルトキハ親權ヲ行フ父又ハ母カ後見人トナル是レ子ノ身体財產ヲ保護監督スルニ最モ適當ナルモノハ父母ニ若クモノナケレハナリ

第二項、妻カ禁治產者タルトキハ夫其後見人トナル是レ夫婦間ノ關係ヲ酌量シテ定メタルモノナリ

第三項、夫カ禁治產者タルトキハ妻ヲシテ後見人タラシム是レ又立法者ハ夫婦間ニハ特殊ノ關係アルモノ故ニ斯クハ定メタルナリ

第九百三條　前二條ノ規定ニ依リテ家族ノ後見人タル者アラサルトキハ戶主其後見人ト爲ル

第九百四條　前三條ノ規定ニ依リテ後見人タル者アラサルトキハ後見人ハ親族會之ヲ選任ス

第九百五條　母カ財產ノ管理ヲ辭シ、後見人カ其任務ヲ辭シ、親權ヲ行ヒ

タル父若クハ母カ家ヲ去リ又ハ戸主カ隱居ヲ爲シタルニ因リ後見人ヲ選任スル必要ヲ生シタルトキハ其父、母又ハ後見人ハ遲滯ナク親族會ヲ招集シ又ハ其招集ヲ裁判所ニ請求スルコトヲ要ス

〔解釋〕本條ハ後見人ノ缺ケタル場合ニ後見人ヲ選定スヘキ手續ヲ定メタルモノナリ舊後見人等ハ自己ノ移動ニ依リテ被後見人選定ノ必要ヲ生セシメタルモノニシテ之レヲ選定セシムルニ付テハ多少ノ責メアリ且ツ最モ親族會招集ニ便宜アルモノナリ故ニ此等ノ者ヲシテ親族會招集ノ手續ヲ爲サシムルモノナリ

第九百六條 後見人ハ一人タルコトヲ要ス

〔解釋〕後見人ハ親權ニ代ルヘキ權利ヲ行フモノニシテ被後見人ノ身体財産ニ付キ一切管理スルモノナリ故ニ二人以上アルトキハ意見ノ統一ヲ欠キ家族内ニ紛議ヲ來スノ恐レアリ故ニ之レヲ一人トセリ

第九百七條 後見人ハ婦女ヲ除ク外左ノ事由アルニ非サレハ其任務ヲ辭スルコトヲ得ス

一 軍人トシテ現役ニ服スルコト

二 被後見人ノ住所ノ市又ハ郡以外ニ於テ公務ニ從事スルコト

三　自己ヨリ先ニ後見人タルヘキ者ニ付キ本條又ハ次條ニ掲ケタル事由ノ存セシ場合ニ於テ其事由消滅シタルコト

四　禁治産者ニ付テハ十年以上後見ヲ爲シタルコト但配偶者、直系血族及ヒ戸主ハ此限ニ在ラス

五　此他正當ノ事由

〔解釋〕後見人ハ公益上無能力者ヲ保護管理スルモノニシテ國民ノ國家ニ對スル一ノ義務ナリ故ニ法律上後見人タルヘキモノハ必ス其任務ニ就クヘキヲ以テ原則トセリ然レトモ又一方ニ於テハ實際上其任ニ堪ヘサル事情ノ存スルコトアリ故ニ其場合ニ限リ例外トシテ其ノ辭任ヲ許スコト、セリ

第三號ノ場合ハ例ヘハ甲ナル禁治産者アリ其ノ父乙ハ戸主丙ヨリ先ニ後見人タルヘキモノナリ然ルニ父乙ハ當時軍人トシテ後見ノ任務ヲ免カレ爲メニ其次位タル戸主丙ニ於テ後見人トナリタリ然ルニ其後父乙ハ辭職シテ家ニ戻リタリ依リテ後見ノ任務ヲ免除セラレタル事由ハ消滅シタリ此場合ニハ則チ父乙カ後見スルカ當然ノ順序ナレハ乙ニ後見ノ任ヲ負ハシメ丙ハ之レヲ免カルヽヲ得ルナリ

第五號ノ場合ハ漠然『正當ノ事由』トイヒ以テ其當否ハ親族會ノ認定ニ一任セリ今一二ノ例ヲ示

セハ重病ニテ到底其ノ職ニ堪ヘサルトキ、航海業者ノ如ク他出勝ナルモノ自己カ後見人トナリタル後親族中ニ適任者ヲ生シタル場合等ハ皆正當ノ事由アル場合ナリ

第八百八條 左ニ掲ケタル者ハ後見人タルコトヲ得ス

一 未成年者

二 禁治産者及ヒ準禁治産者

三 剝奪公權者及ヒ停止公權者

四 裁判所ニ於テ免黜セラレタル法定代理人又ハ保佐人

五 破産者

六 被後見人ニ對シテ訴訟ヲ爲シ又ハ爲シタル者及ヒ其配偶者並ニ直系血族

七 行方ノ知レサル者

八 裁判所ニ於テ後見ノ任務ニ堪ヘサル事跡、不正ノ行爲又ハ著シキ不行跡アリト認メタル者

〔解釋〕『準禁治産者』トハ本法第十一條ニ定メタルモノニシテ左ノ如シ

第十一條 心神耗弱者、聾者、啞者、盲者及ヒ浪費者ハ準禁治産者トシテ之レニ保佐人ヲ

付スルコトヲ得

ト是レナリ

『剝奪公權者及ヒ停止公權者』トハ刑法第三十一條ニ定メタルモノニシテ所謂公ケノ權利ヲ終身又ハ或ル期間剝奪若クハ停止セラレタルモノヲイフ

『裁判所ニ於テ免黜セラレタル法定代理人』トハ裁判所ニ於テ法定代理人ニ不適當ナリトシテ其任ヲ免セラレタルモノナリ

『保佐人』トハ準禁治產者ノ利益ヲ保護スル爲メニ設ケタル準禁治產者ノ相談相手ナリ

『破產者』トハ商事上ノ債務ヲ辨濟スルコト能ハサルカ爲メニ裁判所ヨリ最終ノ制裁トシテ破產ノ宣告ヲ受ケタルモノヲ云フ

第九百九條　前七條ノ規定ハ保佐人ニ之ヲ準用ス

保佐人又ハ其代表スル者ト準禁治產者トノ利益相反スル行爲ニ付テハ保佐人ハ臨時保佐人ノ選任ヲ親族會ニ請求スルコトヲ要ス

〔解釋〕保佐人ハ右ニ一言シタルカ如ク準禁治產者ニ對スル相談相手ニシテ其權限ハ後見人ニ比シテ大ニ狹キ所アルモ其性質ハ略同一ナリ故ニ後見人ニ關スル右七ケ條ノ規則ハ之レヲ保佐人ニモ準用スト定メタルナリ

第二款　後見監督人

後見監督人ハ無用ナリ

〔評論〕後見監督人ハ無用ナリ

後見監督人トハ既ニ其名ノ示スカ如ク後見人カ果シテ能ク其ノ任務ヲ盡スヤ否ヤヲ監督スルモノナリ思フニ法律ノ之レヲ設ケタル所以ハ後見人ハ種々重大ノ任務ヲ負フヲ以テ之レカ監督者ヲ置カサレハ危險ナリト爲シ、カタメナラン然レトモ既ニ親族會ノアルアリ更ラニ後見監督人ヲ置クハ徒ラニ重複ノ手數ヲ增スノミニシテ實際餘リ必要ナシ故ニ之レヲ廢スル方可ナリ

第九百十條　後見人ヲ指定スルコトヲ得ル者ハ遺言ヲ以テ後見監督人ヲ指定スルコトヲ得

〔解釋〕『後見人ヲ指定スルコトヲ得ルモノ』ハ父又ハ母ナリ（九〇一）

第九百十一條　前條ノ規定ニ依リテ指定シタル後見監督人ナキトキハ法定後見人又ハ指定後見人ハ其事務ニ著手スル前親族會ノ招集ヲ裁判所ニ請求シ後見監督人ヲ選任セシムルコトヲ要ス若シ之ニ違反シタルトキハ親族會ハ其後見人ヲ免黜スルコトヲ得

親族會ニ於テ後見人ヲ選任シタルトキハ直チニ後見監督人ヲ選任スルコ

トヲ要ス

〔解釋〕本法ノ規定ニ依レハ後見人カ事務ヲ執ルニハ後見監督人ハ缺クヘカラサルモノナリ故ニ之レナキ場合ニハ後見人ハ其事務ニ着手スル前ニ必ス之レヲ選任セシムルノ手續ヲ盡スヘキナリ

『法定後見人』トハ法律ノ規定ニ依リ當然後見人トナル者ニシテ第九百二條及ヒ第九百三條ノ定ムル所ナリ

『指定後見人』トハ遺言ヲ以テ指定シタル後見人ニシテ第九百一條ノ定ムル所ナリ

『選定後見人』トハ第九百四條及ヒ第九百五條ニ定ムル所ニシテ親族會ヨリ選任シタルモノナリ

後見人ノ種類ハ右ノ三種ニ限ルモノトス

第九百十二條　後見人就職ノ後後見監督人ノ缺ケタルトキハ後見人ハ遲滯ナク親族會ヲ招集シ後見監督人ヲ任選セシムルコトヲ要ス此場合ニ於テハ前條第一項ノ規定ヲ準用ス

第九百十三條　後見人ノ更迭アリタルトキハ親族會ハ後見監督人ヲ改選スルコトヲ要ス但前後見監督人ヲ再選スルコトヲ妨ケス

新後見人カ親族會ニ於テ選任シタル者ニ非サルトキハ後見監督人ハ遲滯

ナク親族會ヲ招集シ前項ノ規定ニ依リテ改選ヲ為サシムルコトヲ要ス若シ之ニ違反シタルトキハ後見人ノ行爲ニ付キ之ト連帯シテ其責ニ任ス

〔解釋〕後見監督人ハ後見人ヲ監督スルモノ故ニ何時モ後見人ヲ標準トシ之ヲ監督スルニ足ルヘキ人物ヲ擧クルヲ以テ常トナス故ニ前後見人ニ對シテハ適當ナル監督人ナリシモ多クハ新後見人ニ對シテ不適任ナルヘシ例ヘハ前ニハ監督人ハ後見人ト他人ナリシカ改選シテ新後見人ハ監督人ノ兄ニナリタルカ如キ場合アリ故ニ後見監督人ハ後見人更迭毎ニ改選スヘシト定メタリ、第二項、選定後見人タルトキハ親族會自ラ後見監督人ヲ選定スルヲ以テ何人ヨリモ之レカ改選ヲ請求スルコトヲ要セサレトモ若シ新後見人ニシテ法定後見人又ハ指定後見人ナルトキハ親族會ハ往々後見人ノ更迭シタルコトヲ知ラサル場合アルヘシ故ニ本項ヲ設ケ後見監督人ヲシテ之ヲ請求セシムルコト、シ若シ之ヲ請求セサルトキハ後見人ノ行爲ニ付キ後見人ト連帯シテ其責ニ任セシムルナリ

第九百十四條 後見人ノ配偶者、直系血族又ハ兄弟姉妹ハ後見監督人タルコトヲ得ス

第九百十五條 後見監督人ノ職務左ノ如シ

一 後見人ノ事務ヲ監督スルコト

二 後見人ノ缺ケタル場合ニ於テ遲滯ナク其後任者ノ任務ニ就クコトヲ促シ若シ後任者ナキトキハ親族會ヲ招集シテ其選任ヲ爲サシムルコト
三 急迫ノ事情アル場合ニ於テ必要ナル處分ヲ爲スコト
四 後見人又ハ其代表スル者ト被後見人トノ利益相反スル行爲ニ付キ被後見人ヲ代表スルコト

〔解釋〕第三號ノ場合ハ例ヘハ後見人ノ缺位中又ハ後見人カ遠方ヘ旅行シテ不在中火災ニ罹リテ家屋燒失シタル場合ニ於テ避難所ヲ設ケ飮食物ヲ買入ルヽノ類ニシテ此等ハ新後見人ノ選定又ハ後見人ノ歸宅ヲ待ツノ餘暇ナキ場合ナルヲ以テ眞ノ監督事務ニハアラサレトモ猶ホ監督人ノ事務トシテ執行セシムルナリ
第四號ハ後見人ト被後見人トノ間ニ於テ例ヘハ賣買ノ如キ利益相反スル所爲ヲナス場合ニハ後見人一人ニテ權利者義務者トナルコトヲ得サルニ依リ別ニ被後見人ノ代人ヲ要スルモノナリ然ルニ此場合ニ新タニ代人ヲ選定セシムルハ手數故ニ監督人ヲシテ當然代表者タラシムルナリ

第九百十六條 第六百四十四條、第九百七條及ヒ第九百八條ノ規定ハ後見監督人ニ之ヲ準用ス

〔解釋〕第六百四十四條ハ受任者ハ委任ノ本旨ニ從ヒ善良ナル管理者ノ注意ヲ以テ委任事務ヲ處理スル義務ヲ負フ旨ヲ定メ第九百七條ハ後見ノ任務ヲ辭スルコトヲ得サル原則ト例外トヲ定メ第九百八條ハ後見人トナルコトヲ得サル者ヲ列擧シタルモノナリ此點ニ關シテ二者ヲ區別スルノ理由ナキヲ以テ何レモ之レヲ後見監督人ノ場合ニ準用スルコトヽシタルナリ

第三節　後見ノ事務

第九百十七條　後見人ハ遲滯ナク被後見人ノ財產ノ調査ニ着手シ一个月內ニ其調査ヲ終ハリ且其目錄ヲ調製スルコトヲ要ス但此期間ハ親族會ニ於テ之ヲ伸長スルコトヲ得

財產ノ調査及ヒ其目錄ノ調製ハ後見監督人ノ立會ヲ以テ之ヲ爲スニ非サレハ其效ナシ

後見人カ前二項ノ規定ニ從ヒ財產ノ目錄ヲ調製セサルトキハ親族會ハ之ヲ免黜スルコトヲ得

〔解釋〕後見人ハ後日管理ノ計算ヲ爲スノ必要アルニ依リ豫シメ其財產ヲ明カナラシメ置クノ必要アリ故ニ先ツ後見着手ノ初メニ當リテ遲滯ナク財產ノ調査ニ着手シ相當ノ期限內ニ其目錄

ヲ調製セザルヘカラサルナリ

第九百十八條　後見人ハ目錄ノ調製ヲ終ハルマテハ急迫ノ必要アル行爲ノミヲ爲ス權限ヲ有ス但之ヲ以テ善意ノ第三者ニ對抗スルコトヲ得ス

〔解釋〕既ニ前條ニ於テ述ヘタル如ク目錄調製ハ頗ル重要事件ナリ故ニ其目錄ノ調製ヲ終ル迄ハ後見事務ヲ取扱フコトヲ許サス唯急迫ノ必要アル行爲ノミヲ爲スノ權限ヲ與ヘタリ然レトモ普通ノ管理權限ヲ有セサルヤ否ヤハ他人ノ知ラサルコトアリ故ニ之レヲ知ラスシテ取引シタル者ニ對シテハ之レヲ理由トシテ其ノ取引ヲ取消サシムルカ如キコトハ許サヽルナリ

第九百十九條　後見人カ被後見人ニ對シ債權ヲ有シ又ハ債務ヲ負フトキハ財產ノ調査ニ着手スル前ニ之ヲ後見監督人ニ申出ツルコトヲ要ス

後見人カ被後見人ニ對シ債權ヲ有スルコトヲ知リテ之ヲ申出テサルトキハ其債權ヲ失フ

後見人カ被後見人ニ對シ債務ヲ負フコトヲ知リテ之ヲ申出テサルトキハ親族會ハ其後見人ヲ免黜スルコトヲ得

〔解釋〕後見人ハ自己ト被後見人トノ間ノ債務ニ付テハ最モ詐欺曖昧ノ行爲ヲ爲シ易シ即チ自己カ曾テ有セサル債權ヲ現ニ有スルカ如ク粧ヒ又自己ノ現ニ有スル負債ハ曾テ有セサルカ如ク粧

フコトモ容易ナルヘシ故ニ此等ノ行爲ヲ防カンカタメ本條ノ規定ヲ設ケタリ

第九百二十條 前三條ノ規定ハ後見人就職ノ後被後見人カ包括財產ヲ取得シタル場合ニ之ヲ準用ス

〔解釋〕『包括財產』トハ一纏メノ財產ノ義ニシテ例ヘハ余ノ有スル不動產全部トイフカ如ク其ノ內ニハ家屋モアルヘク土地モアルヘシ又例ヘハ余ノ有スル動產全部ト云ヘルカ如シ其ノ內ニハ貨幣モアルヘク器具類モアルヘシ又例ヘハ余ノ財產全部トイヘルカ如ク其內ニハ動產、不動產、債權債務一切ヲ包含スルコトアリ而シテ此包括財產ヲ取得スルハ遺產相續ニ依ルコト多ク又時トシテ遺贈若クハ贈與ニテ受クルコトアリ

一旦後見人カ就職ノ後被後見人カ例ヘハ遺產相續ニ依リテ包括財產ヲ取得シタルトキハ一個特定ノ財產ヲ得タルトキト異ナリ其數其量及ヒ物質等何レモ不明ニシテ恰モ始メテ後見就任ノ際ニ異ナルコトナシ故ニ之レヲ明白ナラシムルカ爲メ其目錄ヲ作ラサルヘカラス之レヲ作ルニハ前三條ニ定メタル規則ニ依リテ作ルヘキナリ

第九百二十一條 未成年者ノ後見人ハ第八百七十九條乃至第八百八十三條及ヒ第八百八十五條ニ定メタル事項ニ付キ親權ヲ行フ父又ハ母ト同一ノ權利義務ヲ有ス但親權ヲ行フ父又ハ母カ定メタル敎育ノ方法及ヒ居所

ヲ變更シ、未成年者ヲ懲戒場ニ入レ、營業ヲ許可シ、其許可ヲ取消シ又ハ之ヲ制限スルニハ親族會ノ同意ヲ得ルコトヲ要ス

〔解釋〕本條ハ未成年者ノ後見人ニ特別ナル權利ヲ定メタルモノナリ
後見人ニハ未成年者ノ後見人ト禁治產者ノ後見人トアリ而シテ其ノ後見ニ依リ各々特別ナル事務アリ而シテ前者ハ概ネ父母ナキ場合ニ生スルモノ故ニ本條ニ揭ケタル各條ニ定メタル事務ニ付テハ父母ト同一ノ權利義務ヲ有スト定メタルナリ但シ本條但書ニ揭ケタル事項ハ其內ニテモ重大ノモノナルヲ以テ後見人ノ專斷ヲ許サス必ス親族會ノ同意ヲ得ヘキコトヲ要スルナリ

第九百二十二條　禁治產者ノ後見人ハ禁治產者ノ資力ニ應シテ其療養看護ヲ力ムルコトヲ要ス
禁治產者ヲ瘋癲病院ニ入レ又ハ私宅ニ監置スルト否トハ親族會ノ同意ヲ得テ後見人之ヲ定ム

〔解釋〕本條ハ禁治產者ノ後見人ニ特別ナル權利義務ヲ定メタルモノナリ
第二項ニ擧ケタル事項ハ大ニ人ノ自由ニ關スルモノ故ニ親族會ノ同意ヲ要スルコトヽシ以テ後見人ノ專橫ヲ防キタリ

第九百二十三條　後見人ハ被後見人ノ財產ヲ管理シ又其財產ニ關スル法

律行爲ニ付キ被後見人ヲ代表ス
第八百八十四條但書ノ規定ハ前項ノ場合ニ之ヲ準用ス
〔解釋〕本條以下ハ一般後見人ニ通スル規則ニシテ又其本然ノ事務ナリ

第九百二十四條　後見人ハ其就職ノ初ニ於テ親族會ノ同意ヲ得テ被後見人ノ生活、敎育又ハ療養看護及ヒ財產ノ管理ノ爲メ每年費スヘキ金額ヲ豫定スルコトヲ要ス
前項ノ豫定額ハ親族會ノ同意ヲ得ルニ非サレハ之ヲ變更スルコトヲ得ス但已ムコトヲ得サル場合ニ於テ豫定額ヲ超ユル金額ヲ支出スルコトヲ妨ケス
〔解釋〕本條ハ後見人ニ每年費スヘキ金額ヲ豫定スヘキコトヲ命シタルモノナリ是レ後見人ノ不正ヲ豫防スル所以ナリ

第九百二十五條　親族會ハ後見人及ヒ被後見人ノ資力其他ノ事情ニ依リ被後見人ノ財產中ヨリ相當ノ報酬ヲ後見人ニ與フルコトヲ得但後見人カ被後見人ノ配偶者、直系血族又ハ戶主ナルトキハ此限ニ在ラス

第九百二十六條　後見人ハ親族會ノ同意ヲ得テ有給ノ財產管理者ヲ使用

スルコトヲ得但第百六條ノ適用ヲ妨ケス

第九百二十七條 親族會ハ後見人就職ノ初ニ於テ後見人カ被後見人ノ爲メニ受取リタル金錢カ何程ノ額ニ達セハ之ヲ寄託スヘキカヲ定ムルコトヲ要ス

後見人カ被後見人ノ爲メニ受取リタル金錢カ親族會ノ定メタル額ニ達スルモ相當ノ期間内ニ之ヲ寄託セサルトキハ其法定利息ヲ拂フコトヲ要ス

金錢ヲ寄託スヘキ場所ハ親族會ノ同意ヲ得テ後見人之ヲ定ム

本條ハ無用ナリ

〔評論〕凡ソ本法後見ノ規則ハ甚タ繁雜ニ失スルヲ以テ其大半ハ削除シ得ヘシト信ス本條ノ如キ其ノ著シキ一例ナリ何トナレハ此等ハ事甚タ細微ニシテ後見人ノ一存ニ任スルモ可ナルヘク又親族會ト後見人トノ協議ニ委ヌルモ差支ナキモノニシテ必スシモ法律カ此等ノコトニマテ干渉スルノ必要ヲ認メサレハナリ

第九百二十八條 指定後見人及ヒ選定後見人ハ毎年少クトモ一回被後見人ノ財産ノ狀況ヲ親族會ニ報告スルコトヲ要ス

第九百二十九條 後見人カ被後見人ニ代ハリテ營業若クハ第十二條第一項ニ掲ケタル行爲ヲ爲シ又ハ未成年者ノ之ヲ爲スコトニ同意スルニハ親

族會ノ同意ヲ得ルコトヲ要ス但元本ノ領收ニ付テハ此限ニ在ラス

第九百三十條 後見人カ被後見人ノ財產又ハ被後見人ニ對スル第三者ノ權利ヲ讓受ケタルトキハ被後見人ハ之ヲ取消スコトヲ得此場合ニ於テハ第十九條ノ規定ヲ準用ス

前項ノ規定ハ第百二十一條乃至第百二十六條ノ適用ヲ妨ケス

第九百三十一條 後見人ハ親族會ノ同意ヲ得ルニ非サレハ被後見人ノ財產ヲ賃借スルコトヲ得ス

第九百三十二條 後見人カ其任務ヲ曠クスルトキハ親族會ハ臨時管理人ヲ選任シ後見人ノ責任ヲ以テ被後見人ノ財產ヲ管理セシムルコトヲ得

〔解釋〕『任務ヲ曠クスル』トハ後見ノ事務ヲ抛棄シテ顧ミス又ハ必要ノ注意ヲ怠ルカ如キヲ云フ

『後見人ノ責任ヲ以テ』トハ臨時管理人ヲ選任シタルカタメニ生シタル費用損害ハ一切後見人ヲシテ其ノ責ニ任セシムルヲ云フ例ヘハ臨時管理人ニ與フヘキ報酬ハ後見人ノ財產中ヨリ拂ハシムルカ如キ是レ也本條ノ臨時管理人ハ後見人カ其職ヲ盡サヽルヨリ其必要ヲ生シタルモノ故其費用ハ一切後見人ヨリ拂ハシムルコト、爲シタルナリ

本條未成年ノ字ハ被後見人ト改ムヘシ

第九百三十三條　親族會ハ後見人ヲシテ被後見人ノ財産ノ管理及ヒ返還ニ付キ相當ノ擔保ヲ供セシムルコトヲ得

第九百三十四條　被後見人カ戶主ナルトキハ後見人ハ之ニ代ハリテ其權利ヲ行フ但家族ヲ離籍シ、其復籍ヲ拒ミ又ハ家族カ分家ヲ爲シ若クハ廢絕家ヲ再興スルコトニ同意スルニハ親族會ノ同意ヲ得ルコトヲ要ス

後見人ハ未成年者ニ代ハリテ親權ヲ行フ但第九百十七條乃至第九百二十一條及ヒ前十條ノ規定ヲ準用ス

〔解釋〕被後見人ハ財産ヲ管理スルノ能力ナキカ故ニ後見ニ付スルナリ然ルニ被後見人ニシテ往々戶主ナルコトアリ然レトモ自己ノ財産ヲモ管理スル能ハサルモノニシテ戶主權ヲ行ヒ得ルノ理ナシ故ニ後見人之レニ代リテ其權利ヲモ行フナリ而シテ第一項但書ノ場合ハ家族ノ出入及ヒ一家ノ盛衰ニ關スル重大ノ事件ナルヲ以テ後見人ノ獨斷ヲ許サス必ス親族會ノ同意ヲ要スルナリ

〔評論〕或說ニ曰ク第二項ハ廣ク被後見人ニ代リテト記セスシテ特ニ『未成年者ニ代リテ』ト記セリ故ニ被後見人カ禁治產者ナルトキハ後見人ヲシテ代リテ親權ヲ行ハシメサルカ如シ故ニ被後見人ハ己レ禁治產者ナルニモ拘ハラス其子ニ對シテハ親權ヲ行フモノナルヤノ疑アリ而シテ

此條文ニテハ全ク然リト答フルノ外ナシ（解釋論トシテハ後見ノ本質ヨリシテ此場合ニモ禁治産者ニ代リテ親權ヲ行フト論決スルナリ）是レ法律ノ一大缺點ナリ故ニ『未成年』ノ字ハ『被後見人』ト改ムヘシト或ハ然ラン

第九百三十五條 親權ヲ行フ者カ管理權ヲ有セサル場合ニ於テハ後見人ハ財産ニ關スル權限ノミヲ有ス

第九百三十六條 第六百四十四條、第八百八十七條、第八百八十九條第二項及ヒ第八百九十二條ノ規定ハ後見ニ之ヲ準用ス

第四節　後見ノ終了

第九百三十七條 後見人ノ任務カ終了シタルトキハ後見人又ハ其相續人ハ二个月内ニ其管理ノ計算ヲ爲スコトヲ要ス但此期間ハ親族會ニ於テ之ヲ伸長スルコトヲ得

〔解釋〕『後見人ノ任務ノ終了』ニ二種アリ第一ハ後見人カ死亡シ又ハ後見人タルコトヲ辭シタルトキ第二ハ被後見人カ能力ヲ回復シタルトキナリ斯クノ如ク後見人ノ死亡ニ依リテ其任務ノ終リタルトキハ本人ヲシテ計算ヲ爲サシムルコトヲ得サルヲ以テ此場合ニハ相續人ヲシテ其義

務ヲ果サシムルナリ

第九百三十八條　後見人ノ計算ハ後見監督人ノ立會ヲ以テ之ヲ爲ス後見人ノ更迭アリタル場合ニ於テハ後見ノ計算ハ親族會ノ認可ヲ得ルコトヲ要ス

〔解釋〕第二項ノ場合ハ通常後見人ノ任務ノ終了ハ被後見人カ能力ヲ回復シタル場合ニシテ此等ノ場合ニハ被後見人タリシモノ自ラ其計算ヲ調査スルヲ以テ差支ナカルヘシト雖トモ後見人ノ更迭シタル場合ハ被後見人ハ依然無能力者ニシテ其計算ヲ調査スルコトヲ得ス故ニ此場合ニハ親族會ヲシテ認可セシムルナリ

第九百三十九條　未成年者カ成年ニ達シタル後後見ノ計算ノ終了前ニ其者ト後見人又ハ其相續人トノ間ニ爲シタル契約ハ其者ニ於テ之ヲ取消スコトヲ得其者カ後見人又ハ相續人ニ對シテ爲シタル單獨行爲亦同シ

第十九條及ヒ第百二十一條乃至第百二十六條ノ規定ハ前項ノ場合ニ之ヲ準用ス

〔解釋〕『單獨行爲』トハ自己單獨ノ意思ノミニ因リ相手方ノ承諾ヲ要セサル法律行爲ニシテ例ヘハ追認、催告、寄附行爲等是レナリ

未成年者カ一旦成年ニ達シタル上ハ其行爲ハ最早未成年ヲ理由トシテ取消シ得ルモノニアラス然トモ前被後見人ノ計算未タ終了セサル以前ニアリテハ速カニ計算ヲ爲サシメンカタメニ後見人ニ對シテ往々賄賂的契約ヲ爲スコトナシトセス又ハ是迄後見人トシテ恩人タルモノニ對シテハ利害ニ就キテ十分ナル意思ヲ主張スルコト能ハス狃ケテ後見人ノ云フマヽニ屈從スルコトナシトセス故ニ其能力完全ニ復シタルニモ拘ハラス此等ノ契約又ハ單獨行爲ハ尙ホ取消スコトヲ得ルナリ

第九百四十條 後見人カ被後見人ニ返還スヘキ金額及ヒ被後見人カ後見人ニ返還スヘキ金額ニハ後見ノ計算終了ノ時ヨリ利息ヲ附スルコトヲ要ス

後見人カ自己ノ爲メニ被後見人ノ金錢ヲ消費シタルトキハ其消費ノ時ヨリ之ニ利息ヲ附スルコトヲ要ス尙ホ損害アリタルトキハ其賠償ノ責ニ任ス

第九百四十一條 第六百五十四條及ヒ第六百五十五條ノ規定ハ後見ニ之ヲ準用ス

第九百四十二條 第八百九十四條ニ定メタル時效ハ後見人、後見監督人又ハ親族會員ト被後見人トノ間ニ於テ後見ニ關シテ生シタル債權ニ之ヲ準用ス前項ノ時效ハ第九百三十九條ノ規定ニ依リテ法律行爲ヲ取消シタル場合ニ於テハ其取消ノ時ヨリ之ヲ起算ス

第九百四十三條　前條第一項ノ規定ハ保佐人又ハ親族會員ト準禁治產者トノ間ニ之ヲ準用ス

親族會ノ規則ハ煩雜ニ失ス

第七章　親族會

〔評論〕親族會ノ規則モ亦繁雜ニ失ス

親族會モ亦本法ノ創定ナリ尤モ從來ノ習慣ニモ親族相談親戚連署等ノコトハアリタレトモ本法ニ所謂親族會ナルモノハ全ク之レト其選ヲ異ニス

其規則カ如何ニ繁雜ナルヤヲ一言センニ先ツ

一　親族會員ハ裁判所之レヲ選定スルコト《九四五》

二　之レヲ開クニハ裁判所之レヲ招集スルコト《九四四》但シ無能力者ノタメニ設クル場合ニハ例外アリ

三　親族會議ハ必ス本法其他ノ法令ニ規定シタル場合ニ限ルコト《九四四》

四　裁判所カ之レヲ招集スルニハ必ス本人其他ノ請求ニ因ルコト

凡ソ本法ニ於テ親族會ヲ開クヘシトスル場合ハ本編及ヒ次編ノ各所ニ散見スル所ニシテ殆ト枚擧ニ遑アラス實際ニ於テ親族會ヲ要セサル家ハ甚タ稀ナルヘシ斯クノ如キ殆ト毎戸其要アルヘキ親族會ノ規則ヲシテ斯クマテ繁雜ナラシメラルヽニ於テハ人民其ノ煩ニ堪ヘサルヘシ又本法ハ常ニ裁判所ヲシテ私人ノ內事ニ干渉セシムルノ弊アリ本題ノ場合ニ於テモ亦此ノ弊ニ罹レルカ如シ親族會ナルモノハ果シテ斯ク迄裁判所ノ世話ニナラサレハ其ノ任務ヲ全フシ得サルカ吾レハ思フ苟クモ親族會ノ如キ私人ノ內事ニ就テ其ノ事情ニ通セサル裁判所ヲシテ之レニ干渉セシムルモ何ノ益ナキコトヲ彼ノ英國カ先キニハ本法ト同一ノ規則ヲ設ケシカ追々其ノ弊ノミニシテ益ナキヲ悟リ今ハ之レヲ廢シ去リタルハ理アルニ似タリ

右ノ通リノ譯合ナレハ親族會ハ成ルヘク其ノ手續ヲ簡ニシ裁判所ノ干渉ヲモ少ナクシ以テ簡單ニ行ハルヽ樣ニ改ムルヲ要ス

第九百四十四條　本法其他ノ法令ノ規定ニ依リ親族會ヲ開クヘキ場合ニ於テハ會議ヲ要スル事件ノ本人、戶主、親族、後見人、後見監督人、保佐人、檢事又ハ利害關係人ノ請求ニ因リ裁判所之ヲ招集ス

第九百四十五條　親族會員ハ三人以上トシ親族其他本人又ハ其家ニ緣故

アル者ノ中ヨリ裁判所之ヲ選定ス
後見人ヲ指定スルコトヲ得ル者ハ遺言ヲ以テ親族會員ヲ選定スルコトヲ得

〔解釋〕本法ハ『親族會員ハ三名以上トシ』トイヒ其最少限ヲ示スノミニシテ其ノ定員ヲ定メス故ニ三人以上ナレハ五人ニテモ七人ニテモ可ナリ其員數ハ選定者之レヲ定ムヘシ
『本人』トハ親權ノ事件ニ付テハ子後見ノ事件ニ付テハ被後見人ヲイフナリ
『其家ニ緣故アルモノ』トハ例ヘハ戸主本家分家ノ主人又ハ民法上ノ親族以外ノ親戚等ヲイフ
第二項ニ於テハ如何ナル者ヨリ親族會員ヲ選定スヘキヤ明カナラス換言セハ遺言ヲ以テ選定スル親族會員モ必ス第一項ニ定メタル『親族其他本人又ハ其家ニ緣故アルモノ、中』ヨリ選定セサルヘカラサルカ即チ何ノ緣故モナキモノハ親族會員ニ擧クルヲ得サルカ思フニ何ノ緣故モナキモノハ之レニ擧クルヲ得サルノ法意ナリ第二項ニ於テ其旨ヲ云ハサルハ第一項ニ於テ既ニ『緣故アルモノ、中ヨリ』選定スト定メタルカ故ニ第二項ニ於テハ再之レヲ云フノ要ナシトシテ記セサルノミ又實際ヨリ云フモ何ノ緣故モナキモノヲシテ親族會員ナラシムルカ如キハ益々名實相反セシムルニ至ルヲ以テ何ノ緣故モ無キモノヲシテ親族會員タラシムルノ要ナケレハナリ

〔評論〕本法ノ如ク無闇ニ新家創立ヲ奬勵スルノ結果ハ時ニ依リ三人ノ親族會員ヲ得ルコト容

キ條ハ雖
本ヲ人ニ

責ムルモノナリ

易ノ業ニアラス殊ニ次條ノ如ク或事情アル人々ニハ同會員タルコトヲ禁スルニ於テハ到底其人數ヲ得ルコト難カルヘシ本條ノ如キハ實ニ難キヲ人ニ責ムルノ苛法ト云フヘシ

第九百四十六條　遠隔ノ地ニ居住スル者其他正當ノ事由アル者ハ親族會員タルコトヲ辭スルコトヲ得

後見人、後見監督人及ヒ保佐人ハ親族會員タルコトヲ得ス

第九百八條ノ規定ハ親族會員ニ之ヲ準用ス

〔解釋〕本條ハ親族會員ヲ辭スルコトヲ得ルモノト親族會員ノ資格ナキモノトヲ定メタル也

第九百四十七條　親族會ノ議事ハ會員ノ過半數ヲ以テ之ヲ決ス

會員ハ自己ノ利害ニ關スル議事ニ付キ表決ノ數ニ加ハルコトヲ得ス

〔解釋〕『過半數』トハ總數ノ上ヨリ見テノ多數ヲイフ凡ソ議事法ニハ完全多數ト比較多數トアリ例ヘハ會員七人ノ議事ニシテ四人同說ナルトキハ過半數ニシテ此說ニ決セシムルハ即チ過半數ヲ以テ決スルナリ然ルニ七人中二人ハ甲說ヲ執リ二人ハ乙說ヲ執リ三人ハ丙說ヲ執リタルトキハ丙說ハ比較上多數ナレハ比較多數法ニテ決スルトセハ此場合ニハ丙說ニ決セシムヘシ然ルニ本法ハ過半數決ノ規則故ニ一モ過半數ヲ占メタルモノナキヲ以テ其議案ハ消滅ニ歸スル也

第九百四十八條　本人、戸主、家ニ在ル父母、配偶者、本家並ニ分家ノ戸主、

後見人、後見監督人及ヒ保佐人ハ親族會ニ於テ其意見ヲ述フルコトヲ得
親族會ノ招集ハ前項ニ掲ケタル者ニ之ヲ通知スルコトヲ要ス
〔解釋〕本條ニ列記シタル人々ハ親族會ニ付テ最モ利害ノ關係ヲ有スルモノナリ故ニ其會員タラサルニモ拘ハラス臨席シテ意見ヲ述フルコトヲ得ルナリ
既ニ右等ノ者ニ出席ノ權アル以上ハ會員ノ招集者ハ開會ノ都度此等ノ者ニモ必ス其通知ヲ爲サヽルヘカラス

第九百四十九條　無能力者ノ爲メニ設ケタル親族會ハ其者ノ無能力ノ止ムマテ繼續ス此親族會ハ最初ノ招集ノ場合ヲ除ク外本人、其法定代理人、後見監督人、保佐人又ハ會員之ヲ招集ス

第九百五十條　親族會員ニ缺員ヲ生シタルトキハ會員ハ補缺員ノ選定ヲ裁判所ニ請求スルコトヲ要ス
〔評論〕此等ハ第九百四十五條第一項ニ依リテ既ニ明カナル所ニシテ最モ無用ナリ

本條ハ無用ナリ

第九百五十一條　親族會ノ決議ニ對シテハ一个月内ニ會員又ハ第九百四十四條ニ掲ケタル者ヨリ其不服ヲ裁判所ニ訴フルコトヲ得

第九百五十二條　親族會カ決議ヲ爲スコト能ハサルトキハ會員ハ其決議

ニ代ハルヘキ裁判ヲ爲スコトヲ裁判所ニ請求スルコトヲ得

第九百五十三條 第六百四十四條ノ規定ハ親族會員ニ之ヲ準用ス

扶養規則ヲ定ムルハ弊アリテ益ナシ

第八章 扶養ノ義務

〔評論〕扶養規則ヲ定ムルハ弊アリテ益ナシ

扶養ノ義務トハ親族ノ一方カ他ノ困窮セル一方ニ對シテ衣食住ヲ與フルノ義務ナリ平タク云ヘハ親ヲ養フノ義務子ヲ養フノ義務トイフノ類ナリ

此等ノ義務ハ必スシモ民法中ニ一章ヲ設ケテ綿密ナル規定ヲ設クルヲ要セシ何故ナレハ親カ子ヲ養ヒ若クハ子カ親ヲ養フカ如キハ家族制度上自ラ定マリ居ル所ナレハナリ

飜テ實際ノ有樣如何ヲ顧ミレハ日本ノ習慣ハ決シテ此等ノ規定ヲ要セサルモノナリ例ヘハ祖父母ニシテ一旦困窮セシカ苟クモ親族ニシテ幾分ノ餘裕アルモノハ之レヲ扶養スルニ當テ其ノ子タルト孫タルトヲ問ハサルノ有樣ナリ是レ實ニ日東君子國ノ一美德トシテ優ニ世界ニ誇ルニ足ル者ナリ去ルヲ本法ハ扶養義務者ノ順位ナトイフモノヲ定メタルカ故ニ知ラス識ラス人ヲシテ不義不道ノ言働ヲナサシムルニ至ラン例ヘハ一老爺極メテ貧窮ニ陷リタルモノアリ而シテ此老人ニハ子孫各數人アリ或日其ノ内ノ一人ナル孫ノ許ニ行キテ其ノ貧ヲ訴ヘタリトセヨ孫ハ第九

百五十五條ニ依リテ云ハン貴下ニハ猶ホ子ノアルアリ孫タル吾レノ關スル所ニアラスト而シテ法律ヲ以テ之レヲ驅ルニ至テハ斯クノ如キモノ勢漸ク多カラサルヲ得ス法律ハ此等ノ所行ヲ見テ誠ニ至當ノ抗辯トシテ是認スヘケレトモ道德ノ觀念ヨリセハ不德モ亦甚タシキ所ナリ又其ノ權利者ノ方ヨリ見ルモ例ヘハ子カ親ヨリ十分ノ敎育費ヲ給セラレサレハトテ(九百五十九條)直ニ親ヲ訴フルカ如キハ頗フル不德ナリ是等不孝不義ノ行爲ヲ爲サシムルニ付キ法律ノ正面ニ遠慮モナク權利アリ權利アリト列記スルカ如キ是レ恰モ不孝不義ヲ敎フルモノニシテ頗フル風敎ニ害ナカラス故ニ此等ノ規定ハ宜シク國民實踐道德ノ程度ニ照シ德義ト法律トノ調和スル底ノ簡明穩當ナル規定ニ改メンコトヲ要ス

第九百五十四條　直系血族及ヒ兄弟姉妹ハ互ニ扶養ヲ爲ス義務ヲ負フ

夫婦ノ一方ト他ノ一方ノ直系尊屬ニシテ其家ニ在ル者トノ間亦同シ

〔解釋〕本條以下三條ハ扶養義務者ヲ定メタルモノナリ

『扶養義務』トハ扶助敎育ヲ爲スノ義務ナリ直系血族兄弟姉妹ハ血族ノ最モ近キモノ故其互ニ扶養スヘキハ人倫上公益上當然ノコトニシテ殆ト言ヲ待タサル所トス

『夫婦ノ一方ト他ノ一方ノ直系尊屬』トハ例ヘハ夫ト妻ノ父母祖父母又ハ妻ト夫ノ父母祖父母トノ關係ノ類ヲイフ此等ノ關係アルモノニシテ互ニ一家内ニ在ルトキハ其者ノ間ニ於テモ互ニ扶

養ノ義務ヲ負フモノナリ

第九百五十五條 扶養ノ義務ヲ負フ者數人アル場合ニ於テハ其義務ヲ履行スヘキ者ノ順序左ノ如シ

第一　配偶者

第二　直系卑屬

第三　直系尊屬

第四　戸主

第五　前條第二項ニ掲ケタル者

第六　兄弟姉妹

直系卑屬又ハ直系尊屬ノ間ニ於テハ其親等ノ最モ近キ者ヲ先ニス前條第二項ニ掲ケタル直系尊屬間亦同シ

〔解釋〕扶養ノ義務ヲ負フモノハ前條其他ノ規定ニ依リテ數人アルコト少ナカラス而シテ其關係ノ親疎自カラ同カラス故ニ其親疎ニ依リテ一定ノ順序ヲ定メ置キ順次ニ其義務ヲ果サシムルナリ故ニ先ツ第一順位ノモノ之レヲ履行スヘク其者ナキトキハ第二順位ノモノ之レヲ履行スヘキナリ

直系親ノ間ニアリテハ其親等ノ近キモノヲ先ニス例ヘハ某者ニ子ト孫トアリトセヨ此場合ニ於テハ子ハ一親等ニシテ孫ハ二親等ナリ故ニ其近キ子ニ於テ其義務ヲ負フヘキナリ

第九百五十六條　同順位ノ扶養義務者數人アルトキハ各其資力ニ應シテ其義務ヲ分擔ス但家ニ在ル者ト家ニ在ラサル者トノ間ニ於テハ家ニ在ル者先ツ扶養ヲ爲スコトヲ要ス

〔解釋〕『同順位ノ扶養義務者』トハ例ヘハ甲ナルモノニ乙丙丁三人ノ子アリトセヨ此ノ三人ハ甲ニ對スレハ何レモ一親等ニシテ同順位ノ義務者ナリ斯ク同順位ノ義務者數人アルトキハ各其資力ニ應シテ其義務ヲ分擔ス故ニ例ヘハ其資力ノ割合カ乙六萬圓丙三萬圓丁一萬圓アリ而シテ扶養金額十圓ナリトセハ乙ハ六圓丙ハ三圓丁ハ一圓ヲ支出スルモノナリ但シ『家ニ在ルモノ先ツ扶養ヲナスコトヲ要ス』トアルニ依リ丙丁既ニ養子トシテ他家ニアルトキハ家ニアル乙一人ニテ先ツ其全部ヲ負擔スヘキナリ

第九百五十七條　扶養ヲ受クル權利ヲ有スル者數人アル場合ニ於テ扶養義務者ノ資力カ其全員ヲ扶養スルニ足ラサルトキハ扶養義務者ハ左ノ順序ニ從ヒ扶養ヲ爲スコトヲ要ス

第一　直系卑屬

直系卑屬ハ配偶者ノ次ニ置クヘシ

第二　直系尊屬
第三　配偶者
第四　第九百五十四條第二項ニ揭ケタル者
第五　兄弟姉妹
第六　前五號ニ揭ケタル者ニ非サル家族

第九百五十五條　第二項ノ規定ハ前項ノ場合ニ之ヲ準用ス

〔解釋〕扶養權利者モ亦多シ故ニ一人ノ義務者ニシテ往々數人ノ權利者ヲ有スルコトアラン此場合ニ於テ義務者カ其權利者悉皆ヲ扶養スルノ資力アレハ可ナレトモ其資力十分ナラサルトキハ何レヲ先ニスヘキヤノ問題生セン乃チ本條ハ其順序ヲ定メタルモノナリ

〔評論〕直系卑屬ハ配偶者ノ次ニ受クルヲ穩當トス

本條ニ依レハ第二ニ扶養ヲ受クヘキモノハ直系卑屬タル子ヤ孫ニシテ其次ノ第三ニ受クヘキモノハ配偶者タル妻ナリ（義務者ヲ夫トスレハ）例ヘハ余ニ妻ト子トアリ妻子共ニ金錢上ニ不運ニシテ自力ニテハ生活スルコトヲ得ス然レトモ余ハ二人ニ同時ニ生計費用ヲ送ル程ノ財産ヲ有セス故ニ先ツ妻ノ方ニノミ生活費ヲ送リタリトセヨ此ノ場合ニ於テ其子ハ吾レニ先ツ扶養ヲ受クヘキ權利アリトテ父タル余ヲ訴ヘテ扶養義務ノ履行ヲ求メ同時ニ母ヲモ訴ヘテ之レヲ取戻スコ

トヲ得ヘシ是レ果シテ我カ日本ノ世体人情ニ適ストイフヘキカ吾レハ甚タ惑ヒナキ能ハス凡ソ日本ノ習慣ニテハ子タルモノハ非常ノ艱難辛苦ヲ爲スモ常ニ父母ヲシテ可成的安樂ナラシメントスルニアリ此ノ心以テ道義ニ適スルヲ得ン然ルニ自分カ安樂ニ暮スヲ得サレハトテ母ノ他ヨリ受ケタルモノヲ取戻シ以テ己ハ安樂ニ生活シタメニ母ヲシテ非常ノ辛苦ヲ嘗メシムルモ顧ミルヲ要セストイフカ如キ法律ニシテ果シテ從來ノ風習ニ適ストイフヲ得ヘキヤ又道義ニ害ナシトスルヲ得ヘキカ吾レハ決シテ然ラスト思フ故ニ本條ノ順位ハ之レヲ轉倒シ第二ヲ配偶者トシ第三ヲ直系卑屬トナサント欲ス

第九百五十八條　同順位ノ扶養權利者數人アルトキハ各其需要ニ應シテ扶養ヲ受クルコトヲ得

第九百五十六條但書ノ規定ハ前項ノ場合ニ之ヲ準用ス

第九百五十九條　扶養ノ義務ハ扶養ヲ受クヘキ者カ自己ノ資産又ハ勞務ニ依リテ生活ヲ爲スコト能ハサルトキニノミ存在ス但扶養義務者カ戸主ナルトキハ此限ニ在ラス自己ノ資産ニ依リテ教育ヲ受クルコト能ハサルトキ亦同シ

兄弟姉妹間ニ在リテハ扶養ノ義務ハ扶養ヲ受クル必要カ之ヲ受クヘキ者

ノ過失ニ因ラスシテ生シタルトキニノミ存在ス

〔解釋〕『扶養義務』ハ自己ノ力ニテハ如何トモ生活ノ道ナキトキニ至リテ始メテ生スルモノナリ故ニ自己ノ資産アルトキハ勿論資産ナクトモ自身ノ勞役ニテ生活シ得ル間ハ扶養權利ハ生セサルナリ

然レトモ扶養ハ生活ト敎育トノ二點ヲ扶助スルモノナルカ故ニ敎育年齡ニアルモノカ自己ノ資産ニテ生活ハナシ得ルモ未タ敎育ヲ受クルノ資産ナキトキハ此時ニモ權利義務ハ生スルナリ

第二項、兄弟姉妹間ハ其關係稍疎遠ナルヲ以テ妄リニ扶養ヲ爲サシムルヲ得ス即チ扶養ヲ受クルニ至リシ原因カ自己ノ過失ニアラサルトキ例ヘハ自己ノ放蕩ニ依リテ困窮ニ陷リタルニアラサル場合ニ於テノミ扶養ノ義務ハ生ス是レ則チ自己ノ過失ニ原因シタル困究ハ自カラ招キタル禍ナルヲ以テ之レカ爲メニ兄弟間ノ如キ關係疎遠ナルモノヽ間ニ扶養義務ヲ生セシムルハ甚タ重キニ失スヘシ故ニ之レヲ自己ノ過失ニ原因セサルトキニノミ限リテ第一項ニ定メタル扶養義務ト其程度ヲ同シカラシメタリ

第九百六十條 扶養ノ程度ハ扶養權利者ノ需要ト扶養義務者ノ身分及ヒ資力トニ依リテ之ヲ定ム

〔解釋〕扶養ノ程度ハ一概ニ定メ難シ例ヘハ一ケ月ノ生活ヲ爲スニ或ハ十圓ニテ十分ナルモア

ルヘク又百圓ニテモ足ラサルモアルヘシ其原因ハ或ハ住居ノ都會ト否トニモ依ルヘク又其身体ノ健否等ニモ依ルヘク到底同一ナルヲ得ス又義務者ノ身分資力モ同一ナルヲ得ス從テ扶養ノ程度ハ到底豫カシメ一概ニ定ムルヲ得ス故ニ扶養ノ程度ハ實際ニ當リテ『扶養權利者ノ需用ト扶養義務者ノ身分及ヒ資力トニ依リテ之レヲ定ム』ルノ外ナシ

第九百六十一條　扶養義務者ハ其選擇ニ從ヒ扶養權利者ヲ引取リテ之ヲ養ヒ又ハ之ヲ引取ラスシテ生活ノ資料ヲ給付スルコトヲ要ス但正當ノ事由アルトキハ裁判所ハ扶養權利者ノ請求ニ因リ扶養ノ方法ヲ定ムルコトヲ得

第九百六十二條　扶養ノ程度又ハ方法カ判決ニ因リテ定マリタル場合ニ於テ其判決ノ根據ト爲リタル事情ニ變更ヲ生シタルトキハ當事者ハ其判決ノ變更又ハ取消ヲ請求スルコトヲ得

〔解釋〕本條ハ例ヘハ扶養ノ程度カ雙方ノ協議ヲ以テ定マラス之ヲ裁判所ニ其判決ヲ請求シタルニ裁判所ニ於テ此扶養權利者ハ病人ナレハトテ二十圓ノ資料ヲ與フヘシト定メタルニ後病氣平癒シタリ是レ『其判決ノ根據トナリタル事情ニ變更ヲ生シタルトキ』ニシテ此場合ニハ當事者ハ其變更又ハ取消ヲ請求スルコトヲ得ルトイフニアリ

扶養ノ權利ハ之レヲ拋棄スルヲ得セシムヘシ

第九百六十三條　扶養ヲ受クル權利ハ之ヲ處分スルコトヲ得ス

〔解釋〕總テ權利ハ權利者ニ於テ隨意ニ處分シ得ルハ通則ナレトモ扶養ヲ受クルノ權利ハ其人一身ニ固着スルモノナルヲ以テ之レヲ處分スルヲ得スト定メタルナリ

〔評論〕『處分』トハ賣買贈與等ヲイフ而シテ彼ノ拋棄モ亦處分行爲ノ一ナルヲ以テ扶養ヲ受クルノ權利モ拋棄スヘカラサルカ如シ然レトモ之レヲ拋棄シ爾後奮發シテ自活ノ道ヲ立テントスルカ如キハ大ニ賞スヘキ事ニシテ法律ノ禁スヘキ事。ニアラス故ニ拋棄ハ例外トシテ之レヲ爲スコトヲ得ルモノトスル方妥當ナラン

第五編　相續

總論

相續ノ種類

財産ハ人類生存ノ必要物ニシテ之レヲ後世子孫ニ傳ヘントスルハ人情ナリ故ニ法律ハ茲ニ一人死亡スレハ其意思ヲ推測シテ其財産ヲ子孫ニ相續セシム又是レヲ以テ社會ノ安寧秩序ヲ維持スルノ要アルモノトシ遂ニ嚴格ナル相續制度ヲ設クルニ至レリ其如何ナルモノヲ相續スルヤハ時ニ依リ國ニ因リテ同シカラス或ハ先人ノ身分ノミヲ相續シ或ハ先人ノ財産ノミヲ相續シ又或ハ右ノ二者ヲ併セ相續スルモノアリト雖トモ要スルニ右三種ノ外ニ出ルコトナシ

先人ノ身分ト財産トヲ併セテ相續スルヲ家督相續トイヒ其財産ノミヲ相續スルヲ遺産相續トイフ而シテ本法ハ此二者ヲ採用シタルモノナリ是レ本法ハ家族制ヲ採リ一家ニ屬スル人ノ身分ヲ別チテ二トナシ家主ヲ戸主トシ戸主ノ下ニ屬スル家人ヲ家族ト爲シタルカ爲メナリ而シテ戸主ヲ相續スルヲ家督相續トイヒ家族ヲ相續スルヲ遺産相續トイフ

茲ニ參考ノタメ更ニ相續制ノ著名ナルモノヲ掲ク

第一　身分相續制ト財產相續制

身分相續制トハ一ニ家督相續ト稱スルモノニシテ家長ノ身分變換ノ結果トシテ一家ノ財產ヲ移轉スル方法ヲイフ中古社會ニ專ラ行ハレタル所ナリ財產相續制トハ一ニ遺產相續ト稱スルモノニシテ個人主義ニ基キ死亡者其人ノ財產ノミヲ移轉スル方法ヲイフ近世漸ク廣ク行ハレントスル所ノ相續法ナリ

第二　長子相續制ト平等相續制

長子相續トハ男性ニシテ且ツ嫡長タルモノ、權ヲ優等ナリトシ唯其一人ニ相續セシムルノ方法ヲイヒ平等相續制トハ諸子ニ平等ニ分配シテ相續セシムル方法ヲイフ又單ニ財產分配ノ點ヨリ區別シテ全產相續制平分相續制トイフヲ得ヘシ

第三　法定相續制ト遺言相續制

法定相續制トハ法律ニ於テ相續人タルモノヲ豫定シ財產所有者ヲシテ自由ニ其財產ヲ處分スルヲ許サス又自由ニ其相續人ヲ指定スルヲ許サヽルモノヲイフ佛國法ノ如キ是レナリ遺言相續制トハ財產所有者カ遺言ヲ以テ死後ノ財產處分ヲ爲スヲ通則トシ遺言ナキ場合ニノミ法定ノ制ニ依ルモノニシテ則チ古昔ノ羅馬法ノ如キ是レナリ

今本邦ノ相續法ハ其何レニ屬スヘキヤト云ヘハ家督相續法ト遺產相續法トノ二者ヲ併用シタル

コトハ言ハスシテ明カナリ而シテ家督相續ト財産相續トハ理論上其區別ノ劃然タルコト右ノ如シト雖トモ實際ニ於テハ本法ハ家督相續ニ當然伴アヘキ『家産』ヲ認メサリシヲ以テ玆ニ家督相續ノ名アリト雖トモ其實ナク實際ニ行ハソトスル所ハ殆ト財産相續ノ一種ナリ其習慣ニ伴ハサルヤ明カナリ是レ立法者ノ宜シク一考スヘキ所ナリ

第一章　家督相續

〔解釋〕『家督相續』トハ一人ノ家督相續人カ前戸主ニ代リテ相續ノ目的タル資産ト戸主タル身分トヲ取得スルノ方法ナリ故ニ家督相續ハ其結果トシテ必ス一家ノ戸主タル身分ト戸主ノ資産トヲ取得スルモノナリ

家督相續ハ我國固有ノ慣習ニ基ケル相續法ナリ他ノ成文法國ニ於テハ此種ノ相續法ヲ認メタルモノ甚タ稀ナリ彼ノ不成文法國タル英國ノ相續法ハ不動産ニ關シテハ長子相續主義ヲ採用セルヲ以テ此點ハ稍本邦ノ家督相續制ニ似タルモノナリ

本法カ家督相續主義ヲ採用シタルハ各國ノ法典中一機軸ヲ出シタルモノニシテ其規定等從來ノ習慣ニ基キタル所少ナカラサルヲ以テ實際ニ之レヲ適用スルニ於テハ頗フル便宜ナルヘシ

本法ノ家督相續ハ有名無實ナリ

〔評論〕家督相續法ハ有名無實也

本邦ノ固有相續法ハ家督相續ナリ故ニ本法ニ於テハ先ツ家督相續ナルモノヲ規定シタリ然レトモ一方ニ於テハ家督相續ノ特權トシテハ僅カニ系譜ト位牌トヲ相續セシムルニ過キス（九八七）而シテ當然家督相續ニ伴フヘキ彼ノ『家產』ヲ認メサルヲ以テ其結果ニ於テハ家督相續ノ實ヲ認メサルト同一ナリ故ニ其名ハ存スルモ其實ハ旣ニ亡ヒタルナリ

然ラハ本法實際ノ規定如何トイフニ戶主ノ財產ハ其半額タケ家督相續ニ因リテ相續セシメ戶主ニアラサルモノノ財產例ヘハ母ノ財產ノ如キハ其母ニ三子アレハ之レヲ平等ニ三分セシムルノ規定ナリ抑〻本法起草者ノ意思ハ總テ平分主義ヲ取ラント豫期シタリシ然ルニ日本ノ習慣ハ全ク之レニ反對ナルヲ以テ今俄カニ平分主義ニ改ムルノ餘リニ過激ニ失スルヲ思ヒ僅カニ戶主ノ財產タケハ家督相續ニヨリテ其半分ヲ相續スト定メ他ハ悉ク平分セシメントスルナリ是レ家督相續主義ト平分相續主義トヲ半分ツヽ採リタル者ニシテ恰モ下駄ト草履トヲ穿カシメタルカ如シ其日本ノ習慣ヲ破フルヤ大ナリ

其結果ヨリ云ヒハ從來ノ家督相續人ハ家產トシテ一家ノ財產全部ヲ相續シ同時ニ家族全體ヲ敎養スルノ義務ヲモ負ヒシナリ即古ハ普通長子相續ニテ長子ハ一家ヲ養フノ義務ト共ニ全財產ヲ相續シタリシヲ以テ他ノ家族ヲモ己レ自ラ敎養セシナリ然ルニ新法ハ財產ヲ分割シテ各自別〻ニ相續セシムルヲ以テ他ノ家族等一旦不幸ニシテ財產ヲ蕩盡シ困窮ニ陷ルコトアルモソハ自分

ノ不運ナレハ詮ナシトシ先キニ家督相續ヲナシタルモノモ一向ニ之レヲ顧サルニ至ラン是レ全ク習慣ニ反シテ家產ヲ斥ケ平分主義ヲ採用シタルノ結果ナリ家督相續ナルモノハ果シテ右ノ如ク有名無實ナラシムルノ外ナキカ換言セハ家督相續ヲシテ名實共ニ採ルコトハ能ハサルカ習慣ト相續法トハ調和セシムルコト能ハサルカ吾人ハ決シテ其難キヲ信セサルナリ是立法者及ヒ經世家ノ宜シク一考スヘキ所ナリ

第一節　總　則

第九百六十四條　家督相續ハ左ノ事由ニ因リテ開始ス

一　戸主ノ死亡、隱居又ハ國籍喪失

二　戸主カ婚姻又ハ養子緣組ノ取消ニ因リテ其家ヲ去リタルトキ

三　女戸主ノ入夫婚姻又ハ入夫ノ離婚

〔解釋〕本條ハ家督相續開始ノ原因ヲ定メタルモノナリ

『相續ノ開始』トハ相續ヲ爲ス權利ノ發生ヲイフ其開始アラサル內ハ後ニハ相續人トナルヘキ地位ニアルモノト雖トモ何等ノ效ナキモノ故ニ開始ハ法律上頗フル重要ノ事柄ナリ

第一　『戸主ノ死亡』トハ實際ノ死亡ハ勿論法律上死亡ト看做ス所ノ失踪ヲモ包含ス（三一）之レ

ヲ相續開始ノ原因ノ正則トス『隱居』トハ本法第六百五十二條以下數條ニ定メタル所ノ戸主ノ退讓ヲ云フ『國籍喪失』トハ國籍法ニ因リテ日本國民タルノ身分ヲ喪フモノナリ日本國民タルノ身分ヲ失フモノハ日本ノ戸主權ヲモ失フハ當然ナリ故ニ是亦相續開始ノ原因トナルナリ

第二　婚姻又ハ養子ニ因リ入リテ其家ノ戸主トナリ居ルモノモ離婚離緣ニ依リテ其家ヲ去レハ最早其家ノ戸主ト爲居ルコトヲ得ス故ニ此場合ニモ亦相續ハ開始ス

第三　女戸主カ入夫婚姻ヲ爲セハ入夫ハ其家ノ戸主トナルヲ通則トス（七三六）故ニ此場合ニモ相續開始ス又其入夫カ離緣シテ其家ヲ去リタルトキハ其戸主權モ亦消滅スヘキニ依リ再ヒ相續ハ開始セサルヲ得サルナリ但シ入夫ハ戸主トナラサルコトアリ其場合ニハ相續ニ關係ナキヲ以テ其出入ハ固ヨリ相續開始ノ原因トナラサルナリ

第九百六十五條　家督相續ハ被相續人ノ住所ニ於テ開始ス

第九百六十六條　家督相續回復ノ請求權ハ家督相續人又ハ其法定代理人カ相續權侵害ノ事實ヲ知リタル時ヨリ五年間之ヲ行ハサルトキハ時效ニ因リテ消滅ス相續開始ノ時ヨリ二十年ヲ經過シタルトキ亦同シ

〔解釋〕『家督相續回復ノ請求權』トハ家督相續權ハ前二條ニ依リ一定ノ原因ニ依リ一定ノ場所ニ於テ當然開始スルモノニシテ正當ノ相續權ヲ有スルモノモ或ハ之レヲ知ラサルコトアリ此場

合ニ於テ他ノ正當ノ相續權ナキモノカ其權利ヲ侵害シテ之レヲ實行スルコトアリ此侵害者ニ對シ正當ノ相續人ヨリ其相續ヲ回復センコトヲ請求スルノ權利ナリ

一般ノ財產權ハ二十年間行ハサルニ依リテ消滅スルヲ原則トスレトモ相續ハ何レモ包括名義ノ財產權ニシテ多クハ重大ノ權利ナリ故ニ久シク曖昧ノ裡ニ置クハ頗ル公益ニ害アルヲ以テ法律ハ特ニ此請求權ノ消滅時效ヲ短クセントシ侵害ノ事實ヲ知リタルトキヨリ五年間トセリ然レトモ時トシテハ例ヘハ相續開始ヨリ十五年以上ヲ經テ其ノ事實ヲ知ルコトアリ此場合モ猶ホ五年間ノ期限トセハ前後ヲ合シテ二十年以上トナリ時效年限ヲ短カラシメントシテ却テ長カラシムルコトヽナルヲ以テ斯カル場合ニハ一般ノ時效ト同シク相續開始ノアリタルコトヲ知ルト知ラサルトニ論ナク凡テ二十年ヲ經過シタルトキハ消滅スルモノトス

第九百六十七條 相續財產ニ關スル費用ハ其財產中ヨリ之ヲ支辨ス但家督相續人ノ過失ニ因ルモノハ此限ニ在ラス

前項ニ揭ケタル費用ハ遺留分權利者カ贈與ノ減殺ニ因リテ得タル財產ヲ以テ之ヲ支辨スルコトヲ要セス

〔解釋〕本條ハ相續財產ニ關スル費用ノ支辨方法ヲ定メタルモノナリ

『相續財產ニ關スル費用』トハ相續財產ノ租稅保存ノ費用修繕ノ費用管理人ノ報酬其他一切ノ管

理費用ヲイフ此等ハ盡ク相續財産ノタメニスル費用ナルヲ以テ其財産中ヨリ之レヲ支辨スヘキハ當然ナリ

然レトモ其費用カ或ハ家督相續人ノ過失ニ出ルコトアリ例ヘハ相續人ハ相續財産ヲ管理スルノ責任アルニモ拘ハラス之レヲ怠リタルタメニ毀損ヲ生シ遂ニ大修繕ヲ要スルニ至リシ場合ノ如キハ其過失ニ原因セルモノナリ相續人ハ其固有ノ財産中ヨリ其費用ヲ支辨セサルヘカラス

『遺留分』トハ相續人ニ遺シ置クヘキ部分ニシテ若シ此部分ニシテ贈與セラレタルトキハ取戻スコトヲモ得ヘシ本編第七章ニ定ムル所ノモノ即チ是ナリ此部分ヲ受クヘキ權利アルモノハ遺留分權利者ニシテ則チ一般ノ相續人是レナリ故ニ本條第二項ノ意義ハ遺留分權利者カ贈與ノ減殺ニ依リテ得タル財産モ相續財産ニハ相違ナケレトモ之レヲ以テ右ノ如キ費用ヲ支辨セシムルニ於テハ遺留分權利者カ贈與ノ減殺ニ依リテ得タル財産ハ遺留分權利者ヲ益スルニ足ラサル場合ヲ生シ法律ニ於テ遺留分ヲ認メタル主意ヲ貫クコト能ハサル結果ヲ生スルニ至ルヘシ加之ナラス遺留分權利者カ贈與ノ減殺ニ依リテ得タル財産ハ法律カ遺留分減殺ノ制度ヲ設ケテ保護セントスル者ニ非サル相續債權者ヲ利スルノ結果ヲ生スルニ至ルヘキニ依リ遺留分減殺ニ因リテ得タル財産ニテハ之レヲ支辨スルコトヲ要セサルナリ

第二節　家督相續人

第九百六十八條　胎兒ハ家督相續ニ付テハ既ニ生マレタルモノト看做ス
前項ノ規定ハ胎兒カ死體ニテ生マレタルトキハ之ヲ適用セス

〔解釋〕　本條ハ胎兒ノ相續權ヲ認メタルモノナリ

凡ソ私權ノ享有ハ出生ニ始マルモノナリ(一)然レトモ胎兒ノ利益ヲ保護スル爲メニハ例外トシテ之レニモ私權ヲ享有セシムルコトアリ而シテ本條ノ場合モ亦相續權ヲ得セシムルモノニシテ之レヲ享クルモノヽ利益ニ屬ス故ニ家督相續ニ付テハ胎兒モ亦既ニ生レタルモノト看做シ其胎兒カ若シ生レ居ラハ相續人タルヘキ場合ニハ相續人トシテ當然相續權ヲ得セシムルモノトス然レトモ此例外ハ他日通常ノ人トシテ生レ出ツヘキモノト想像シタルカタメナリ然ルニ死体ニテ生レ出テタルトキハ此想像ハ全ク外ツレタルヲ以テ第一項ノ如キ例外法ヲ適用スルニ及ハサルナリ

第九百六十九條　左ニ掲ケタル者ハ家督相續人タルコトヲ得ス

一　故意ニ被相續人又ハ家督相續ニ付キ先順位ニ在ル者ヲ死ニ致シ又ハ死ニ致サントシタル爲メ刑ニ處セラレタル者

二　被相續人ノ殺害セラレタルコトヲ知リテ之ヲ告發又ハ告訴セサリシ者但其者ニ是非ノ辨別ナキトキ又ハ殺害者カ自己ノ配偶者若クハ

直系血族ナリシトキハ此限ニ在ラス

三　詐欺又ハ強迫ニ因リ被相續人カ相續ニ關スル遺言ヲ為シ、之ヲ取消シ又ハ之ヲ變更スルコトヲ妨ケタル者

四　詐欺又ハ強迫ニ因リ被相續人ヲシテ相續ニ關スル遺言ヲ為サシメ、之ヲ取消サシメ又ハ之ヲ變更セシメタル者

五　相續ニ關スル被相續人ノ遺言書ヲ僞造、變造、毀滅又ハ藏匿シタル者

〔解釋〕　本條ハ家督相續人タルコトヲ得サルモノヲ定メタルモノナリ是本條ニ定メタル如キモノハ一ニハ被相續人ノ意思ヲ推知シ一ニハ公安秩序ヲ維持センカタメニ其相續ヲ禁スルナリ『家督相續ニ付キ先順位ニアルモノ』トハ次條ノ規定ニ從ヒ己レヨリ先キニ家督相續人トナルヘキモノニシテ例ヘハ己レノ父又ハ兄ノ類ナリ而シテ第一號ノ犯罪ハ必ス故意ニ出テタルコトヲ要スルモノニシテ過失ニ出テタルモノハ固ヨリ問ハサル所ナリ

第二、己レノ相續スヘキ被相續人ト己レトハ何レ其間親密ノ關係アルモノナリ其害セラレタルコトヲ聞カハ大ニ驚キ何事ヲ置テモ先ツ告訴又ハ告發ヲ為スヘキハ人情ナリ然ルニ之レヲ為サヽルカ如キハ其心術行為大ニ怪シムヘク又甚タ不人情ナリ故ニ自ラ手ヲ下サスト雖トモ斯カル

者ニハ相續セシメス然レトモ其加害者カ自己ノ配偶者若クハ直系血族ナルトキハ故ラニ之レヲ隱蔽シテ告訴告發セサルコト却テ人ノ至情ナルヲ以テ咎ムルニ及ハサルナリ

第三第四ノ場合ハ何レモ詐欺又ハ强迫ヲ以テ被相續人ノ本意ニアラサル遺言ヲ爲シ又ハ取消變更セシメタルモノナリ第五ノ場合ハ自ラ被相續ノ遺言ニ異動ヲ生セシメタルモノニシテ此等ハ何レモ其不德不義タルヤ大ナリ故ニ此等ノ所爲アルモノモ亦相續人タルコトヲ得ス

第二號ハ沈默ニ付スヘシ

［評論］　本條第二號ハ之レヲ沈默ニ付スルヲ可トセン

第二號ハ一見シテ穩當ノ規定ノ如クナレ共之ヲ熟考スレハ頗ル奇異ノ結果ヲ生スヘシ其後半ニ於テハ父ハ子ノ爲ニ隱シ子ハ父ノ爲ニ隱ス孔子流ノ直ヲ直ト認メタルモノニシテ人情ノ上ニ於テ自然ナリト雖自己ノ配偶者若クハ直系血族カ當事者ニアラサル場合ハ悉ク之ヲ告發又ハ告訴セサルトキハ相續權ヲ喪失スルカ故ニ伯叔父又ハ師傅等自己ニ對シテ非常ノ恩義ヲ有スル人ナルニモ拘ハラス又其殺傷ハ些ノ惡意ナカリシニモ拘ハラス自カラ之ヲ告訴告發セサルヲ得ス是レ利益ノ爲メニ恩義ヲ售ル者ニシテ國民道德上甚タシキ缺點ト爲サヽルヲ得ス

若シ國民道德ヲ犧牲ニシテ此惡謀ヲ豫防スルノ精神ナリトセハ後半ハ此主意ノ過半ヲ打破スルモノナリ何トナレハ此ノ如キ惡謀ハ之レニヨリテ利益ヲ享クヘキ人ニ企畫セラルヽコト多キカ故ニ其犯人ハ何時モ相續人ノ配偶者又ハ其直系血族ナルヘクレハナリ今之レヲ看過スルヲ正當

トセハ彼ヲシテ此殺害ニ與ミセサリシヲ表白セシムル本號ノ精神ハ殆ント無效ニ歸スヘシ本號ノ如キハ寧ロ沈默ニ付スルヲ可トセン

第九百七十條　被相續人ノ家族タル直系卑屬ハ左ノ規定ニ從ヒ家督相續人ト爲ル

一　親等ノ異ナリタル者ノ間ニ在リテハ其近キ者ヲ先ニス
二　親等ノ同シキ者ノ間ニ在リテハ男ヲ先ニス
三　親等ノ同シキ男又ハ女ノ間ニ在リテハ嫡出子ヲ先ニス
四　親等ノ同シキ嫡出子、庶子及ヒ私生子ノ間ニ在リテハ嫡出子及ヒ庶子ハ女ト雖モ之ヲ私生子ヨリ先ニス
五　前四號ニ掲ケタル事項ニ付キ相同シキ者ノ間ニ在リテハ年長者ヲ先ニス

第八百三十六條ノ規定ニ依リ又ハ養子緣組ニ因リテ嫡出子タル身分ヲ取得シタル者ハ家督相續ニ付テハ其嫡出子タル身分ヲ取得シタル時ニ生マレタルモノト看做ス

〔解釋〕　本條以下五條ハ法定督家相續人ノ順序ヲ定メタルモノナリ而シテ本條ハ其ノ原則ヲ定メ次條以下ハ之レカ變則ヲ定メタリ

法定ノ推定家督相續人トナルモノハ被相續人ノ家族ニシテ且ツ直系卑屬ニ限ルモノナリ是レ最モ正則ノ相續者ナリ而シテ子孫數人アルトキハ何人カ相續スヘキ明カナラス故ニ本條ニ於テ其順序ヲ定メタリ

『親等ノ異ナリタル者ノ間』トハ例ヘハ子ハ一親等ニシテ孫ハ二親等ナルヲ以テ則チ子ト孫トハ親等ノ異ナルモノヽ一ナリ若シ斯カル親等ノ異ナル者ノ間ニ在リテハ其親等ノ近キ子ヲシテ先ツ相續人タラシム

『親等ノ同シキ者』トハ例ヘハ兄弟ハ父ニ對シテハ何レモ同シク一親等ニシテ即チ親等ノ同シキモノナリ斯カル親等ノ同シキ者ノ間ニ在テハ男ヲ以テ先ニスルナリ最モ第四號ニ依リ嫡子及ヒ庶子ハ女ト雖トモ私生子ヨリ先ニスルナリ

第五號ニ於テハ右四號ニ揭ケタル事項ニ付キ相同シキ時ハ年長者ヲ先ニスト定メタリ而シテ養子又ハ認知ニ依リテ嫡子タルノ身分ヲ取得シタル者モ同シク年齡ニ依リテ其ノ先後ヲ定ムルトセハ後ヨリ其家ニ入リナカラ却テ先キヨリ嫡子トシテ其家ニアリタルモノヽ相續權ヲ害シテ已レ相續人トナルノ奇觀ヲ呈スルコトアルニ至ラン故ニ本條末項ニ於テハ第八百三十六條ノ規定

又ハ養子ニ因リテ嫡子トナリタルモノハ家督相續ニ付テハ其嫡出子タルノ身分ヲ取得シタル時ニ生レタルモノト看做スト定メ以テ此ノ奇觀ヲ免カレタリ例ヘハ甲ナル十歳ノ嫡子アルモノ乙ナル十五歳ノ養子ヲ貰受ケテ嫡子ト爲シタリトセヨ單ニ年齢ヨリ數フレハ甲ハ十歳ニシテ乙ハ十五歳ナレハ乙ハ兄ニシテ年長者ナレトモ家督相續ノ場合ニハ養子ハ其身分ヲ取得シタル日ニ生レタルモノト看做スニ依リ甲ハ十歳ニシテ乙ハ相續ノ資格上尙ホ一歳ナリ故ニ年少者タル甲ニ於テ相續スルコトヽナルナリ

第九百七十一條　前條ノ規定ハ第七百三十六條ノ適用ヲ妨ケス

第九百七十二條　第七百三十七條及ヒ第七百三十八條ノ規定ニ依リテ家族ト爲リタル直系卑屬ハ嫡出子又ハ庶子タル他ノ直系卑屬ナキ場合ニ限リ第九百七十條ニ定メタル順序ニ從ヒテ家督相續人ト爲ル

〔解釋〕　本條ハ戸主ノ親族ニシテ一時出テヽ他家ノ家族トナリ居リ後再ヒ戻リ來リテ其家族トナリシモノ（七三七）又ハ養親ノ親族ニアラス單ニ養子一方ノ親族ニシテ養家ノ家族ト爲リ（婚姻ノ場合モ同シ、七三八）タル所ノ直系卑屬ハ其家ニ在來ノ嫡子又ハ庶子タル直系卑屬ナキトキニ限リ第九百七十條ニ定メタル順序ニ依リテ家督相續人トナルトイフニアリ例ヘハ甲家ノ戸主某乙丙ノ子アリ丙ハ先ニ出テヽ他家ノ家族ト爲リ後復第七百三十七條ニ依リ甲家ニ戻リテ

相續上庶子ヲシテ嫡子ニ先セシムルハ不都合ナリ

再ヒ其家族ト爲レリ此場合ニ某死亡シテ相續開始スレハ固ヨリ長男タル乙ニ於テ相續スヘキハ正當ナリ若シ乙ニシテ既ニ死亡セハ乙ノ子丁ニ於テ相續スヘシ乙丁ナクシテ始メテ丙カ相續人トナルモノトス尤モ其乙丁ハ嫡子又ハ庶子タルトキニ限ルモノニシテ私生子ナルトキハ丙ハ之レニ先ツヲ得ヘシ是レ私生子ハ人倫上嫡子庶子ヨリ冷遇サレサルヲ得サレハナリ

〔評論〕　相續上庶子ヲシテ嫡子ニ先立タシムルハ不都合ナリ

右ノ規定ニ依レハ假令嫡子ニモセヨ一旦出テヽ他家ノ家族トナリシコトアルモノハ再ヒ戻リ來ルモ相續ノ順位上庶子ノ上ニ立ツヲ得サルナリ例ヘハ甲ニ乙丙ノ二嫡子アリ其内丙ハ故アリテ出テヽ他家ノ家族トナリ次テ甲ニハ丁ナル密通ノ子ヲ擧ケ之レヲ認知シテ庶子トナシタリ而シテ後又丙ヲモ復歸セシメ次ニ甲ハ死亡シタリ依テ之レヲ相續スヘキモノハ長子乙ナレトモ乙ハ是ヨリ先キ既ニ死亡シ居タリトセヨ此場合ニ於テ相續人タルヘキモノハ小兒丁ニシテ年長ニシテ且ツ嫡出子タル丙ハ相續ヨリ排斥セラルヽナリ

此場合ニ於テ丙ハ果シテ斯ク迄排斥スヘキモノナルヤ否ヤ想フニ嫡子ニシテ其家ニアラサレハ已ム既ニ年長ニシテ且嫡出子ノ其家ニ在ルアリ何ソ何處ノ馬骨カ知レサル妾腹其他ノ不義密通ノ子ヲ擧ケテ相續人トナシ其家名ヲ傷ケシムルニ忍ヒンヤ

又私生子トノ權衡上ヨリ見ルモ其タ不都合ニハアラサルカ抑々夫婦ニアラサルモノヽ間ノ子ハ

母ノ認メタルドキハ私生子トナリ父ノ認メタルトキハ庶子トナル其不義ノ子タルヤ一ナリ同シク不義ノ子ニシテ一ハ嫡子ヲ凌キテ相續人トナリ一ハ以テ然ラスト爲ス是レ其タ不公平ノ沙汰ナリ故ニ本條ハ嫡出子タル他ノ直系卑屬ナキトキニ限リ云々トシ以テ嫡子ハ他家ヨリ戻リタルモノニテモ相續上尙ホ庶子ニ先ツコトヲ得セシムヘシ

本條ハ推定相續人ノ未タ生レサル場合ヲ見タルモノニアラス

第九百七十三條　法定ノ推定家督相續人ハ其姉妹ノ爲メニスル養子緣組ニ因リテ其相續權ヲ害セラルヽコトナシ

〔解釋〕姉妹ノ爲メニスル婿養子ハ推定家督相續人ヲ排除シテ自ラ相續權ヲ受クルカノ疑アリ故ニ本條ハ斯カル明文ヲ揭ケテ相續人ノ既得ノ權ヲ保護シタリ

〔評論〕本條ハ推定相續人ノ未タ生レサル場合ヲ想像シタルモノニアラス

或說ニ依レハ本條ハ例ヘハ被相續人ニ女子一人ノミアリ其女子ニ婿養子ヲ爲シタルニ其後ニ至リ被相續人カ更ラニ男子ヲ生ミシ等ノ場合ニ適用スルモノニシテ此場合ニハ其養子ハ男子ヨリモ年長ナルノミナラス第九百七十條第二項ニ依ルモ尙ホ養子ヲ以テ年長者トスヘクシテ養子カ相續人ト爲ルヘキ筈ナルモ本條ニ於テ其實子ハ養子ノ爲メニ相續權ヲ害セラルヽコトナシトシ以テ實子ヲ保護スルモノナリト論決セリ然レトモ本條ハ例ヘハ既ニ推定相續人アル場合ニ其ノ姉ニ婿養子ヲ爲シタルトキハ相續權ハ推定相續人ノ既得權ヲ害シテ其養子ニ移ルヤ否ヤノ疑ア

ルニ依リ此既得權ヲ害スルコト無カラシメントシタルノミニシテ未タ推定相續人ノ生レ居ラサル場合ヲ想像シタルモノニアラス故ニ其精神ヨリシテ未タ推定相續人トナルヘキ男子ナキ場合ノ婿養子ニハ當然相續權移ルヘク其後ニ生レタル男子アルモ既ニ養子ニ既得權アルヲ以テ復動カスコトヲ得サル可キ也

第九百七十四條　第九百七十條及ヒ第九百七十二條ノ規定ニ依リテ家督相續人タルヘキ者カ家督相續ノ開始前ニ死亡シ又ハ其相續權ヲ失ヒタル場合ニ於テ其者ニ直系卑屬アルトキハ其直系卑屬ハ第九百七十條及ヒ第九百七十二條ニ定メタル順序ニ從ヒ其者ト同順位ニ於テ家督相續人ト爲ル

〔解釋〕　本條ハ嫡孫承祖權ヲ定メタルモノナリ

『其者ト同順位ニ於テ』トハ例ヘハ被相續人甲ニ乙丙二人ノ子アリ而シテ乙ニハ又丁ナル子（甲ノ孫）アリ而シテ乙既ニ死亡シタルトキハ丁ハ相續上乙ノ位置ニ於テ甲ノ家督相續人トナルヲ以テ丙ニハ尙ホ相續權ノ移ラサル如キヲイフ

『相續權ヲ失ヒタル場合』トハ次條以下ノ規定ニ依リテ排除セラレタルカ如キ場合ヲイフ是レ本條ニ揭ケシ二ケ條ノ規定ニ依リ家督相續人タルヘキモノハ其相續未タ開始セストモ當然

其相續權ノ定マリ居ルモノナルヲ以テ若シ其者カ相續開始前ニ死亡シ又ハ相續權ヲ失フコトアルモ之レニ依リテ他ノ者ヨリ其權利ヲ害スルコトヲ得サルモノナリ故ニ若シ其者ニ直系卑屬アルトキハ其直系卑屬ハ其者ト同順位ニ於テ相續セシムルナリ嫡孫承祖權ノ威力モ亦强大ナル哉

第九百七十五條　法定ノ推定家督相續人ニ付キ左ノ事由アルトキハ被相續人ハ其推定家督相續人ノ廢除ヲ裁判所ニ請求スルコトヲ得

一　被相續人ニ對シテ虐待ヲ爲シ又ハ之ニ重大ナル侮辱ヲ加ヘタルコト

二　病症其他身體又ハ精神ノ狀況ニ因リ家政ヲ執ルニ堪ヘサルヘキコト

三　家名ニ汚辱ヲ及ホスヘキ罪ニ因リテ刑ニ處セラレタルコト

四　浪費者トシテ準禁治產ノ宣告ヲ受ケ改悛ノ望ナキコト

此他正當ノ事由アルトキハ被相續人ハ親族會ノ同意ヲ得テ其廢除ヲ請求スルコトヲ得

〔解釋〕　本條以下四條ハ推定相續人廢除ノコトヲ定メタルモノナリ

『廢除』トハ推定相續人タルノ地位ヨリ廢シ除クモノニシテ世俗ノ所謂廢嫡ト同意味ナリ然レトモ今日ノ推定家督相續人ハ必スシモ嫡子ニ限ラス庶子私生子ニシテ相續人タルコトモ多シ故ニ

本條末項ノ場合モ親族會ノ同意ヲ要セス

廢除ノ字ヲ用井テ一般ニ之レヲ總稱スルナリ

法定ノ推定家督相續人ハ法律上當然相續人タルノ權アルモノニシテ被相續人ト雖トモ隨意ニ之レヲ廢除スルコトヲ得サルモノナリ然レトモ或場合ニ於テハ到底之レニ相續セシメ難キ事情ノ生スルコトアリ是ヲ以テ法律ハ一定ノ原因ヲ設ケ其原因アルモノハ已ムヲ得ス之レヲ廢除スルコトヲ許セリ

末項ノ場合ハ右四號中ノ一ニ該當セスシテ尙ホ廢除スヘキ正當ノ事由トナスニ足ルヘキコトノ生スルコトアルヘシ然レトモ其場合ハ單ニ正當ノ事由トイフニ止マリテ右諸項ノ如ク事由ニ限定ナク其事由カ果シテ正當ナルヤ否ヤハ頗フル判シ難キヲ以テ先ツ親族會ノ同意ヲ得テ然後廢除ヲ裁判所ニ請求セシムルナリ

〔評論〕　末項ノ場合モ親族會ノ同意ヲ要セサルヘシ

本條末項ノ場合ハ其事由限定ナキニ因リ其正當ナルヤ否ヤハ極メテ判シ難ケレハトテ先ツ親族會ノ同意ヲ得ルコトヲ要スト定メタリ然レトモ事由ノ正當ナルヤ否ヤノ判シ難キハ決シテ末項ノ場合ノミニ限ラス先ツ第一ノ場合ハ如何其虐待又ハ侮辱ノ重大ナルヤ否ヤハ隨分判別シ難キ所ニアラスヤ第三ノ場合ハ如何彼ノ刑法學者ハ犯罪ニ付テ學理上破廉耻罪ト否トヲ區分スルサヘ困難ナリトスル所ナルニ家名ニ汚辱ヲ及ホスヘキ罪ナルヤ否ヤヲ區別スルハ極テ困難トスヘ

キ所ニアラスヤ殊ニ浪費者ノ改悛ノ望ノ有無ナト到底正確ニ判別シ得ル所ニアラス此等ノ原因ニ依リテ廢除ヲ請求スル場合ニハ一己獨斷ニテ請求スルヲ得セシメ末項ノ場合ニノミ正當ナルヤ否ヤ判別シ難キヲ以テ先ツ親族會ノ同意ヲ得テ而シテ後ニアラサレハ請求スルコトヲ得ストスルハ洵ニ事理ノ貫徹セサルヲ惜シム故ニ末項ノ場合モ前諸項ト同シク親族會ノ同意ヲ要セサルコトニ改ムル方穩當ナラン

第九百七十六條　被相續人カ遺言ヲ以テ推定家督相續人ヲ廢除スル意思ヲ表示シタルトキハ遺言執行者ハ其遺言カ效力ヲ生シタル後遲滯ナク裁判所ニ廢除ノ請求ヲ爲スコトヲ要ス此場合ニ於テ廢除ハ被相續人ノ死亡ノ時ニ遡リテ其效力ヲ生ス

第九百七十七條　推定家督相續人廢除ノ原因止ミタルトキハ被相續人又ハ推定家督相續人ハ廢除ノ取消ヲ裁判所ニ請求スルコトヲ得

第九百七十五條第一項第一號ノ場合ニ於テハ被相續人ハ何時ニテモ廢除ノ取消ヲ請求スルコトヲ得

前二項ノ規定ハ相續開始ノ後ハ之ヲ適用セス

前條ノ規定ハ廢除ノ取消ニ之ヲ準用ス

〔解釋〕『廢除ノ原因止ミシトキ』トハ例ヘハ疾病ニ依リ家政ヲ執ルニ堪ヘストシテ廢除シタルニ其疾病全癒シテ家政ヲ執リ得ルニ至リシ等ノ場合ヲ云フ

一旦廢除ヲ爲スモ其原因ニシテ止ムトキハ之レヲ取消スヲ得ルハ當然ナリ而シテ廢除ハ裁判所ノ宣告ニ依リシモノナレハ私ニ取消スコトヲ得ス必ス復裁判所ニ請求シテ其取消ノ宣告ヲ受ケサルヘカラス但シ斯カル事ニマテ裁判所ノ宣告ヲ受ケシムルニ至テハ唯不便極マルト評スルノ外ナシ

第二項、廢除ノ原因カ被相續人ニ對スル虐待又ハ侮辱ニアルトキハ被相續人ハ何時ニテモ之レヲ宥恕シ得ルヲ以テ被相續人ヨリハ何時ニテモ廢除ノ取消ヲ請求スルコトヲ得ルナリ

第三項ノ趣旨ハ廢除中ニ相續開始スルトキハ直ニ他人ヲ以テ相續セシム然ルニ若シ其後ニ至リテ廢除ノ取消ヲ受ケ更ニ相續スルコトヽナレハ現ニ相續ヲ爲セシ者ノ權利ヲ害スルニ至ルヘシ故ニ一旦相續ノ開始シタル後ハ廢除ノ取消ヲ爲スコトヲ得サルナリ

第九百七十八條 推定家督相續人ノ廢除又ハ其取消ノ請求アリタル後其裁判確定前ニ相續カ開始シタルトキハ裁判所ハ親族、利害關係人又ハ檢事ノ請求ニ因リ戶主權ノ行使及ヒ遺產ノ管理ニ付キ必要ナル處分ヲ命

スルコトヲ得廢除ノ遺言アリタルトキ亦同シ
裁判所カ管理人ヲ選任シタル場合ニ於テハ第二十七條乃至第二十九條ノ規定ヲ準用ス

〔解釋〕　推定相續人ノ廢除又ハ其取消ノ請求アリタルヨリ其裁判ノ確定スル迄ノ間ハ未タ何人カ相續人タルヘキカ確定セサル爲ナリ例ヘハ甲乙二人ノ子アルモノ甲ノ廢除ヲ請求スルトキハ其相續ハ果シテ請求通リ甲ハ廢除セラレテ乙ニ歸スヘキ乎又ハ其請求ハ立タズシテ依然甲ノ相續スヘキモノト決スルヤ其裁判確定迄ハ何レトモ未定ナリ然レトモ戶主權ノ行使財產ノ管理ハ一日モ廢スヘカラサルヲ以テ若シ其相續人未定ノ間ニ相續開始スレハ其時ハ裁判所ハ利害關係人及檢事ノ請求ニ因リ戶主權ノ行使及ヒ遺產ノ管理ニ必要ナル處分ヲ命スルコトヲ得ルナリ
『遺產ノ管理ニ必要ナル處分』トハ管理人ヲ選任シ若クハ保存シ難キ物品ヲ賣却シテ金トナサシムル等ノ如キ是レナリ

第九百七十九條　法定ノ推定家督相續人ナキトキハ被相續人ハ家督相續人ヲ指定スルコトヲ得此指定ハ法定ノ推定家督相續人アルニ至リタルトキハ其效力ヲ失フ

家督相續人ノ指定ハ之ヲ取消スコトヲ得

前二項ノ規定ハ死亡又ハ隱居ニ因ル家督相續ノ場合ニノミ之ヲ適用ス

〔解釋〕 本條以下三條ハ指定家督相續人ノコトヲ規定シタルモノナリ

『推定相續人アルニ至リタルトキ』トハ例ヘハ相續人指定後實子ノ出生アリタル如キ又ハ長男死亡シ次男ハ失踪シタルニ付指定ヲ爲シタルニ其後次男ノ戻リタル如キ場合是レナリ

凡ソ家督相續人ニハ三種アリ第一ヲ推定相續人トシ第二ヲ指定相續人トシ第三ヲ選定相續人トス而シテ第一ノ者ナケレハ第二ノ者相續シ第二ノ者ナケレハ第三ノ者相續スル筈ノモノナリ故ニ第一ノ推定相續人ナキトキハ被相續人ハ他ニ相續人ヲ指定スルナリ

第二項、指定ハ單獨行爲ナルヲ以テ原則上取消シ得ルハ勿論ナリ若又一旦被指定者カ應諾シタルトキハ如何トノ疑ナキニアラサレトモ立法者ノ意ハ此ノ場合ニモ猶ホ取消シ得ルニアリトイフヘシ

第九百八十條 家督相讀人ノ指定及ヒ其取消ハ之ヲ戸籍吏ニ屆出ツルニ因リテ其效力ヲ生ス

第九百八十一條 被相續人カ遺言ヲ以テ家督相續人ノ指定又ハ其取消ヲ爲ス意思ヲ表示シタルトキハ遺言執行者ハ其遺言カ效力ヲ生シタル後

遲滯ナク之ヲ戸籍吏ニ屆出ツルコトヲ要ス此場合ニ於テ指定又ハ其取消ハ被相續人ノ死亡ノ時ニ遡リテ其效力ヲ生ス

第九百八十二條　法定又ハ指定ノ家督相續人ナキ場合ニ於テ其家ニ被相續人ノ父アルトキハ父、父アラサルトキ又ハ父カ其意思ヲ表示スルコト能ハサルトキハ母、父母共ニ非サルトキ又ハ其意思ヲ表示スルコト能ハサルトキハ親族會ハ左ノ順序ニ從ヒ家族中ヨリ家督相續人ヲ選定ス

第一　配偶者但家女ナルトキ

第二　兄弟

第三　姉妹

第四　第一號ニ該當セサル配偶者

第五　兄弟姉妹ノ直系卑屬

〔解釋〕　本條以下ハ選定相續人ノコトヲ定メタルモノナリ

既ニ法定ノ相續人ナク又指定ノ相續人ナキ場合ニハ本條第一項ニ揭ケタル人々ノ意見ヲ以テ同條五號中ニ定メタル順序ニ從ヒ相續人ヲ選定スヘキナリ

第九百八十三條　家督相續人ヲ選定スヘキ者ハ正當ノ事由アル場合ニ

相續ノ場合ニ父母ハ兄弟ノ直系卑屬ヨリ先順位ニ立タシムヘシ

限リ裁判所ノ許可ヲ得テ前條ニ掲ケタル順序ヲ變更シ又ハ選定ヲ爲サヽルコトヲ得

第九百八十四條　第九百八十二條ノ規定ニ依リテ家督相續人タル者ナキトキハ家ニ在ル直系尊屬中親等ノ最モ近キ者家督相續人ト爲ル但親等ノ同シキ者ノ間ニ在リテハ男ヲ先ニス

〔解釋〕本條ハ家ニ在ル直系尊屬カ相續スル場合ヲ定メタルモノナリ

〔評論〕相續ノ場合ニハ父母ハ兄弟ノ直系卑屬ヨリ先順位ニ立タシムヘシ

本法ニ於テハ父母カ相續スルハ直系卑屬配偶者兄弟及其直系卑屬中ニ家督相續人トナルヘキ者ノ無キ時ニ限ルトシタリ是レ蓋シ親カ其子ノ相續ヲ爲スハ自然ニ反スルモノナレハ假令親子ハ一親等ニモセヨ直系卑屬又ハ兄弟ノ直系卑屬アル間ハ之レヲ許サストイフニアリ例ヘハ直系ノ一親等タル甲ノ父ハ傍系ノ三親等又ハ四親ニ當ル甲ノ兄弟ノ子若クハ兄弟ノ孫ヨリ疎外セラルヽモノナリ是レ果シテ人性ニ適シタルモノト云フヲ得ヘキヤ吾人ハ頗フル疑ナキ能ハス例ヘハ甲者死亡シタルニ家ニハ矍鑠タル父母ト舍第カ密通ニ因テ擧ケタル庶子ノ外ナシトセヨ甲ハ倘ホ矍鑠タル父母ヲ遺シタルニモ拘ハラス家督ハ弟ノ擧ケタル不義ノ子ニ與ヘサルヘカラス是レ決シテ人情ニ適シタルモノトハ信スル能ハサルナリ故ニ父母ハ兄弟ノ直系卑屬ヨリ先順位ニ立

タシムル方穩當ナリ

第九百八十五條　前條ノ規定ニ依リテ家督相續人タル者ナキトキハ親族會ハ被相續人ノ親族、家族分家ノ戸主又ハ本家若クハ分家ノ家族中ヨリ家督相續人ヲ選定ス

前項ニ揭ケタル者ノ中ニ家督相續人タルヘキ者ナキトキハ親族會ハ他人ノ中ヨリ之ヲ選定ス

親族會ハ正當ノ事由アル場合ニ限リ第一項ノ規定ニ拘ハラス裁判所ノ許可ヲ得テ他人ヲ選定スルコトヲ得

第三節　家督相續ノ效力

第九百八十六條　家督相續人ハ相續開始ノ時ヨリ前戸主ノ有セシ權利義務ヲ承繼ス但前戸主ノ一身ニ專屬セルモノハ此限ニ在ラス

〔解釋〕　本條ハ家督相續ノ主タル效力ヲ定メタルモノナリ

『相續開始ノ時』トハ第九百六十四條ニ定メタル死亡隱居其他ノ事件ノ生シタルトキヲイフ故ニ相續人カ實際此等ノ事件ノ生シタルコトヲ知ラサルトキト雖トモ相續ノ效力ハ既往ニ溯リテ相

本條ハ家督相續ノ有名無實ヲ證スルモノナリ

續開始ノ時ヨリ前戶主ノ有セシ一切ノ權利義務ヲ承繼シタルモノトナルナリ是レ一家ノ戶主ニハ決シテ間斷アルコトヲ許サヽルモノナレハナリ

『前戶主ノ有セシ權利義務』トハ戶主ニ屬スヘキ權利義務及ヒ財產上ノ權利義務ヲ總稱ス戶主ノ權利トハ例ヘハ姓氏系統貴號等ヲ云ヒ戶主ノ義務トハ例ヘハ一家ヲ監督シ家族ヲ扶養スル等ヲイフ

『前戶主ノ一身ニ專屬スルモノ』トハ例ヘハ終身年金ノ權恩給ヲ受クルノ權扶養ノ權利義務等ヲイフ

〔評論〕　本條ハ家督相續ノ有名無實タルヲ證スルモノナリ

本條ニ依レハ『家督相續人ハ相續開始ノ時ヨリ前戶主ノ有セシ權利義務ヲ承繼ス』トアルヲ以テ家督相續ナルモノハ餘程ノ完全ノモノニシテ且ツ遺產相續ニ比スレハ餘程優等ノモノト思ハルレトモ本法ノ家督相續ハ全ク有名無實ニシテ二者ノ間殆ト差異ナシ試ミニ之レヲ遺產相續ノ效カト比較セン二

第千一條　遺產相續人ハ相續開始ノ時ヨリ被相續人ノ財產ニ屬セシ一切ノ權利義務ヲ承繼ス

(以下本條ト同文)

トアリ之レニ依テ見レハ其異ナル所ハ唯戶主ノ權利義務ヲ承繼スルト否トニアリ而シテ戶主ノ

重大ナル權利義務ハ彼ノ『家產』ヨリ發生スルモノナリ然ルニ本法ハ家產ヲ認メサルヲ以テ戶主ノ權利義務ハ實ニ微々タルモノニ止マリ二者ノ間殆ト差異ナキニ至レリ吾人カ家督相續ヲ許シテ有名無實トナスハ之レカ爲メナリ

第九百八十七條　系譜、祭具及ヒ墳墓ノ所有權ハ家督相續ノ特權ニ屬ス

〔解釋〕本條ハ家督相續ニ屬スル財產上ノ特權ヲ定メタルモノナリ此等ノ物品ハ當然世々其家ニ傳フヘキモノニシテ前戶主モ妄リニ處分スルヲ得サルモノナリ故ニ家督相續ノ特權トシテ承繼セシムルモノナリ

家產ヲシテ更ラニ多カラシメヨ

〔評論〕家產ヲシテ更ラニ多カラシメヨ

特權分ナルモノハ必ス家督相續ニ隨伴スヘキモノニシテ即チ『家產』ノ一ナリ『家』ヲ認メ『戶主權』ヲ認メタル本法カ戶主權ノ效用ヲ全カラシメンカタメ特ニ家產ヲ存立セシメ遺留分ノ算定ニ付テモ先ツ之ヲ控除セシメ(一一三二末項)常ニ戶主權ト其ノ所在ヲ俱ニスルコトヲ得セシメント期シタルハ洵ニ至當ノ規定ナリ

然リト雖モ本法ハ家產ノ範圍ヲ定ムルニ當リテ頗フル狹隘ニ失シ僅カニ系譜祭具及ヒ墳墓ノ三種ヲ認メタルニ過キス斯クテハ之ヲ認ムルモ何ノ益スル所ナク殆ト認メサルモ同然ナリ本法幸ニ家產ノ必要ヲ認メテ之レヲ存立セシメタルカラニハ更ラニ一歩ヲ進メテ其區域ヲ擴張シ一般

財產ノ幾分ニ迄及ホシ以テ特權分（家產）ヲシテ有名無實タルノ弊ナカラシメヨ抑々世界ノ立法例カ追々ニ財產自由處分ノ主義ニ赴カントスルノ傾向アルハ吾レモ知ラサルニアラサレトモ既ニ『家』ヲ認メタル以上ハ必ス又家產ヲモ認メサルヘカラス生類ヲ飼フテ食ヲ與ヘサルカ如キ矛盾ノ所爲ハ兒童且ツ爲サス本法ハ聊カ此ノ矛盾ヲ爲スニ類セサルカ吾人ハ更ラニ家產ヲ增加スルノ必要ヲ認ムルモノナリ

第九百八十八條　隱居者及ヒ入夫婚姻ヲ爲ス女戶主ハ確定日附アル證書ニ依リテ其財產ヲ留保スルコトヲ得但家督相續人ノ遺留分ニ關スル規定ニ違反スルコトヲ得ス

〔解釋〕　家督相續ハ右ニ述ヘタル如ク原則上全財產ヲ相續人ニ歸スヘキモノナレトモ隱居及ヒ入夫ヲ爲ス女戶主ノ如ク前戶主カ依然トシテ其家ニ存在スル場合ニハ一切ノ財產ヲ相續人ニ讓リテハ大ニ困難ヲ生スルコトアラン故ニ此場合ニハ其財產ヲ自分ノ手ニ所有シ居ルコトヲ得ルナリ但シ相續ニハ遺留分トシテ必ス相續人ニ與フヘキ部分アルヲ以テ（第七章）其規則ニ反シテ餘分ニ所有シ居ルヲ得ス

『確定日付アル證書』トハ法律上確定ノ日付アルモノニシテ旨ト公正證書ヲ指ス

第九百八十九條　隱居又ハ入夫婚姻ニ因ル家督相續ノ場合ニ於テハ前戶

主ノ債權者ハ其前戸主ニ對シテ辨濟ノ請求ヲ爲スコトヲ得

入夫婚姻ノ取消又ハ入夫ノ離婚ニ因ル家督相續ノ場合ニ於テハ入夫カ戸主タリシ間ニ負擔シタル債務ノ辨濟ハ其入夫ニ對シテ之ヲ請求スルコトヲ得

前二項ノ規定ハ家督相續人ニ對スル請求ヲ妨ケス

〔解釋〕　既ニ家督相續ハ前戸主ノ有セシ一切ノ權利義務ヲ相續人ニ移轉スルヲ以テ通例トナスト定メタルカラニハ前戸主ニ對スル貸主ハ其ノ相續人ニ對シテ返濟ノ請求ヲ爲スヘキハ當然ノコトナリ左リナカラ『隱居者及ヒ入夫婚姻ヲナス女戸主ハ自己ノ利益ノタメ幾分ノ財產ヲ保留スルコトヲ得』（九八八）ルモノナレハ此等ノモノニ對シテハ假令戸主ヲ讓リタルニモセヨ猶ホ辨濟ノ請求ヲ爲シ得ルコトハ是亦當然ナリ是レ第一項ノ規定スル所

入夫婚姻ノ取消又ハ入夫ノ離婚ニ因ル家督相續ノ場合ニ於テモ往々債權者ヲ詐害スルノ獘アルヲ以テ是亦入夫カ戸主タリシ間ニ負擔シタル債務ノ辨濟ハ離婚後尙ホ其入夫タリシモノニ對シテ請求スルコトヲ得ルト定メタリ

但シ此等ノ請求ハ家督相續人ニ對シテ爲スヘキハ本然ノ性質ナレハ右二項ノ如キ場合ニ於テ家督相續人ニ對シテ請求シ得ルハ勿論ナリ

〔評論〕　本條第二項ハ無用ナリ

本條第二項ハ無用ナリ

立法者ハ債權者保護ニ熱心シ右二項共ニ前戸主ニ對シテ辨濟ヲ請求スルコトヲ得ルト定メタリ然レトモ第二項ハ第一項トハ聊カ趣ヲ異ニスルモノアリ蓋シ入夫カ入夫中ニ善意ヲ以テ其家ノ爲ニ企畫スル所ハ則チ其家ノ事ニシテ入夫カ單ニ自己ノ爲ソミノ事業ニアラス而シテ善意ヲ以テ從事スルモノト雖モ必ラスシモ成功ヲ期シ難シ然ルヲ若シ離緣トナリテ退出サレタル後マテ先キニ戸主タリシ間ニ爲シタル債務ヲ負擔スルノ義務アリトスレハ同時ニ增殖シタル財產ハ離婚ト共ニ攜帶シ去ルノ權利ヲモ認メサルヘカラス此ノ權利ハ認メスシテ單ニ負債ノミヲ背負ハシテ退出ストイフハ理ニ當ラス本項ノ如キハ不完全ニシテ且ツ無用ナリ寧ロ削除スル方穩當ナリ

第九百九十條　國籍喪失者ノ家督相續人ハ戸主權及ヒ家督相續ノ特權ニ屬スル權利ノミヲ承繼ス但遺留分及ヒ前戸主カ特ニ指定シタル相續財產ヲ承繼スルコトヲ妨ケス

國籍喪失者カ日本人ニ非サレハ享有スルコトヲ得サル權利ヲ有スル場合ニ於テ一年內ニ之ヲ日本人ニ讓渡サヽルトキハ其權利ハ家督相續人ニ歸屬ス

〔解釋〕國籍喪失者ハ或原因ニ依リテ已ムヲ得ス國籍ハ喪失スレトモ之レニ因リテ自己ニ屬

スル私權即チ財產上ノ權利マテヲ抛棄セントスルモノニアラス寧ロ之レヲ保有スルモノ最多キナリ故ニ國籍喪失者ノ家督相續人ニハ一般ノ財產權等ハ移ラス單ニ戶主權及ヒ家督相續ノ特權ニ屬スル系譜位牌等ノミヲ承繼ス但シ財產ヲ相續スルハ强チ禁スヘキニアラサルヲ以テ被相續人カ之レヲ相續セシメントスルニ於テハ通常ノ遺留分及ヒ被相續人カ特ニ指定シタル財產ヲ相續スルハ勝手ナリ

『日本人ニアラサレハ享有スルコトヲ得サル權利』トハ土地又ハ會社ノ株ノ所有權ノ如キモノヲイフ此等ノ財產權ハ第一項ニ因リ普通相續人ニ移ラサルヲ以テ勝手ニ日本人ニ讓渡スコトヲ得ル筈ナレトモ若シ永ク讓渡サヽルトキハ不都合ナル結果ヲ生スルヲ以テ一年間讓渡サヽルトキハ其權利ハ當然家督相續人ニ屬セシムルナリ

第九百九十一條 國籍喪失ニ因ル家督相續ノ場合ニ於テハ前戶主ノ債權者ハ家督相續人ニ對シテハ其受ケタル財產ノ限度ニ於テノミ辨濟ノ請求ヲ爲スコトヲ得

第二章　遺產相續

第一節　總則

第九百九十二條 遺產相續ハ家族ノ死亡ニ因リテ開始ス

〔解釋〕家督相續ハ戸主ノ身分ト財產トヲ相續スルヲ以テ相續開始ノ原因ハ決シテ一ノ死亡ニ止マラス

凡ソ戸主權行使ノ能力ヲ失フニ至ルトキハ每ニ相續開始ノ原因トナルナリ然レトモ遺產相續ハ財產ヲ相續スルニ止マルヲ以テ隱居ノ如キ國籍喪失ノ如キ財產ヲ所有シ居リテ何ノ差支モナキモノハ決シテ遺產相續ノ原因トナラス故ニ遺產相續ノ開始ノ原因ハ死亡ノ一事ニ止マルナリ

第九百九十三條 第九百六十五條乃至第九百六十八條ノ規定ハ遺產相續ニ之ヲ準用ス

～～～～～～～～～～～～～～～～～～～～～～～～～～～～

第二節　遺產相續人

第九百九十四條 被相續人ノ直系卑屬ハ左ノ規定ニ從ヒ遺產相續人ト爲ル

一　親等ノ異ナリタル者ノ間ニ在リテハ其近キ者ヲ先ニス

二　親等ノ同シキ者ハ同順位ニ於テ遺產相續人ト爲ル

〔解釋〕本條以下三條ハ遺產相續人ノコトヲ定ムルモノニシテ本條ハ先ツ其原則ノ場合ヲ定メタルモノナリ

遺産相續人モ亦被相續人ノ直系卑屬タルコトヲ要スレトモ家督相續ノ如ク必スシモ其家族タルコトヲ要セス是レ其被相續人ハ人ノ一家族タルヲ以テ其遺産ノミヲ相續スルニハ決シテ同一ノ家族タルヲ要スルノ理アラサレハナリ

第二號ノ場合ハ遺産相續ハ族制ト何等ノ關係モナキモノナレハ家督相續ノ如ク其ノ相續人ヲ一人トナスノ要ナシ故ニ例ヘハ被相續人ノ子ニ當ルヘキ兄弟數人アレハ幾人ニテモアル限リ同時ニ相續人ト爲リ其ノ財産ヲ平等ニ分配セシムルナリ且又法律ハ被相續人ノ意思ヲ推測シ相續人トナルヘキ兄弟ノ間ニアリテハ男女タルト長幼タルトハタ又嫡庶タルトニ論ナク皆同順位ニ於テ遺産ノ分配ヲ受ケシムルナリ

遺産分配ニハ一定ノ制限アルヲ要ス

右ノ如ク遺産相續ヲナスノ一點ハ男女タルト長幼タルト嫡庶タルトハタ他家ニアルト同家ニアルトヲ問ハサレトモ遺産分割ノ公平ヲ保タンカタメニハ後章ニ於テ種々ノ規則手續ヲ定メタルヲ以テ必ス之レニ從ハサルヘカラス

〔評論〕　遺産ノ分配ニハ一定ノ制限アルヲ要ス

三浦氏ノ說ニ曰『新民法ハ遺産ノ相續ニ就テ分割主義ヲ採用シ各相續人ノ相續分ヲ定メタリ假令歐洲ノ學者間ニ於テ可否ノ論未タ定マラストハイヘ分割其者ハ決シテ絕体的ニ不可ナルモノニアラサルヘシ其我國ニアリテモ社會ノ事實トシテ現ハルヽコト實ニ起案者ノ說明ノ如シ然レ

トモ此事タル概ネ中産以上ヲ有スルモノ、間ニ行ハレ且ツ家督相續人ニ授與スル所頗ル多キヲ例トス分割主義ノ最モ盛ナリシ時代ニアリテスラ領地ノ少ナキモノハ大抵分配ヲ敢テセス而シテ古來啻ニ一般ノ場合ニ於ケル分割相續ノ規定ヲ見サルノミナラス却テ之ヲ許否スヘキ土地所有ノ分限ヲ定メシモノアリコレ一ハ家督相續ヲ重セシニ依ルト雖トモ一ハ經濟上及ヒ道義上ノ影響ヲ恐ル、カ爲メナラスンハアラス蓋シ土地ノ細分ハ所有者ヲ擧ケテ生活ニ苦マシムルノ餘自ラ國家ノ義務ヲ怠ラシムヘク又其分割ニ就テハ利害ノ衝突ヲ來シ家族間ノ圓滑ヲ缺キ易クレハナリ新民法ノ分配制ハ財産ニ應シテ保障ヲ設クル如キ事アラサレハ最モ其弊ヲ生シ易キ中等以下ノ社會ニ向テ財産分割ノ勢ヲ促シ經濟風俗共ニ悪影響ヲ蒙ラサルコトナキヲ保セス少クトモ立法者ノ所謂家族制ヲ保護スルノ所以ニアラサルヘシ故ニ今日ノ世体ニアリテハ寧ロ法定分配制ノ效力ヲ被相續人ノ遺言ナキ場合ニ止ムルコト猶ホ中古ノ法制ノ如クスルヲ以テ妥當トスヘキニ似タリ』ト吾人ハ之レニ贊成スルモノナリ

第九百九十三條　前條ノ規定ニ依リテ遺産相續人タルヘキ者カ相續ノ開始前ニ死亡シ又ハ其相續權ヲ失ヒタル場合ニ於テ其者ニ直系卑屬アルトキハ其直系卑屬ハ前條ノ規定ニ從ヒ其者ト同順位ニ於テ遺産相續人ト爲ル

〔解釋〕本條ハ相續開始前ニ相續人死亡シタル場合ノ規則ナリ例ヘハ甲者乙丙丁ノ三子ヲ遺シテ死亡シタリ然ルニ長子乙ハ是ヨリ以前ニ戊ナル一子ヲ遺シテ死去シタリ此場合ニ於テ若シ乙ニシテ生存スレハ他ノ丙丁ノ二弟ト共ニ甲ノ遺產ヲ平等ニ相續スヘキ筈ナレトモ既ニ死亡シテ在ラサルニ依リ其子戊之ニ代リ他ノ丙丁ト三人同順位ニ於テ平等ニ甲ノ遺產ヲ相續スル也

第九百九十六條 前二條ノ規定ニ依リテ遺產相續人タルヘキ者ナキ場合ニ於テ遺產相續ヲ爲スヘキ者ノ順位左ノ如シ

第一　配偶者

第二　直系尊屬

第三　戸主

前項第一號ノ場合ニ於テハ第九百九十四條ノ規定ヲ準用ス

兄弟ニ遺產相續權ヲ與ヘサルハ人情ニ戻ル

第一　兄弟ニ遺產相續權ヲ與ヘサルハ人情ニ戻ル

元來相續人ハ直系卑屬ヲ以テ之レニ充ツヘキハ自然ナリト雖トモ又時ニ自然ニノミ待チ居リテハ間ニアハサルコトアリ故ニ家督相續ニ於テハ或ハ直系尊屬親又ハ傍系親ノ如キ不順ノ相續人ヲモ認ムルナリ然ルニ遺產相續ノ場合ニ於テハ凡テノ直系尊屬ノ相續人タルコトヲ認メナカラ

傍系親ニ在テハ第一ノ近親タル兄弟ノ相續人タルヲ認メス是レ不權衡ノ一ナリ又相續ノ順位ハ戸主トシテ血統ニ標準ヲ取ルモノナルニ茲ニハ血統上甚タ疎遠ナル戸主ニモ相續セシメナカラ二親等ナル兄弟ヲ疎外シタル是レ不權衡ノ二ナリ又實際ノ慣例ヨリ見ルモ已レニ實子ナキカ爲メ弟妹ヲ以テ相續セシムル場合ハ俗ニ順養子ト稱シ盛ニ行ハレ居ル所ナリ然ルニ本法カ遺産相續ニ就テ之レヲ禁スルハ甚タ人情習慣ニ反シ立法上ノ標準ニ付キ聊カ其當ヲ失フモノト云ハサルヘカラス

第二　父母兄弟戸主等ハ同順位ニ於テ相續セシムヘシ

遺産相續ハ從來ノ所謂『遺物』若クハ『讓』ト稱スルモノ、進歩シタルモノニシテ成ルヘク廣ク分與セントスル所ノモノナリ然ルニ本法ノ如ク卑屬タル兄弟等ノ間ニハ等一ニ分配相續セシムレトモ其他ノ場合ニ於テハ單ニ其順位ノ者一人ニ於テ獨占セシムルカ如キハ甚タ遺産相續ノ性質ニ反シ且ツ實際ノ慣例ニモ反スヘク又平分主義ヲ採用シタル立法ノ精神ニモ反スヘク且ツ被相續人ノ意思ニモ反スヘシ故ニ父母兄弟姉妹戸主等ノ間ニハ別ニ順位ヲ設ケス同順位ニ於テ平等ニ分配相續セシメ以テ右等ノ不都合ナキヲ期セサルヘカラス

父母兄弟戸主等ハ同順位ニ於テ相續セシムヘシ

第九百九十七條　左ニ掲ケタル者ハ遺産相續人タルコトヲ得ス

一　故意ニ被相續人又ハ遺産相續ニ付キ先順位若クハ同順位ニ在ル

者ヲ死ニ致シ又ハ死ニ致サントシタル爲メ刑ニ處セラレタル者

二　第九百六十九條第二號乃至第五號ニ掲ケタル者

〔解釋〕『先順位ニ在ルモノ』トハ子ニ於ケル親ノ如キモノヲ云ヒ『同順位ニアルモノ』トハ兄弟間ニ於ケル如キヲイフ此等ノモノハ何レモ己レノ相續ニ關シテ不利益トナルヘキモノ故ニ其利害上之レヲ無キモノニセントノ凶行ナキヲ保シ難シ故ニ此等ノ凶行者ニハ相續人タルコトヲ禁スルナリ其他ハ第九百六十九條ト同一ナルヲ以テ今又再説セス

第九百九十八條　遺留分ヲ有スル推定遺産相續人カ被相續人ニ對シテ虐待ヲ爲シ又ハ之ニ重大ナル侮辱ヲ加ヘタルトキハ被相續人ハ其推定遺産相續人ノ廢除ヲ裁判所ニ請求スルコトヲ得

〔解釋〕『推定遺產相續人』トハ前ニ述ヘタル被相續人ノ直系卑屬配偶者直系尊屬及ヒ戸主ノ四種ニシテ其中遺留分ヲ有スルハ戸主ヲ除キタル他ノ三種者ヲ云フ

第九百九十九條　被相續人ハ何時ニテモ推定遺産相續人廢除ノ取消ヲ裁判所ニ請求スルコトヲ得

第千條　第九百七十六條及ヒ第九百七十八條ノ規定ハ推定遺産相續人ノ

廢除及ヒ其取消ニ之ヲ準用ス

第三節 遺產相續ノ效力

第一款 總則

第千一條 遺產相續人ハ相續開始ノ時ヨリ被相續人ノ財產ニ屬セシ一切ノ權利義務ヲ承繼ス但被相續人ノ一身ニ專屬セシモノハ此限ニ在ラス

〔解釋〕 本條ハ家督相續ノ效力ニ付テ述ヘタル第九百八十六條ト略同一ナレハ右ヲ參照スレハ自ラ明カナラン唯異ナル所ハ家督相續ハ戶主ニ關スル權利義務ヲモ承繼スレトモ遺產相續ハ其名ノ如ク遺產ノミヲ相續スルモノナレハ茲ニハ『被相續人ノ財產ニ屬セシ一切ノ權利義務ヲ承繼ス』ト記シタル所以ナリ

第千二條 遺產相續人數人アルトキハ相續財產ハ其共有ニ屬ス

〔解釋〕 既ニ第九百九十四條ニ於テ述ヘタル如ク遺產相續人ハ親等ノ同シキモノハ同順位ニ於テ相續人トナルヲ以テ『遺產相續人數人アル』コト少ナカラス此場合ニ於テハ相續財產ハ其數人ニ屬スルモノ故ニ後ニハ兎モアレ一時ハ當然其共有ニ屬スルナリ

第千三條 各共同相續人ハ其相續分ニ應シテ被相續人ノ權利義務ヲ承繼

ス

〔解釋〕『共同相續人』トハ前條ニ依リ同順位ニ於テ數人同時ニ相續人トナリシモノヲ云フ『相續分』トハ次欵ニ於テ法律カ定メタル相續ノ分量ヲ云フ例ヘハ甲ナル被相續人ニ乙丙二人ノ子アリ乙ハ嫡子ニシテ丙ハ庶子タリ而シテ其相續ノ權利ニ屬スルモノハ六百圓ニシテ義務ニ屬スルモノハ三百圓ナリトセンニ次條ノ規定ニ依リテ庶子ハ嫡子ノ二分ノ一ヲ得ヘキモノ故ニ丙ハ二百圓ノ權利ト百圓ノ義務トヲ承繼シ乙ハ四百圓ノ權利ト二百圓ノ義務トヲ承繼スルモノナリ尤モ右ハ共有ノ割合ヲ定ムルノミナレハ其分割スルト否トハ後ノ遺產分割ノ規則（第二欵）ニ依リテ定ムヘキノミ

第二欵

第千四條　同順位ノ相續人數人アルトキハ其各自ノ相續分ハ相均シキモノトス但直系卑屬數人アルトキハ庶子及ヒ私生子ノ相續分ハ嫡出子ノ相續分ノ二分ノ一トス

〔解釋〕『同順位ノ相續人數人アルトキ』例ヘハ兄弟二人ニテ相續スル場合ニハ其各自ノ相續分ハ相同シキモノトス但庶子及ヒ私生子ハ不義ノ結果トシテ生レタルモノニシテ嫡子ト同一ニ

相續セシムルコトヲ得サルヲ以テ嫡子ノ二分一ヲ與フルコトトセリ例ヘハ相續財産三千圓ニシテ嫡子庶子二人ニテ相續スル場合ナレハ嫡子ハ二千圓ヲ得庶子ハ其二分ノ一タル千圓ヲ得ルコトヽナルナリ

第千五條 第九百九十五條ノ規定ニ依リテ相續人タル直系卑屬ノ相續分ハ其直系尊屬カ受クヘカリシモノニ同シ但直系卑屬數人アルトキハ其各自ノ直系尊屬カ受クヘカリシ部分ニ付キ前條ノ規定ニ從ヒテ其相續分ヲ定ム

〔解釋〕 第九百九十五條ハ相續人タルヘキ甲カ相續ノ開始前ニ死亡シ又ハ相續權ヲ失ヒタル場合ニハ其相續人ノ直系卑屬乙ヲシテ其死亡又ハ失權者ト同順位ニ於テ新タニ相續人タラシムルコトヲ定メタル箇條ナリ而シテ本條ハ右乙ノ受ル相續分ハ前相續人タル甲ノ受クヘカリシモノト同額ナリト定メタルナリ但シ右新タニ相續人トナルヘキモノ數人アルトキハ其相續分ハ甲ノ受クヘカリシ部分ニ付キ前條ノ規定ニ從テ定ムヘキナリ假ヘハ被相續人ニ甲乙丙ノ三子アリ甲ハ嫡出子ニシテ乙丙ハ庶子ナリトシ相續財産四千圓アリトセハ甲ハ二千圓乙丙ハ各々千圓ヲ受ヘシ然ルニ若シ甲カ相續開始前ニ死亡シ其遺子トシテ丁一人アリシトキハ丁ハ即チ『第九百九十五條ノ規定ニ依リテ相續人タル直系卑屬ニシテ其相續分ハ『其直系尊屬』タル甲ノ受クヘカ

リシモノニ同シク二千圓タリ尚ホ他ノ例ヲ示セハ甲ノ子モ亦丁戊二人アリ丁ハ私生子ニシテ戊ハ嫡出子タリトセハ其二千圓中丁六百六十六圓余戊ハ千三百三十三圓余ヲ得ヘク又丁戊共ニ嫡出子タリ若クハ共ニ私生子タリトセハ二人ニテ千圓ツヽヲ受クヘキコトヽ爲ルナリ

本條ハ無用ナリ

第千六條　被相續人ハ前二條ノ規定ニ拘ハラス遺言ヲ以テ共同相續人ノ相續分ヲ定メ又ハ之ヲ定ムルコトヲ第三者ニ委託スルコトヲ得但被相續人又ハ第三者ハ遺留分ニ關スル規定ニ違反スルコトヲ得ス

被相續人カ共同相續人中ノ一人若クハ數人ノ相續分ノミヲ定メ又ハ之ヲ定メシメタルトキハ他ノ共同相續人ノ相續分ハ前二條ノ規定ニ依リテ之ヲ定ム

〔解釋〕　前二條ノ規定ハ法律カ被相續人ノ意思ヲ推測シテ定メタルモノナリ故ニ被相續人ハ前二條ノ規則ニ拘ハラス遺言ヲ以テ共同相續人ノ相續分ヲ定ムルコトヲ得又其定ムルコトヲ第三者ニ委託スルコトヲモ得ルナリ

〔評論〕　本條ハ有害無用ナリ

本條ハ被相續人自ラ遺言又ハ死後ノ受托人ヲ以テ共同相續人ノ相續分ヲ定ムルコトヲ得ル旨ヲ

定メタリ然レトモ斯クテハ被相續人ハ勝手ニ相續人ヲ廢除スルノ結果ヲ生シ彼ノ相續人廢除ノ原因ヲ限定シタルノ精神ト矛盾スルニ至ラン何トナレハ例ヘハ被相續者アリ九千九百九十一圓ノ財產ヲ有シ之ヲ甲乙丙丁四人ノ共同相續人ニ分配スルニ當リ甲乙丙ノ三人ニハ各三千三百三十圓ツヽ相續セシムヘシト遺言シタリトセヨ丁ハ僅カニ一圓ヲ相續スルニ過キス其結果ハ殆ト相續人タルコトヲ廢除セラレタルト同樣ナレハナリ若シ相續人廢除ノ原因ヲ限定セサレハ已ム苟クモ本法ノ如ク廢除ノ原因ヲ限定シ裁判所ノ判決ヲ得ルニアラサレハ之ヲ廢除スルコトヲ得ス(九九八)ト定メタルカラニハ他方ニ於テ本條ノ如キ自由ヲ認ムル能ハス然ラサレハ第九百九十八條ハ全ク無意義ノモノトナル故ニ本條ハ有害ナリ

第千七條 共同相續人中被相續人ヨリ遺贈ヲ受ケ又ハ婚姻、養子緣組、分家、廢絕家再興ノ爲メ若クハ生計ノ資本トシテ贈與ヲ受ケタル者アルトキハ被相續人カ相續開始ノ時ニ於テ有セシ財產ノ價額ニ其贈與ノ價額ヲ加ヘタルモノヲ相續財產ト看做シ前三條ノ規定ニ依リテ算定シタル相續分ノ中ヨリ其遺贈又ハ贈與ノ價額ヲ控除シ其殘額ヲ以テ其者ノ相續分トス

遺贈又ハ贈與ノ價額カ相續分ノ價額ニ等シク又ハ之ニ超ユルトキハ受遺者又ハ受贈者ハ其相續分ヲ受クルコトヲ得ス

被相續人カ前二項ノ規定ニ異ナリタル意思ヲ表示シタルトキハ其意思表示ハ遺留分ニ關スル規定ニ反セサル範圍內ニ於テ其效力ヲ有ス

〔解釋〕　本條ハ相續分ノ算定法ヲ定メタルモノナリ

共同相續人中被相續人ヨリ贈與ヲ受ケタルモノアルトキハ之ヲ戾シテ相續開始ノ時ノ財產ニ入レ之レヲ合シタルモノヲ以テ相續財產ト定メ其額ヲ土臺トシテ前三條ニ依リテ各自ノ相續分ヲ定ム而シテ曾テ贈與ヲ受ケタル者ハ右ノ相續分中ヨリ曾テ受ケタル贈與分ヲ引キ去リ其殘リアレハ之レ丈ケヲ新タニ受取ルヘキ分ト爲スナリ但シ贈遺額ニシテ相續分ト同シキカ又ハ超過スルトキハ其儘遣リ取リナシトス

第三項ハ遺留分ノ規則ニ反セサル限リハ前二項ノ規則ニ拘ハラス贈遺ハ贈遺トシテ別ニ計算中ニ加ヘス單ニ相續分ヲ與フトノ意思ヲ表示スルモ有效ナリトイフニアリ

〔評論〕　本法ノ相續分計算法ハ一枚ノ札ヲ二枚ニ遣フカ如シ

相續計算法ハ一枚ノ札ヲ二

本條第一項ノ主意ハ嫁入又ハ分家ノ際與レタルモノモ遺產相續ノトキニ至レハ之レヲ取戾シ再

枚ニ使フカ如シ

ヒ遺産相續ノ名ヲ以テ與レルトイフニアリ是レ恰モ一旦與ヘタルモノヲ奪フカ如シ
一旦與ヘタルモノヲ奪ヒ更ラニ遺産相續ノ一部トシテ與フ是レ一物ヲ以テ二度ニ遣フモノナリ
一枚ノ札ヲ二枚ニ遣フト何ソ異ナランヤ

立法者ハ公平ヲ得ンカ爲メニ斯クハ定ムトイフ然レトモ一旦與レテヨリ數十年後ニ至リテ計算スルモノナレハ精確ナル計算ハ決シテ望ムヘカラス精確ノ望ミ難キモノナラハ始メヨリ之レヲ避ケサルヘカラス

實際ニ於テ斯カル馬鹿氣タルコトヲ爲シタルモノ古來其例アリシヤ否ヤヲ知ラスト雖トモ今日ノ實踐道德ノ觀念ハ一圓ヲ二圓ニ遣フノ非ナルヲ知ルヘク又斯カル繁雜ノ規則ハ決シテ今日ノ世態ニ適スル能ハサルヘシ故ニ吾人ハ次條ト共ニ速カニ之レヲ削除セラレンコトヲ希望ス

第千八條 前條ニ掲ケタル贈與ノ價額ハ受贈者ノ行爲ニ因リ其目的タル財産カ滅失シ又ハ其價格ノ增減アリタルトキト雖モ相續開始ノ當時仍ホ原狀ニテ存スルモノト看做シテ之ヲ定ム

第千九條 共同相續人ノ一人カ分割前ニ其相續分ヲ第三者ニ讓渡シタルトキハ他ノ共同相續人ハ其價額及ヒ費用ヲ償還シテ其相續分ヲ讓受クルコトヲ得

前項ニ定メタル權利ハ一个月内ニ之ヲ行使スルコトヲ要ス

〔解釋〕　共同相續人ハ法律ノ結果ニ依テ必ス一時相續財產ヲ共有スルモノナリ然ルニ共同相續人中ノ一人カ分割前ニ其相續分ヲ第三者ニ讓渡シタルトキハ新タニ一ノ他人ヲ加フルニ至ルヲ以テ分割上又ハ共有上種々ノ衝突不和等ノ生スルコトモアラン故ニ他ノ共同相續人ハ其價額及ヒ費用ヲ償還シテ其相續分ヲ讓受クルコトヲモ得ルナリ但シ所有權ヲシテ永ク不確定ノ中ニ置クハ公益ヲ害スルノ恐レアルヲ以テ右ノ讓受期限ハ一ケ月間トナスナリ

第三款　遺產分割

第千十條　被相續人ハ遺言ヲ以テ分割ノ方法ヲ定メ又ハ之ヲ定ムルコトヲ第三者ニ委託スルコトヲ得

〔解釋〕　『分割ノ方法』トハ例ヘハ相續財產中ノ不動產ハ甲ニ與ヘ動產ハ乙ニ與フヘシトイヒ又ハ株券ハ甲ニ與ヘ家具ハ乙ニ與フヘシト定ムルノ類ナリ此等ノ方法ハ遺言ニテ定ムルモ可ナリ第三者ニ之レヲ托スルモ隨意ナリ

第千十一條　被相續人ハ遺言ヲ以テ相續開始ノ時ヨリ五年ヲ超エサル期間内分割ヲ禁スルコトヲ得

〔解釋〕　財産ノ分割ハ一般ノ經濟上及ヒ各自ノ私益上大ニ不利ヲ來スコトアリ故ニ被相續人ハ之レヲ分割セシムルノ不利ヲ認ムルトキハ五年ヲ超エサル年限ニ於テ之レヲ禁スルコトモ自由ナリ

第千十二條　遺産ノ分割ハ相續開始ノ時ニ遡リテ其效力ヲ生ス

第千十三條　各共同相續人ハ相續開始前ヨリ存スル事由ニ基キ他ノ共同相續人ニ對シ賣主ト同シク其相續分ニ應シテ擔保ノ責ニ任ス

〔解釋〕　『相續開始前ヨリ存セシ事由』トハ例ヘハ相續開始前既ニ賣却又ハ抵當ニ入レタルカ如キ及ヒ自然ノ消滅等損害トナルヘキ一切ノ事柄ヲイフ

例ヘハ甲乙丙三人各一萬圓ツヽ分割セシニ甲ノ一萬圓トシテ受取リシ土地ハ相續開始前ヨリ六千圓ノ債權ニ對スル抵當物トナリ居リ實際四千圓ノ價額ヲ有スルニ過キストセヨ此場合ニ於テハ甲ハ六千圓ノ損害ヲ被ムリタルモノナルニ乙丙二人ハ恰モ賣主カ買主ニ對シテ擔保ノ義務ヲ負フカ如ク甲ニ對シ擔保ノ義務ヲ負ヒ其損害ヲ償ハサルヘカラス故ニ乙丙ハ自己ノ相續分中ヨリ二千圓ツヽヲ甲ニ與ヘ三人同シク八千圓ツヽノ相續分ト爲スヘキナリ

第千十四條　各共同相續人ハ其相續分ニ應シ他ノ共同相續人カ分割ニ因リテ受ケタル債權ニ付キ分割ノ當時ニ於ケル債務者ノ資力ヲ擔保ス

辨濟期ニ在ラサル債權及ヒ停止條件附債權ニ付テハ各共同相續人ハ辨濟ヲ爲スヘキ時ニ於ケル債務者ノ資力ヲ擔保ス

〔解釋〕『共同相續人カ分割ニ由リテ受ケタル債權』トハ例ヘハ被相續人カ或人ニ對シテ貸金ヲ有ストセヨ此貸金ハ一ノ債權ナリ而シテ相續人中ノ一人分割ニ依リテ之レヲ受取リタル場合ヲ云フ然ルニ右ノ借主カ無資力ニシテ之レヲ返濟スルコト能ハサルトキハ其債權ヲ受ケタルモノハ損害ヲ被ムルコトニ爲ルヲ以テ他ノ相續人ハ各其相續人ニ應シテ分割ノ當時ニ於テ借主ノ資力ヲ擔保スルナリ

『停止條件附債權』トハ義務ノ發生ヲ一時停止シ置ク所ノ債權ニシテ其結果ハ辨濟期ニアラサル債權ト同一ナリ此等ノ債權ハ未タ辨濟期ニ在ラサル債權故ニ分割ノ當時ニ於ケル債務者ノ資力ヲ擔保スルモ何ノ役ニモ立タス故ニ其後ニ至リ實際辨濟ヲ爲スヘキ時ニ於ケル債務者ノ資力ヲ擔保セシム其旨意全ク同一ニ出ルナリ

第千十五條　擔保ノ責ニ任スル共同相續人中償還ヲ爲ス資力ナキ者アルトキハ其償還スルコト能ハサル部分ハ求償者及ヒ他ノ資力アル者各其相續分ニ應シテ之ヲ分擔ス但求償者ニ過失アルトキハ他ノ共同相續人ニ對シテ分擔ヲ請求スルコトヲ得ス

〔解釋〕 例ヘハ甲乙丙三人ノ相續人各一千圓ツヽヲ相續シタルニ甲ノ受ケタル債權ハ其内六百圓タケ債務者ノ無資力ニ依リテ損害ヲ被ムリタリ依テ乙丙ニ向テ之レヲ償還セシコトヲ求メタリ是レ所謂『求償者』ニシテ乙丙ハ『擔保ノ責ニ任スル共同相續人』ナリ故ニ乙丙ハ二百圓ツヽヲ甲ニ償還シテ三人平等分擔ノ實ヲ擧クヘキ筈ナリ然ルニ其内乙亦無資力トナリタルトキハ其乙ノ部分ハ求償者タル甲ト他ノ資力アル丙ト二人其割合ニ應シテ之レヲ分擔スルナリ

第千十六條 前三條ノ規定ハ被相續人カ遺言ヲ以テ別段ノ意思ヲ表示シタルトキハ之ヲ適用セス

第三章 相續ノ承認及ヒ拋棄

〔解釋〕 本章ハ家督相續ト遺產相續ト雙方ニ通スル承認及ヒ拋棄ノ規則ヲ定メタルモノナリ故ニ各條中別段ノ規定ナキモノハ皆雙方ニ通スルモノト知ルヘシ

第一節 總則

第千十七條 相續人ハ自己ノ爲メニ相續ノ開始アリタルコトヲ知リタル時ヨリ三个月内ニ單純若クハ限定ノ承認又ハ拋棄ヲ爲スコトヲ要ス但此期間ハ利害關係人又ハ檢事ノ請求ニ因リ裁判所ニ於テ之ヲ伸長スル

コトヲ得

相續人ハ承認又ハ拋棄ヲ爲ス前ニ相續財產ノ調査ヲ爲スコトヲ得

〔解釋〕『承認』トハ己レノ爲メニ相續ノ開始アリタルコトヲ認ムルモノニシテ是又二種アリ一ヲ『單純承認』トイヒ一ヲ『限定承認』トイフ前者ハ被相續人ノ有セシ所ノ權利義務一切ヲ無限ニ承繼スルモノ後者ハ權利ノ限度ニ於テ權利義務ヲ承繼スルモノナリ『拋棄』トハ被相續權ヲ拋棄スルモノニシテ一方ヨリ云ヘハ相續人タルコトヲ拒絕スルモノナリ

凡ソ相續ハ家督相續ト遺產相續トニ論ナク其ノ財產上ノ權利義務ヲ一切承繼スルモノナレハ或ハ債務カ權利ヨリ多キコトモアルヘシ由來相續ハ無償名義ノ財產取得ナリト云フト雖トモ實際必スシモ利益ノミナリト云フヘカラス然ルニ相續ノ開始シタルトキハ必ス相續人ヲシテ之レヲ承認セシムルトセハ或ハ大ニ迷惑ヲ被ムラシムルコトアラン故ニ相續人ヲシテ隨意ニ其諾否ヲ決セシム故ニ相續人ハ或ハ之レヲ承認スルコトヲ得ヘシ或ハ拋棄ヲ爲スコトモ得ルナリ但シ其期限ハ三ヶ月又ハ裁判所ノ定メタル所ニ從フヘシ

第千十八條　相續人カ承認又ハ拋棄ヲ爲サスシテ死亡シタルトキハ前條第一項ノ期間ハ其者ノ相續人カ自己ノ爲メニ相續ノ開始アリタルコト

ヲ知リタル時ヨリ之ヲ起算ス

〔解釋〕　本條ハ相續ノ二重ニ生シタル場合ナリ例ヘハ甲相續人カ承認又ハ拋棄ヲ爲サスシテ死亡シタルトキハ其相續人タル乙ハ直ニ甲ノ相續權ヲ相續シテ其諾否ヲ決スルコトヽナルナリ故ニ其ノ相續諾否ノ期限タル三ヶ月ノ期間ハ乙相續人カ自己ノタメニ相續ノ開始アリタルコトヲ知リタルトキヨリ之レヲ數ヘ始ムルナリ而シテ本條ハ單ニ三ヶ月ノ起算點ヲ定メタルノミナレトモ其三ヶ月ニシテ不足ヲ生スルトキハ猶ホ前條但書ニ依リ之レヲ伸長スルコトヲモ得ルハ勿論ナリ

第千十九條　相續人カ無能力者ナルトキハ第千十七條第一項ノ期間ハ其法定代理人カ無能力者ノ爲メニ相續ノ開始アリタルコトヲ知リタル時ヨリ之ヲ起算ス

第千二十條　法定家督相續人ハ拋棄ヲ爲スコトヲ得ス但第九百八十四條ニ掲ケタル者ハ此限ニ在ラス

〔解釋〕　本法ハ家族制ヲ採リ家ノ存續ヲ重スルモノナリ然ルニ若シ家ヲ相續スヘキ家督相續人ヲシテ之レヲ拋棄スルコトヲ許ストキハ一家ハ往々斷絕セサルヲ得サルニ至ラン故ニ家督相

續ハ義務トシテ之レヲ抛棄スルコトヲ禁シタリ是レ洵ニ家族制上緊要ノ箇條ナリ但其相續ハ單純ニ承認スルモ限定ニ承認スルモ隨意ナルヲ以テ決シテ相續人ニ迷惑ヲ及ホスノ弊ナキナリ
第九百八十條ニ揭ケタルモノハ則チ尊屬親カ相續スル場合ニシテ尤モ自然ノ順序ニ反スル例外ノ場合ナリ故ニ成ルヘク其適用ヲ狹クセンカタメ之レヲ抛棄スルコトヲ許スナリ

第千二十一條　相續人ハ其固有財産ニ於ケルト同一ノ注意ヲ以テ相續財産ヲ管理スルコトヲ要ス但承認又ハ抛棄ヲ爲シタルトキハ此限ニ在ラス
裁判所ハ利害關係人又ハ檢事ノ請求ニ因リ何時ニテモ相續財産ノ保存ニ必要ナル處分ヲ命スルコトヲ得
裁判所カ管理人ヲ選任シタル場合ニ於テハ第二十七條乃至第二十九條ノ規定ヲ準用ス

〔解釋〕　本條ハ相續確定スルニ至ル迄ノ間ノ相續財産ノ管理方ヲ定メタルモノナリ

第千二十二條　承認及ヒ抛棄ハ第千十七條第一項ノ期間內ト雖モ之ヲ取消スコトヲ得ス

前項ノ規定ハ第一編及ヒ前編ノ規定ニ依リテ承認又ハ拋棄ノ取消ヲ爲スコトヲ妨ケス但其取消權ハ追認ヲ爲スコトヲ得ル時ヨリ六个月間之ヲ行ハサルトキハ時效ニ因リテ消滅ス承認又ハ拋棄ノ時ヨリ十年ヲ經過シタルトキ亦同シ

〔解釋〕 相續ノ承認及ヒ拋棄ノ自由アルハ未タ相續人ニ於テ何等ノ意思ヲモ發表セサル間ナレハナリ故ニ若シ一旦之レヲ承認シ又ハ拋棄シタル以上ハ假令三ヶ月內ト雖トモ妄リニ之レヲ取消スヲ得ス

然レトモ前項ニ於テ之レヲ取消得サルハ三ヶ月內ナリトノ理由ヲ以テ取消得サルニ止マリ彼ノ第一編ノ無能力者ノ行爲《四、九、十二、十四》詐欺强迫ニ因ル意思表示《九四》ニ關スルモノ又ハ前編ノ父母、後見人ノ行爲《八八九、九三六》等ニ關スル取消ハ之レニ拘ハラス何時ニテモ爲スコトヲ得ヘシ

第二節 承認

第一欵 單純承認

第千二十三條 相續人カ單純承認ヲ爲シタルトキハ無限ニ被相續人ノ權

利義務ヲ承繼ス

第千二十四條　左ニ掲ケタル場合ニ於テハ相續人ハ單純承認ヲ爲シタルモノト看做ス

一　相續人カ相續財産ノ全部又ハ一部ヲ處分シタルトキ但保存行爲及ヒ第六百二條ニ定メタル期間ヲ超エサル賃貸ヲ爲スハ此限ニ在ラス

二　相續人カ第千十七條第一項ノ期間内ニ限定承認又ハ拋棄ヲ爲サヽリシトキ

三　相續人カ限定承認又ハ拋棄ヲ爲シタル後ト雖モ相續財産ノ全部若クハ一部ヲ隱匿シ、私ニ之ヲ消費シ又ハ惡意ヲ以テ之ヲ財産目錄中ニ記載セサリシトキ但其相續人カ拋棄ヲ爲シタルニ因リテ相續人ト爲リタル者カ承認ヲ爲シタル後ハ此限ニ在ラス

〔解釋〕　本條ハ當然單純承認ト看做スヘキ場合ヲ定メタルモノナリ

『處分』トハ賣買讓與等所有權最終ノ所爲ヲ云フ此等ノ行爲ハ所有者ニアラサレハ爲スコトヲ得

サルモノナリ而シテ相續財產ヲ所有スルハ相續ヲ承認シテ始メテ所有者トナルモノナリ去レハ其相續人ハ未タ承認ヲ爲ス旨ヲ明示セストモ此所有者ニアラサレハ爲シ能ハサルコトヲ爲シタル以上ハ相續シタルモノト推測スヘキハ當然ナレハナリ

第二項モ亦三ヶ月間ニ承認又ハ拋棄ヲ爲サヽルハ多分單純ニ承諾スルノ意思ナラント法律ハ推定スルナリ

第三項ノ場合ハ先順位ノ相續人カ不正ノ行爲ヲ働キ之レカタメ遂ニ次キノ順位ニアルモノヲシテ相續セサルニ至ラシムル事アルヘシ故ニ斯カル行爲ヲ爲シタル者ニハ制裁的ニ單純承認ヲ强ユルモノナリ但シ第一相續人カ拋棄シタルモ之レカタメニ相續人トナリタル第二ノ相續人カ第一ノ相續人ニ右ノ如キ不正ノ所行アリタルニモ拘ハラス其ノ相續ヲ承認シタルトキハ最早第一相續者ニ相續ヲ强ユルノ必要ナキニ至リシモノナレハ此場合ニハ第一相續人ニ單純承認ヲ强ユルコトヲ爲サヽルナリ

第二欵　限家承認

第千二十五條　相續人ハ相續ニ因リテ得タル財產ノ限度ニ於テノミ被相續人ノ債務及ヒ遺贈ヲ辨濟スヘキコトヲ留保シテ承認ヲ爲スコトヲ得

道德家經世家ノ一顧ヲ希望ス

〔解釋〕　本條ハ限定承認ヲナスヲ許シタルモノナリ要スルニ被相續人ノ權利ハ無限ニ相續スルカ義務ハ權利ト同額マテ外承繼セストイフ洵ニ相續人ニ好都合ノ相續法ナリ例ヘハ債務二千圓遺贈一千五百圓合計三千五百圓ノ義務アリ權利ハ二千五百圓ニ止マルトキハ其債務ト遺贈ト合セテ二千五百圓タケ辨濟スル義務ヲ承繼スルナリ斯カル規定ハ餘リ相續人ヲ保護スルニ過キタル如クナレトモ去リトテ家督相續人ノ如キハ抛棄ヲ禁セラレ居ルヲ以テ限定承認ヲ許サヽレハ甚タ酷ニ失スルコトアルヘキヲ恐レテ斯クハ便法ヲ設ケタルナリ

〔評論〕　道德家經世家ノ一顧ヲ希望ス

相續抛棄トイヒ限定承認トイヒ斯カル相續人ニ勝手ナル相續法ヲ設ケラレタル以上ハ親ノ負債ヲ子カ自費ヲ以テ辨濟スルカ如キ道德的義務履行ハ復タ見ルヲ得シ今ノ敎育家經世家タルモノヨク／＼此邊ニ注意シ道德ヲシテ法律ト併行セシムル樣十分ノ注意盡力アリタキ者也

第千二十六條　相續人カ限定承認ヲ爲サント欲スルトキハ第千十七條第一項ノ期間內ニ財産目錄ヲ調製シテ之ヲ裁判所ニ提出シ限定承認ヲ爲ス旨ヲ申述スルコトヲ要ス

第千二十七條　相續人カ限定承認ヲ爲シタルトキハ其相續人ニ對シテ有セシ權利義務ハ消滅セサリシモノト看做ス

〔解釋〕單純相續ハ被相續人ノ一切ノ權利義務ヲ承繼スルモノナリ故ニ相續人カ從來被相續人ニ對シテ有スル權利義務ハ相續ニ依リテ消滅スルモノナリ然レトモ限定承認ハ被相續人ノ權利ノ限度ニ於テ義務ヲ承繼スルモノナレハ被相續人ノ權利義務ハ一切明白ニ計算スルヲ要ス故ニ被相續人ニ對シテ有セシ權利義務ハ消滅セサリシモノトシテ計算スルナリ

第千二十八條 限定承認者ハ其固有財產ニ於ケルト同一ノ注意ヲ以テ相續財產ノ管理ヲ繼續スルコトヲ要ス

第六百四十五條、第六百四十六條、第六百五十條第一項、第二項及ヒ第千二十一條第二項第三項ノ規定ハ前項ノ場合ニ之ヲ準用ス

第千二十九條 限定承認者ハ限定承認ヲ爲シタル後五日內ニ一切ノ相續債權者及ヒ受遺者ニ對シ限定承認ヲ爲シタル後五日內ニ一切ノ相續債權者及ヒ受遺者ニ對シ限定承認ヲ爲シタルコト及ヒ一定ノ期間內ニ其請求ノ申出ヲ爲スヘキ旨ヲ公告スルコトヲ要ス但其期間ハ二个月ヲ下ルコトヲ得ス

第七十九條第二項及ヒ第三項ノ規定ハ前項ノ場合ニ之ヲ準用ス

第千三十條　限定承認者ハ前條第一項ノ期間滿了前ニハ相續債權者及ヒ受遺者ニ對シテ辨濟ヲ拒ムコトヲ得

第千三十一條　第千二十九條第一項ノ期間滿了ノ後ハ限定承認者ハ相續財產ヲ以テ其期間內ニ申出テタル債權者其他知レタル債權者ニ各其債權額ノ割合ニ應シテ辨濟ヲ爲スコトヲ要ス但優先權ヲ有スル債權者ノ權利ヲ害スルコトヲ得ス

〔解釋〕　本條ハ辨濟ノ方法ヲ定メタルモノナリ

『優先權』トハ普通ノ債權ヨリ優等ナル債權ヲ云フモノニシテ例ヘハ先取特權、留置權、質權、抵當權等ヲイフ

偖テ第千二十九條ニ於テ定メタル辨濟請求申出期限ノ終リタルトキハ相續人ハ其申出其他知リ得タル債權ノ割合ニ應シテ辨濟ヲ爲スコトヲ要ス例ヘハ申出アリタル甲債權三百圓アリ其他ニ於テ知レタル乙債權六百圓丙債權九百圓アリ之レヲ合スレハ債權總額千八百圓ナリ之レニ對シテ相續財產千二百圓ナルトキハ財產ハ債權總額ノ三分ノ二タルヲ以テ各債權ニ付テモ三分ノ二ツヽ、即チ甲ニハ二百圓乙ニハ四百圓丙ニハ六百圓ヲ辨濟スヘキナリ

然レトモ優先權ヲ有スルモノハ其財產中ヨリ他ニ先シテ濟辨ヲ受クヘキ權利ヲ有スルモノナリ故ニ各自ノ間ニ債權ノ割合ニ應シテ平等ニ辨濟スルコトヲ得ス例ヘハ前例ニ依リ丙カ其九百圓ノ債權ニ付キ相續財產中ノ不動產上ニ抵當權ヲ有スルトキハ先ツ其九百圓タケハ金額ヲ辨濟セサルヘカラス故ニ甲乙ハ其殘額三百圓ニ付キ各債權額ニ割合ヒ甲ハ百圓乙ハ二百圓ノ辨濟ヲ受クヘキナリ

第千三十二條 限定承認者ハ辨濟期ニ至ラサル債權ト雖モ前條ノ規定ニ依リテ之ヲ辨濟スルコトヲ要ス

條件附債權又ハ存續期間ノ不確定ナル債權ハ裁判所ニ於テ選任シタル鑑定人ノ評價ニ從ヒテ之ヲ辨濟スルコトヲ要ス

〔解釋〕 限定承認ノ場合ニ於テハ前條ノ如ク總計算ヲ立テヽ一時ニ辨濟スヘキモノナリ故ニ未タ辨濟期ニ至ラサル負債ト雖トモ前條ノ規定通リニ辨濟スヘキナリ

債權カ條件付ナレハ其條件ノ成否確定スルヲ待チ又存續期間ノ不確定ナルモノナルトキハ其確定スルヲ待チテ辨濟スレハ可ナルヘキ筈ナリ然レトモ若シ其確定ヲ待チ居レハ辨濟ヲ一時ニ終ルコト能ハサルヲ以テ已ムヲ得ス此等ノ場合ハ其債權ノ自然ノ確定ヲ待タス鑑定人ヲシテ其價額ヲ評定セシメ其評價額ヲ標準トシテ辨濟ヲ了ルヘキモノトス

第千三十三條　限定承認者ハ前二條ノ規定ニ依リテ各債權者ニ辨濟ヲ爲シタル後ニ非サレハ受遺者ニ辨濟ヲ爲スコトヲ得ス

本條ニ注意スヘシ

〔評論〕　本條ハ簡明ニシテ別ニ説明ヲ要セス而カモ相續財産不足ナルトキハ先ツ債權者ノミニ辨濟シ尚ホ餘リアルニ至テ始メテ受贈者ニ與フヘキコトヲ定メタルモノニシテ頗フル緊要ノ箇條ナリ忘ルヘカラス

第千三十四條　前三條ノ規定ニ從ヒテ辨濟ヲ爲スニ付キ相續財産ノ賣却ヲ必要トスルトキハ限定承認者ハ之ヲ競賣ニ付スルコトヲ要ス但裁判所ニ於テ選任シタル鑑定人ノ評價ニ從ヒ相續財産ノ全部又ハ一部ノ價額ヲ辨濟シテ其競賣ヲ止ムルコトヲ得

第千三十五條　相續債權者及ヒ受遺者ハ自己ノ費用ヲ以テ相續財産ノ競賣又ハ鑑定ニ參加スルコトヲ得此場合ニ於テハ第二百六十條第二項ノ規定ヲ準用ス

第千三十六條　限定承認者カ第千二十九條ニ定メタル公告若クハ催告ヲ爲スコトヲ怠リ又ハ同條第一項ノ期間内ニ或債權者若クハ受遺者ニ

辨濟ヲ爲シタルニ因リ他ノ債權者若クハ受遺者ニ辨濟ヲ爲スコト能ハサルニ至リタルトキハ之ニ因リテ生シタル損害ヲ賠償スル責ニ任ス第千三十條乃至第千三十三條ノ規定ニ違反シテ相續ヲ爲シタルトキ亦同シ

前項ノ規定ハ情ヲ知リテ不當ニ辨濟ヲ受ケタル債權者又ハ受遺者ニ對スル他ノ債權者又ハ受遺者ノ求償ヲ妨ケス

第七百二十四條ノ規定ハ前二項ノ場合ニモ亦之ヲ適用ス

〔解釋〕　本條ハ第千二百九十條ニ反キタルモノ、制裁ヲ定メタルモノナリ例ヘハ相續財産九百圓ニシテ債權者甲ハ三百圓、乙ハ六百圓合計九百圓ノ債權アリ同額ナルヲ以テ各々其全額ヲ辨濟セシニ此場合タル公告、催告ヲ爲サヽリシカ又ハ期間内ノ辨濟タリシニ因リ更ニ丙カ九百圓ノ債權ヲ有スルモ其辨濟ヲ受クル能ハサルニ至レリ故ニ丙ハ限定承認者ニ對シ其損害ノ賠償ヲ請求シ得ヘク限定承認者ハ之ニ應セサルヲ得ス尤モ此場合ハ其割合ニ應シ辨濟スヘキモノニシテ甲乙丙ノ債權總額千八百圓ニ付キ相續財産九百圓即チ恰モ二分ノ一タルニ因リ丙ノ損害ハ其債權ノ二分ノ一タル四百五十圓ナルヲ以テ限定承認者ハ之ヲ賠償スレハ可ナリ而シテ此場合

ニ若シ甲乙カ其情ヲ知リテ辨濟ヲ受ケタル者ナル、トキハ丙ハ甲乙ニ對シテ賠償ヲ求ムルコトヲ得ルナリ

第千三十七條　第千二十九條第一項ノ期間内ニ申出テサリシ債權者及ヒ受遺者ニシテ限定承認者ニ知レサリシ者ハ殘餘財產ニ付テノミ其權利ヲ行フコトヲ得但相續財產ニ付キ特別擔保ヲ有スル者ハ此限ニ在ラス

〔解釋〕　法律ハ第三十九條ニ於テ各債權者及ヒ受遺者ニ申出期限ヲ與ヘタリ然ニ其期限內ニ申出テサリシハ則チ債權者受遺者ノ怠慢ナリ故ニ斯カル債權者及ヒ受遺者ニハ求債權ヲ與フルコトナク單ニ其殘餘財產ニ付テノミ其權利ヲ與フルヿヲ許スナリ但シ相續財產ニ付先取特權、留置權、質權、抵當權等ノ特別擔保ヲ有スルモノハ其物カ何人ノ手ニ移リ居ルモ尙ホ追及シテ其物ノ金額マテハ何時ニテモ辨濟ヲ受クルコトヲ得ルナリ

第三節　拋棄

第千三十八條　相續ノ拋棄ヲ爲サント欲スル者ハ其旨ヲ裁判所ニ申述スルコトヲ要ス

第千三十九條　拋棄ハ相續開始ノ時ニ遡リテ其效力ヲ生ス

數人ノ遺產相續人アル場合ニ於テ其一人カ拋棄ヲ爲シタルトキハ其相續分ハ他ノ相續人ノ相續分ニ應シテ之レニ歸屬ス

〔解釋〕 拋棄ハ相續開始ヲ知リタルトキヨリ三ヶ月內ニ爲セハ可ナリ(一〇一七)故ニ相續開始ヨリ三ヶ月若クハ五ヶ月ヲ經テ拋棄ヲ爲スコトアラン然レトモ拋棄ノ效力ハ相續開始ノ時ニ遡ホルヘキモノニシテ次ノ順位ニアルモノカ相續ヲ爲セハ其相續ハ相續開始ノ時ヨリ相續シタルモノトナルナリ

遺產相續ニハ數人ニテ共同相續ヲ爲スコトアリ故ニ其共同相續人中ノ一人カ拋棄ヲ爲セハ其相續分ハ他ノ共同相續人ニ歸スルノミ決シテ次ノ順位者ニ移ルモノニアラス例ヘハ甲乙丙ノ三子アリ甲乙ハ嫡子ニシテ丙ハ庶子ナリ而シテ其遺產七千五百圓アレハ甲乙ハ三千圓ツヽ丙ハ一千五百圓ノ相續分トナルナリ然ルニ若シ甲カ相續拋棄ヲ爲セハ甲ノ受クヘカリシ三千圓ハ乙ニ二千圓丙ニ一千圓タヶ歸スルナリ決シテ次位ノ相續者ニハ及ハサルナリ

第千四十條

相續ノ拋棄ヲ爲シタル者ハ其拋棄ニ因リテ相續人ト爲リタル者カ相續財產ノ管理ヲ始ムルコトヲ得ルマテ自己ノ財產ニ於ケルト同一ノ注意ヲ以テ其財產ノ管理ヲ繼續スルコトヲ要ス

第六百四十五條、第六百四十六條、第六百五十條第一項、第二項及ヒ第千二

十一條第二項、第三項ノ規定ハ前項ノ場合ニ之ヲ準用ス

〔解釋〕　本條ハ抛棄者ノ義務ヲ定メタルモノナリ而シテ管理ノ注意ノコト及ヒ第二項ノコトハ既ニ説キタルヲ以テ今復タ再説セス

第四章　財産ノ分離

第千四十一條　相續債權者又ハ受遺者ハ相續開始ノ時ヨリ三个月内ニ相續人ノ財産中ヨリ相續財産ヲ分離センコトヲ裁判所ニ請求スルコトヲ得其期間滿了ノ後ト雖モ相續財産カ相續人ノ固有財産ト混合セサル間亦同シ

裁判所カ前項ノ請求ニ因リテ財産ノ分離ヲ命シタルトキハ其請求ヲ爲シタル者ハ五日内ニ他ノ相續債權者及ヒ受遺者ニ對シ財産分離ノ命令アリタルコト及ヒ一定ノ期間内ニ配當加入ノ申出ヲ爲スヘキ旨ヲ公告スルコトヲ要ス但其期間ハ二个月ヲ下ルコトヲ得ス

〔解釋〕　本條ハ相續財産分離ニ關スル手續ヲ定メタルモノナリ

『財産分離』トハ相續人ノ固有財産ト相續財産トヲ別々ニ分離シ置カシムルノ謂ヒナリ則チ固有財産ニ付テハ相續人ノ固有債權者カ先ツ辨濟ヲ受ルノ權利アリ相續財産ニ付テハ相續債權者先ツ辨濟ヲ受クルノ權アリ故ニ斯クハ分離ノ必要アルナリ

第千四十二條 財産分離ノ請求ヲ爲シタル者及ヒ前條第二項ノ規定ニ依リテ配當加入ノ申出ヲ爲シタル者ハ相續財産ニ付キ相續人ノ債權者ニ先チテ辨濟ヲ受ク

〔解釋〕 本條ハ財産分離ノ效果ヲ定メタルモノナリ

第千四十三條 財産分離ノ請求アリタルトキハ裁判所ハ相續財産ノ管理ニ付キ必要ナル處分ヲ命スルコトヲ得

裁判所カ管理人ヲ選任シタル場合ニ於テハ第二十七條乃至第二十九條ノ規定ヲ準用ス

第千四十四條 相續人ハ單純承認ヲ爲シタル後ト雖モ財産分離ノ請求アリタルトキハ爾後其固有財産ニ於ケルト同一ノ注意ヲ以テ相續財産ノ管理ヲ爲スコトヲ要ス但裁判所ニ於テ管理人ヲ選任シタルトキハ此限

ニ在ラス

第六百四十五條乃至第六百四十七條及ヒ第六百五十條第一項、第二項ノ規定ハ前項ノ場合ニ之ヲ準用ス

第千四十五條　財産ノ分離ハ不動產ニ付テハ其登記ヲ爲スニ非サレハ之ヲ以テ第三者ニ對抗スルコトヲ得ス

第千四十六條　第三百四條ノ規定ハ財産分離ノ場合ニ之ヲ準用ス

第千四十七條　相續人ハ第千四十一條第一項及ヒ第二項ノ期間滿了前ニハ相續債權者及ヒ受遺者ニ對シテ辨濟ヲ拒ムコトヲ得

財産分離ノ請求アリタルトキハ相續者ハ第千四十一條第二項ノ期間滿了ノ後相續財産ヲ以テ財産分離ノ請求又ハ配當加入ノ申出ヲ爲シタル債權者及ヒ受遺者ニ各其債權ノ割合ニ應シテ辨濟ヲ爲スコトヲ要ス但優先權ヲ有スル債權者ノ權利ヲ害スルコトヲ得ス

第千三十二條乃至第千三十六條ノ規定ハ前項ノ場合ニ之ヲ準用ス

第千四十八條　財産分離ノ請求ヲ爲シタル者及ヒ配當加入ノ申出ヲ爲

シタル者ハ相續財產ヲ以テ全部ノ辨濟ヲ受クルコト能ハサリシ場合ニ限リ相續人ノ固有財產ニ付キ其權利ヲ行フコトヲ得此場合ニ於テハ相續人ノ債權者ハ其者ニ先チテ辨濟ヲ受クルコトヲ得

第千四十九條 相續人ハ其固有財產ヲ以テ相續債權者若クハ受遺者ニ辨濟ヲ爲シ又ハ之ニ相當ノ擔保ヲ供シテ財產分離ノ請求ヲ防止シ又ハ其效力ヲ消滅セシムルコトヲ得但相續人ノ債權者カ之ニ因リテ損害ヲ受クヘキコトヲ證明シテ異議ヲ述ヘタルトキハ此限ニ在ラス

〔解釋〕 本條ハ財產分離ヲ免カルヽノ方法ヲ定メタルモノナリ

『其效力ヲ消滅セシムルコト』トハ一旦分離ヲ行ヒシモ其效力ヲ失ハシメテ再ヒ混合セシムルヲイフ

凡ソ分離ヲ爲スノ必要ハ相續債權者ヲシテ之レカタメニ損害ヲ被ムルコト無カラシメンカタメナリ故ニ相續人カ固有財產ヲ以テ相續債權者若クハ受遺者ニ辨濟ヲ爲スカ又ハ之レニ相當ノ擔保ヲ供シタルトキハ最早債權者及ヒ受遺者ニ損害ヲ被ムラシムルノ恐ナキヲ以テ分離ノ請求ヲ防キ又ハ一旦分離シタルモノモ混合セシムルコトヲ得ヘシ

但シ相續人ニ對スル固有相續人カ右ノ如ク固有財產ヲ以テ辨濟又ハ擔保ヲ供スルカタメ損害ヲ

受クルコトヲ證明シテ異議ヲ申立テタルトキハ右ノ如キ處置ヲ爲スコトヲ得サルナリ

第千五十條　相續人カ限定承認ヲ爲スコトヲ得ル間又ハ相續財産カ相續人ノ固有財産ト混合セサル間ハ其債權者ハ財産分離ノ請求ヲ爲スコトヲ得

第三百四條、第千二十七條、第千二十九條乃至第千三十六條、第千四十三條乃至第千四十五條及ヒ第千四十八條ノ規定ハ前項ノ場合ニ之ヲ準用ス但第千二十九條ニ定メタル公告及ヒ催告ハ財産分離ノ請求ヲ爲シタル債權者之ヲ爲スコトヲ要ス

第五章　相續人ノ曠缺

〔解釋〕　『相續人ノ曠缺』トハ相續人ノ缺ケテ曠シキ場合ナリ然レトモ相續人ノ眞ノ有無ハ容易ニ決シ難ク其間多少ノ歳月ヲ要ス故本章ヲ設ケテ相續開始ヨリ其有無明了スルマテ即チ曠缺ノ確定スルマテノ間ノ相續財産管理ノ方法ヲ定メタルナリ

第千五十一條　相續人アルコト分明ナラサルトキハ相續財産ハ之ヲ法人

トス

〔解釋〕『法人』トハ權利義務ノ主体タラシムルカ爲メ法律カ擬制シテ人ト爲シタル無形人ナリ法人ニ亦二種アリ社團法人及ヒ財團法人是レナリ而シテ本條ノ法人ハ即チ財團法人ナリ本條ノ如キ『相續人アルコト分明ナラサルトキハ』即チ相續人ノ曠缺セントシツヽアルモノナリ而シテ此場合ハ一時相續人ナキモノナルヲ以テ其財產ハ一ノ法人トシテ其處分ヲ爲スモノナリ

第千五十二條 前條ノ場合ニ於テハ裁判所ハ利害關係人又ハ檢事ノ請求ニ因リ相續財產ノ管理人ヲ選任スルコトヲ要ス

第千五十三條 第二十七條乃至第二十九條ノ規定ハ相續財產ノ管理人ニ之ヲ準用ス

第千五十四條 管理人ハ相續債權者又ハ受遺者ノ請求アルトキハ之ニ相續財產ノ狀況ヲ報告スルコトヲ要ス

第千五十五條 相續人アルコト分明ナルニ至リタルトキハ法人ハ存立セサリシモノト看做ス但管理人カ其權限內ニ於テ爲シタル行爲ノ效力ヲ

妨ケス

〔解釋〕　相續人無キヲ以テ已ムヲ得ス其財產ヲ法人トシテ管理スルナリ故ニ相續人アルニ至リタルトキハ其財產ハ直ニ相續人ニ歸スルナリ而シテ相續ハ何レモ相續開始ノ時ニ溯ホリテ效力ヲ生スルモノ故ニ此場合ニ於テモ其相續ハ相續開始ノ時ニ溯ホリテ效力ヲ生シ法人ハ曾テ存立セサリシモノト爲スナリ但シ管理人カ管理權內ニ於テ爲シタルコトマテ無效ト爲スニ於テハ第三者ニ對シテ損害ヲ被ラシムルコトアルヘキヲ以テ管理行爲タケハ依然有效トス

第千五十六條　管理人ノ代理權ハ相續人カ相續ノ承認ヲ爲シタル時ニ於テ消滅ス

前項ノ場合ニ於テハ管理人ハ遲滯ナク相續人ニ對シテ管理ノ計算ヲ爲スコトヲ要ス

第千五十七條　第千五十二條第二項ニ定メタル公告アリタル後二个月內ニ相續人アルコト分明ナルニ至ラサルトキハ管理人ハ遲滯ナク一切ノ相續債權者及ヒ受遺者ニ對シ一定ノ期間內ニ其請求ノ申出ヲ爲スヘキ旨ヲ公告スルコトヲ要ス但其期間ハ二个月ヲ下ルコトヲ得ス

第七十九條第二項、第三項及ヒ第千三十條乃至第千三十七條ノ規定ハ前項ノ場合ニ之ヲ準用ス但第千三十四條但書ノ規定ハ此限ニ在ラス

第千五十八條 前條第一項ノ期間滿了ノ後仍ホ相續人アルコト分明ナラサルトキハ裁判所ハ管理人又ハ檢事ノ請求ニ因リ相續人アラハ一定ノ期間内ニ其權利ヲ主張スヘキ旨ヲ公告スルコトヲ要ス但其期間ハ一年ヲ下ルコトヲ得ス

第千五十九條 前條ノ期間内ニ相續人タル權利ヲ主張スル者ナキトキハ相續財産ハ國庫ニ歸屬ス此場合ニ於テハ第千五十六條第二項ノ規定ヲ準用ス

相續債權者及ヒ受遺者ハ國庫ニ對シテ其權利ヲ行フコトヲ得ス

〔解釋〕 前條ノ如キ長キ期間公告セシニ其間ニ相續人ト稱スルモノ出テ來ラサルトキハ最早全ク相續人ナキモノト認定スヘシ而シテ相續人無キ財産ハ何人ニモ歸スヘキ所ナキヲ以テ之レヲ國家ノ所有トシテ國庫ニ歸セシムルノ外ナキナリ

相續債權者及ヒ受遺者ハ第千五十七條ニ依リ一定ノ期限内ニ申出ヲ爲シ其辨濟ヲ受ヘキ筈ノモノナリ然ルニ非常ノ長時日ヲ隔テタル今日ニ至リテ之レヲ請求シ來ルカ如キハ大ニ怠慢アリト

イフヘク決シテ保護スルヲ要セサルナリ故ニ此等ノ者ハ最早國庫ニ對シテ其辨償請求權ヲ行フコトヲ許サス

第六章 遺言

遺言ハ大ニ制限スヘシ

〔解釋〕 本章ノ遺言ハ最モ廣義ノ遺言ニシテ人事ニ關スル遺言財産ニ關スル遺言共ニ包含ス尤モ習慣上財産處分ニ關スル遺言ノ有無ニ就テハ多少疑ナキニアラサルヲ以テ本法ハ第千六十四條ニ於テ明カニ財産處分ニ關スル遺言ヲモ爲シ得ルコトヲ規定シタリ故ニ今後ハ財産處分ニ關スル遺言ヲ爲シ得ルコト明カナリ

〔評論〕 財産處分ニ關スル遺言ハ大ニ制限センコトヲ要ス

從來ノ慣習中遺言ノ有リヤ遺シヤハ大ニ學者ノ間ニ議論ノ有リシ所ナリシカ要スルニ從來ノ遺言タルモノハ婚姻、養子、或ハ相續人ノ指定等何レモ人事ニ關スルモノニシテ財産處分ニ關スル遺言ハナシトスル方多數說ニシテ又事實ナルカ如シ

西洋ニハ近來『遺言ノ自由』テフコト起リ人事ニモアレ財産ニモアレ遺言ヲ以テ自分ノ勝手ニ死後處分ヲ爲スノ風漸ク行ハル而シテ我立者法モ亦遺言規則ヲ定ムルニ當リ專ラ財産處分ニ關スル遺言ノ規定ヲ設ケ而カモ非常ニ重大ナル效力ヲマテ付與シタリ其第千六十四條ニ曰ク『遺言

ハ抱括又ハ特定名義ヲ以テ其財産ノ全部又ハ一部ヲ處分スルコトヲ得但シ遺留分ニ關スル規定ニ違反スルコトヲ得ス』ト故ニ例ヘハ余カ父ノ財産百萬圓アリトセハ余ハ相續ニ依リ遺留分トシテ五十萬圓ヲ受ルモノニシテ他ノ五十萬圓ハ如何ニ處分セラルヽ乎知ルヲ得ス而テ其五十萬圓ハ父カ遺言ヲ以テ妾ニ與レルモ友人ニ贈ルモ看護婦ニ與フルモ祈禱者ニ與フルモ勝手タリ子タル吾等ニ於テ又如何トモス可ラス是レ遺言ノ自由ヲ極端ニ財産處分ニ及ホシタルノ結果ナリ本邦ノ習慣ニ依レハ死者ノ遺産ヲ眞ノ他人タル看護婦祈禱者等ニ與フルカ如キコトハ決シテ之レアラス其ノ財産ハ當然ニ子ナリ孫ナリハタ又其他ノ親戚ナリノ相續人ニ歸シタルモノナリ然ルニ今俄カニ古來ノ習慣ヲモ蹂躙シテカヽル新規則ヲ設クルノ結果ハ必ス近時西洋諸國ニ於テ大ニ其ノ弊ニ困シ居レル所ノ醫師看護婦又ハ祈禱者等ノ悪計奸策ハ續々トシテ生スルニ至ラン殊ニ本邦ノ如キ蓄妾ノ弊風盛ニシテ中産以上ノ人物ハ常ニ妾ノ看護ノ下ニ死亡スルカ如キ弊習アル國柄ニ於テ法律カ斯カル遺言ヲ教ユルニ於テハ今後ハ本人ノ死後ニ至テ先人ノ妾騒動御家騷動等續々發生セシコトヲ恐ル故ニ今新タニ財産處分ニ關スル遺言ヲ許サンニハ一方ニ於テハ更ラニ大ニ之ヲ制限セシコトヲ要ス

第一節　總則

第千六十條　遺言ハ本法ニ定メタル方式ニ從フニ非サレハ之ヲ爲スコト

ヲ得ス

〔解釋〕　本條以下四條ハ遺言ノ成立要件ヲ定メタルモノニシテ一讀明了也

第千六十一條　滿十五年以上ニ達シタル者ハ遺言ヲ爲スコトヲ得

第千六十二條　第四條、第九條、第十二條及ヒ第十四條ノ規定ハ遺言ニハ之ヲ適用セス

第千六十三條　遺言者ハ遺言ヲ爲ス時ニ其能力ヲ有スルコトヲ要ス

第千六十四條　遺言者ハ包括又ハ特定ノ名義ヲ以テ其財産ノ全部又ハ一部ヲ處分スルコトヲ得但遺留分ニ關スル規定ニ違反スルコトヲ得ス

〔解釋〕　『包括名義』トハ動産全部、不動産全部又ハ有價證券全部ト云フノ類ナリ『特定名義』トハ一個又ハ數個ヲ特ニ指示スルモノニシテ例ヘハ何處ノ家屋、何會社ノ株券、此馬、此時計トイフノ類ナリ又本條ノ場合ノ『處分』トハ遺贈又ハ寄付行爲ノ如キヲ云フ

遺言者ハ包括名義ヲ一括ニシテナリ又ハ其財産ノ一部分ヲ指示シテナリ何レノ名義ニテモ遺言ヲ以テ其財産ヲ死後ニ處分スルコトヲ得ルナリ然レトモ此處分ト雖トモ遺留分ニ關スル規則ニ反シテ多額ノ處分ヲ爲スコトヲ得ス

本法ノ遺言ノ方式ハ凡テノ遺言ニ適用スルモノナリ

〔評論〕本法ノ遺言ノ方式ハ凡テノ遺言ニ準用スルモノナリ

本條ニ依ルトキハ人事ニ付ハ一言モセサルヲ以テ或ハ人事ニ付テハ遺言ヲ許サヽルカノ感ナキニアラス然レトモ既ニ一言シタルカ如ク遺言ニハ人事ニ關シテ爲スヘキハ本邦ニ於ケル遺言ノ本然ノ性質ナレハ決シテ人事ニ關シテ之レヲ禁スルノ意ニアラス故ニ本法ニ於テモ既ニ親族會ノ選定（九四五）推定家督相續人ノ廢除（九七六）後見人ノ指定（九〇一）其他所々ニ於テ人事ニ關スル遺言ヲ採用シタルヲ見ルヘシ其他如何ナル行爲ニ付テモ公益秩序ヲ害セサル以上ハ決シテ之レヲ禁スルモノニアラス而シテ本章ノ方式ハ何レノ遺言ニモ準用スヘキモノナリ

第千六十五條 第九百六十八條及ヒ第九百六十九條ノ規定ハ受遺者ニ之ヲ準用ス

第千六十六條 被後見人カ後見ノ計算終了前ニ後見人又ハ其配偶者若クハ直系卑屬ノ利益ト爲ルヘキ遺言ヲ爲シタルトキハ其遺言ハ無效トス

前項ノ規定ハ直系血族、配偶者又ハ兄弟姉妹カ後見人タル場合ニハ之ヲ適用セス

第二節 遺言ノ方式

方式ヲ簡ニスヘシ

方式ヲ簡ニスヘシ

〔評論〕
本法ハ遺言ニ非常ノ效力ヲ與ヘタルカ故ニ多少ノ方式ヲ定メ置クノ必要ハアルヘシ去リナカラ本法ハ其ノ方式ノミニ二款二十箇條ヲ費セリ斯ク迄其ノ方式ヲ嚴重ニ詳細ニ規定スルニ至テハ蓋シ過キタルハ猶ホ及ハサルカ若シノ嘆ナキ能ハシ殊ニ今日ノ社會ハ方式ヨリ實效ヲ主トスルノ傾向アリト知ラスヤ然ルニモ拘ハラス猶ホ此ノ蛇足的方式ヲ規定スルカ如キハ洵ニ是レ時勢ニ協ハサル立法例ナリ今後大ニ削除修正ヲ要スル所ナリ

第一款　普通方式

第千六十七條　遺言ハ自筆證書、公正證書又ハ秘密證書ニ依リテ之ヲ爲スコトヲ要ス但特別方式ニ依ルコトヲ許ス場合ハ此限ニ在ラス

第千六十八條　自筆證書ニ依リテ遺言ヲ爲スニハ遺言者其全文、日附及ヒ氏名ヲ自書シ之ニ捺印スルコトヲ要ス

自筆證書中ノ挿入、削除其他ノ變更ハ遺言者其場所ヲ指示シ之ヲ變更シタル旨ヲ附記シテ特ニ之ニ署名シ且其變更ノ場所ニ捺印スルニ非サレハ其效ナシ

本條ノ方式中ニモ無用ノモノアリ

〔評論〕　自筆證書ヲ自分テ書クヘキコトハ名詮自稱固ヨリ當然ニシテ云ハストモノコトナリ第二項ノ證書中ノ挿入削除ニ就テノ注意ノ如キモ尤ナレトモ一應ハ是レ亦近來普通ノコトナレハ今更コト〱シク民法中ニ記スルニモ及ハシ

第千六十九條　公正證書ニ依リテ遺言ヲ爲スニハ左ノ方式ニ從フコトヲ要ス

一　證人二人以上ノ立會アルコト

二　遺言者カ遺言ノ趣旨ヲ公證人ニ口授スルコト

三　公證人カ遺言者ノ口述ヲ筆記シ之ヲ遺言者及ヒ證人ニ讀聞カスコト

四　遺言者及ヒ證人カ筆記ノ正確ナルコトヲ承認シタル後各自之ニ署名、捺印スルコト但遺言者カ署名スルコト能ハサル場合ニ於テハ公證人其事由ヲ附記シテ署名ニ代フルコトヲ得

五　公證人カ其請書ハ前四號ニ掲ケタル方式ニ從ヒテ作リタルモノナル旨ヲ附記シテ之ニ署名捺印スルコト

本條ノ中ニハ無用ノ文字多シ

〔評論〕　本條中ニハ無用ノ文字多シ
公正證書ニ依リテ遺言書ヲ作ルニハ公證人カ代筆スルハ勿論ナリ公證人カ之レヲ記スルニ當リテ遺言者カ旨趣ヲ授ケスシテ爭カテ記シ得ラルヘキヤ(一)今更口授スルコト、イフカ如キハ無駄ノコトナリ(二)筆記カ濟ミタル上ハ讀ミ聞カスヘシト云フカ如キハ少シク鄭重ニスヘキ筆記ニ付テハ當然ノ事ナレハ云フニ及ハス(三)署名捺印スヘキモ亦證書當然ノ條件ニシテ特ニ記スルノ要ナシ(四)公證人ヲシテ右ノ手續ヲ履ミタルコトヲ附記セシムルカ如キハ更ラニ愚ナリ證シ來レハ本條中稍々有用ノ文字ハ『證人二人ノ立會アルコト』ノ數字ニ過キス貴重ナル法典中ニ斯カル無用ノ文字ヲ陳列スルハ誠ニ不都合ノコト、イフヘシ

第千七十條　秘密證書ニ依リテ遺言ヲ爲スニハ左ノ方式ニ從フコトヲ要ス

一　遺言者カ其證書ニ署名捺印スルコト

二　遺言者カ其證書ヲ封シ證書ニ用井タル印章ヲ以テ之ニ封印スルコト

三　遺言者カ公證人一人及ヒ證人二人以上ノ前ニ封書ヲ提出シテ自己ノ遺言書ナル旨及ヒ其筆者ノ氏名、住所ヲ申述スルコト

四　公證人カ其證書提出ノ日附及ヒ遺言者ノ申述ヲ封書ニ記載シタル後遺言者及ヒ證人ト共ニ署名、捺印スルコト

第千六十八條第二項ノ規定ハ秘密證書ニ依ル遺言ニ之ヲ準用ス

〔解釋〕　秘密證書トイヘハ一寸考フルトキハ他人ニ書カシメタルモノニテハ秘密證書トナラサルカノ感ナキニアラス然レトモ秘密トハ本文ヲ封シテ秘密ニスルトイフ迄ニシテ之レヲ書スルハ自筆ニテモ他筆ニテモ可ナリ

本條モ大ニ簡ニスルヲ要ス

〔評論〕　本條モ大ニ箇ニスルヲ要ス

第一項ノ證書ニ署名捺印スヘシトイフコトハ當然ノコトニテ是レ亦云ハスモカナナリ封印カ中ノ印ト異ナリタレハトテ直ニ其證書ヲ無效トスル第二號ノ規定ハ苛酷ナリ是等ハ速ニ削ルヘシ第三號四號ノミハ證據ノ方法ヲ確カニスル點ヨリ見テ多少ノ要アランカ

右ニ揭クル數條ハ遺言ノ方式中最モ緊要ノ箇條ナリ而カモ其ノ冗漫ニシテ無要ナルコト斯クノ如シ其ノ他枝葉ノ規定ニ至テハ更ニ之レヨリ甚タシキモノアリ今日文明諸國ノ立法例ハ何レモ方式ヲ去リテ實效ヲ尊フノ傾向アリ之レヲ顧ミサルハ聊カ時勢後レタルヲ免カレシ想フニ立法者ハ今度新タニ財產處分ニ關スル遺言ヲ創定スルコトナレハ之レニ關シテ萬一ニモ弊害ノ起ルコトアリテハ面目ナシト思ヒ無闇ニ綿密ノ規定ヲ設ケシカタメ遂ニ斯カル煩繁ヲ極ルニ至リシ

モノニモアラシカ兎ニ角遺言ニ關スル諸則ニ付テハ更ニ立法者諸公ノ再考ヲ望ム

第千七十一條 秘密證書ニ依ル遺言ハ前條ニ定メタル方式ニ缺クルモノアルモ第千六十八條ノ方式ヲ具備スルトキハ自筆證書ニ依ル遺言トシテ其效力ヲ有ス

第千七十二條 言語ヲ發スルコト能ハサル者カ秘密證書ニ依リテ遺言ヲ爲ス場合ニ於テハ遺言者ハ公證人及ヒ證人ノ前ニ於テ其證書ハ自己ノ遺言書ナル旨竝ニ其筆者ノ氏名、住所ヲ封紙ニ自書シテ第千七十條第一項第三號ノ申述ニ代フルコトヲ要ス

公證人ハ遺言者カ前項ニ定メタル方式ヲ踐ミタル旨ヲ封紙ニ記載シテ申述ノ記載ニ代フルコトヲ要ス

第千七十三條 禁治産者カ本心ニ復シタル時ニ於テ遺言ヲ爲スニハ醫師二人以上ノ立會アルコトヲ要ス

遺言ニ立會ヒタル醫師ハ遺言者カ遺言ヲ爲ス時ニ於テ心神喪失ノ狀況ニ在ラサリシ旨ヲ遺言書ニ附記シテ之ニ署名、捺印スルコトヲ要ス但秘

密證書ニ依リテ遺言ヲ爲ス場合ニ於テハ其封紙ニ右ノ記載及ヒ署名捺印ヲ爲スコトヲ要ス

第千七十四條 左ニ掲ケタル者ハ遺言ノ證人又ハ立會人タルコトヲ得ス

一 未成年者

二 禁治産者及ヒ準禁治産者

三 剝奪公權者及ヒ停止公權者

四 遺言者ノ配偶者

五 推定相續人、受遺者及ヒ其配偶者並ニ直系血族

六 公證人ト家ヲ同シクスル者及ヒ公證人ノ直系血屬並ニ筆生、雇人

配偶者ハ證人タルニ差支ナシ

〔評論〕第一 配偶者ハ遺言ノ證人立會人タラシムルニ差支ナシ

先ツ本條ニ於テハ證人及立會人ヲシテ其任ヲ全セシメンカタメ大ニ其人ヲ制限セントシタリ其意思タルヤ誠ニ至當ノコトナリ然レトモ其人選未タ必スシモ盡セリト云フヘカラス第一ニ論スヘキハ遺言者ノ配偶者ナリ凡ソ遺言ハ多クハ受遺者ニ利益ヲ生スルモノナリ故ニ受遺者及ヒ其親族ノ如キ利益ヲ受クヘキ身方ノモノニハ成ルヘク之レヲ禁スヘキモノナレトモ之レニ反シテ

本條第六號ハ削ルヘシ

遺言者ト利害ヲ同シウスル配偶者ヲシテ之レヲ保證セシムルニ何ノ不可カ之レアランヤ然ルニ本條ノ之レヲ禁シタルハ少シク當ラストイフヘシ

第二　第六號ニ於テ禁シタル公證人ノ家族公證人ノ直系血族及ヒ其筆生、雇人ニ就テモ一言セサルヘカラス抑立法者ハ何カ故ニ之レヲ禁シタルヤ盖シ此等ノモノハ公證人ノ威權ノ下ニアルモノナレハ公證人ノ外ニ證人立會人ヲ置キタルノ旨趣ニ反ストテナラン然レトモ公證人ノ父ノ如キ必スシモ子タル公證人ノ威權ノ下ニ屈從スルモノトハ云難シ要スルニ第六號ノ列擧シタル人々等ハ決シテ證人立會人タルノ信用ヲ害スル程ノ關係アルモノニアラサルヲ以テ之レヲ禁スルニ及ハサルべシ削除センカナ」

受遺者ノ父兄ハ證人タルヲ得ス

第三　受遺者ノ父母兄弟ハ證人タルヲ得ス

受遺者ノ父母兄弟ハ最モ利害ノ關係ヲ有スルモノナリ例ヘハ我カ子孫又ハ兄弟ヲシテ利益ヲ受ケシメンカタメニハ不實ノ證據ヲ作ルヤモ計リ難シ故ニ此等ノモノハ決シテ證人タルノ信用ヲ與フルヲ得サルモノナリ宜シク證人立會人タルヲ禁スヘシ

第千七十五條　遺言ハ二人以上同一ノ證書ヲ以テ之ヲ爲スコトヲ得ス

第二欵　特別方式

第千七十六條 疾病其他ノ事由ニ因リテ死亡ノ危急ニ迫リタル者カ遺言ヲ爲サント欲スルトキハ證人三人以上ノ立會ヲ以テ其一人ニ遺言ノ趣旨ヲ口授シテ之ヲ爲スコトヲ得此場合ニ於テハ其口授ヲ受ケタル者之ヲ筆記シテ遺言者及ヒ他ノ證人ニ讀聞カセ各證人其筆記ノ正確ナルコトヲ承認シタル後之ニ署名、捺印スルヲ要ス

前項ノ規定ニ依リテ爲シタル遺言ハ遺言ノ日ヨリ二十日内ニ證人ノ一人又ハ利害關係人ヨリ裁判所ニ請求シテ其確認ヲ得ルニ非サレハ其效ナシ

裁判所ハ遺言カ遺言者ノ眞意ニ出テタル心證ヲ得ルニ非サレハ之ヲ確認スルコトヲ得ス

〔解釋〕 遺言ハ普通方式ニ依ルヲ原則トシ或ル場合ニノミ例外トシテ特別方式ニ依ルヲ許スモノナリ而シテ其特別方式ニ依ルヘキ場合ハ種々アリ本條ハ其一タル死亡ノ危急ニ迫リタル場合ヲ定メタルモノナリ

第二項ノ場合ハ裁判官カ確認ヲ與フルニハ證據ノ有無ニ拘ハラス裁判官ノ精神上ニ於テ此遺言

ハ遺言者ノ眞ノ意思ヨリ出テタルモノナリトイフコトヲ確信スルニアラサレハ之レヲ確認スル
コトヲ得サルナリ

特別方式モ危急ノ用ヲナサス

〔評論〕　特別方式モ亦危急ノ間ニ合ハス

危急ノ病人ノタメニ特ニ簡便ナル方式ヲ定ムルコトハ固ヨリ必要ノコトナレトモ本條ノ如キ規定ニテハ到底其ノ趣意ヲ貫徹シ得ス何故ナレハ本條ニハ『證人三人以上ノ立會ヲ以テ』トアリ然レトモ本邦實際ノ有樣ヲ見ルニ危急ノ場合ニ於テ三人以上ノ證人ヲ得ルコトハ頗ル困難ナレハナリ例ヘハ父母ト數人ノ子供トノ一家アリ其ノ父偶病ニ罹リテ危急ナリケレハ本家分家ノ主人モ見舞ニ來リ又既ニ他家ニ緣付キタル長女モ夫ト共ニ來リ居レリトセヨ此場合ニ於テ若シ其長女ニ遺贈ノ遺言ヲ爲スモノトセハ長女及ヒ其配偶者ハ受遺者夫妻ナルカタメニ母ハ遺言者ノ配偶者タルカタメニ長男ハ推定相續人タルカタメニ次三男ハ未成年ナルカタメニ何レモ證人タルコトヲ得ス（一〇七四）證人トナリ得ヘキモノハ本家分家ノ主人ノミナレハ證人ノ數ヲ充タスコトヲ得サルヲ以テ此病人ハ遺言スルコトヲ得ス斯カル最モ證人ノ得易カルヘキ場合ニシテ猶ホ斯クノ如シ其ノ他急病變死ノ如キ場合ハ推シテ知ルヘシ斯カル有樣ナレハ本條ノ如キ規定ハ王侯將相、縉紳富豪ニアリテハイサ知ラス普通一般ノ民家ニアリテハ殆ド行ヒ得ザル規則ナリ即チ立法者カ折角本條ヲ設ケタル寛大ノ趣意モ殆ト貫カサルナリ殊ニ我國ノ如ク豫シメ遺言ヲナシ置クノ風習未タ起ラス漑テ死ニ瀕シテノミ遺言ヲ爲スモノト信シ居ル國ニアリナカラ末期ニ臨テノ遺言ニ斯クノ如キ不便ノ規則ヲ設ケナハ其餘弊ハ全ク遺言ヲ禁スルト同様ノ結果ニ至ラン幸ニシテ本條ヲ設クルノ宏量アラハ更ラニ一歩ヲ進メテ此場合ノ證人ハ二人ニテモ一人ニテモ足ルトセヨ庶幾クハ趣意ヲ貫徹スルヲ得ン

第千七十七條 傳染病ノ爲メ行政處分ヲ以テ交通ヲ遮斷シタル場所ニ在ル者ハ警察官一人及ヒ證人一人以上ノ立會ヲ以テ遺言書ヲ作ルコトヲ得

第千七十八條 從軍中ノ軍人及ヒ軍屬ハ將校又ハ相當官一人及ヒ證人二人以上ノ立會ヲ以テ遺言書ヲ作ルコトヲ得若シ將校及ヒ相當官カ其場所ニ在ラサルトキハ準士官又ハ下士一人ヲ以テ之ニ代フルコトヲ得

從軍中ノ軍人又ハ軍屬カ疾病又ハ傷痍ノ爲メ病院ニ在ルトキハ其院ノ醫師ヲ以テ前項ニ掲ケタル將校又ハ相當官ニ代フルコトヲ得

第千七十九條 從軍中疾病、傷痍其他ノ事由ニ因リテ死亡ノ危急ニ迫リタル軍人及ヒ軍屬ハ證人二人以上ノ立會ヲ以テ口頭ニテ遺言ヲ爲スコト

ヲ得

前項ノ規定ニ從ヒテ爲シタル遺言ハ證人其趣旨ヲ筆記シテ之ニ署名、捺印シ且證人ノ一人又ハ利害關係人ヨリ遲滯ナク理事又ハ主理ニ請求シテ其確認ヲ得ルニ非サレハ其效ナシ

第千七十六條第三項ノ規定ハ前項ノ場合ニ之ヲ準用ス

第千八十條　艦船中ニ在ル者ハ軍艦及ヒ海軍所屬ノ船舶ニ於テハ將校又ハ相當官一人及ヒ證人二人以上其他ノ船舶ニ於テハ船長又ハ事務員一人及ヒ證人二人以上ノ立會ヲ以テ遺言書ヲ作ルコトヲ得

前項ノ場合ニ於テ將校又ハ相當官カ其艦船中ニ在ラサルトキハ準士官又ハ下士一人ヲ以テ之ニ代フルコトヲ得

第千八十一條　第千七十九條ノ規定ハ艦船遭難ノ場合ニ之ヲ準用ス但海軍ノ所屬ニ非サル船舶中ニ在ル者カ遺言ヲ爲シタル場合ニ於テハ其確認ハ之ヲ裁判所ニ請求スルコトヲ要ス

第千八十二條　第千七十七條、第千七十八條及ヒ第千八十條ノ場合ニ於テハ遺言者、筆者、立會人及ヒ證人ハ各自遺言書ニ署名、捺印スルコトヲ要ス

第千八十三條　第千七十七條乃至第千八十一條ノ場合ニ於テ署名又ハ捺印スルコト能ハサル者アルトキハ立會人又ハ證人其事由ヲ附記スルコトヲ要ス

第千八十四條　第千六十八條第二項及ヒ第千七十三條乃至第千七十五條ノ規定ハ前八條ノ規定ニ依ル遺言ニ之ヲ準用ス

第千八十五條　前九條ノ規定ニ依リテ爲シタル遺言ハ遺言者カ普通方式ニ依リテ遺言ヲ爲スコトヲ得ルニ至リタル時ヨリ六个月間生存スルトキハ其效ナシ

第千八十六條　日本ノ領事ノ駐在スル地ニ在ル日本人カ公正證書又ハ祕密證書ニ依リテ遺言ヲ爲サント欲スルトキハ公證人ノ職務ハ領事之

ヲ行フ

第三節　遺言ノ效力

第千八十七條　遺言ハ遺言者ノ死亡ノ時ヨリ其效力ヲ生ス

遺言ニ停止條件ヲ附シタル場合ニ於テ其條件カ遺言者ノ死亡後ニ成就シタルトキハ遺言ハ條件成就ノ時ヨリ其效力ヲ生ス

〔解釋〕　本條ハ遺言ノ效力發生ノ時期ヲ定メタルモノナリ

『遺言ニ停止條件ヲ付シタル場合』トハ例ヘハ余ノ長子カ洋行シタルトキハ此家ヲ汝ニ與ヘントイフカ如ク遺言ノ效力ノ發生ヲ其子ノ洋行スル迄停止シ置クノ條件ヲ付シタル遺言ナリ

遺言ハ既ニ其ノ者ノ示スカ如ク死後ニ遺ス所ノ言ニシテ死後ニ其意思ヲ行ハシメントスルモノナリ故ニ遺言ハ何年前ニ書面ヲ以テ作リ置クトモ必ス死亡ノ時ニ其效力ヲ生スルモノナリ

效力發生ニ停止條件ヲ付シタル遺言ハ死亡前ニ條件ノ成就シタルトキハ少シモ效力發生ニ影響ヲ及ホサヽレトモ其條件カ死亡前ニ成就セサルトキハ其遺言ハ死亡ニ依テ效力ヲ生セス條件成就ノ時始メテ效力ヲ發生スルモノナリ

第千八十八條　受遺者ハ遺言者ノ死亡後何時ニテモ遺贈ノ抛棄ヲ爲スコ

トヲ得

遺贈ノ拋棄ハ遺言者死亡ノ時ニ遡リテ其效力ヲ生ス

〔解釋〕　遺言ハ契約ト異ナリ一方カ其意思ヲ發表シタルノミニテ先方ノ承諾アリシモノニアラス故ニ之レヲ拋棄スルコトハ隨意ナリ但シ既承諾ノ旨ヲ表シタルモノハ此限リニアラス拋棄ハ斯クノ如ク何時ニテモ爲スコトヲ得ルモノナルヲ以テ死後多少ノ時間ヲ經テ拋棄スルコトアルヘシ其如何ナル塲合ニ於テモ拋棄ノ效力ハ死亡ノ時ニ溯リテ生シ死亡ノ時ニ直ニ拋棄シタルモノトスルナリ

第千八十九條　遺贈義務者其他ノ利害關係人ハ相當ノ期間ヲ定メ其期間內ニ遺贈ノ承認又ハ拋棄ヲ爲スヘキ旨ヲ受遺者ニ催告スルコトヲ得若シ受遺者カ其期間內ニ遺贈義務者ニ對シテ其意思ヲ表示セサルトキハ遺贈ヲ承認シタルモノト看做ス

〔解釋〕　受遺者ハ何時ニテモ遺贈ヲ拋棄シ得ルヲ以テ急ニハ承認スル乎拋棄スルカヲ決セサルモノアルヘク故ニ此等ノ塲合ニハ關係人ヨリ何レニカ速カニ決スヘキ旨ヲ催告スルコトヲ得ルナリ

第千九十條　受遺者カ遺贈ノ承認又ハ拋棄ヲ爲サスシテ死亡シタルトキハ其相續人ハ自己ノ相續權ノ範圍內ニ於テ承認又ハ拋棄ヲ爲スコトヲ得但遺言者カ其遺言ニ別段ノ意思ヲ表示シタルトキハ其意思ニ從フ

〔解釋〕　遺贈ヲ拋棄シ又ハ承認スルハ一ノ財產權ナリ故ニ受遺者カ之レヲ決答セスシテ死シタルトキハ其權利ハ直ニ相續人ニ移ルヘシ然レトモ是レ其相續ニ基クモノナルヲ以テ其承認又ハ拋棄モ亦其相續權ノ範圍ヲ出ルコト能ハス例ヘハ死亡シタル受遺者カ一ノ家族ニシテ三人ノ共同相續人ヲ有ストセヨ此場合ニ若シ其遺贈金三千圓ナリトセハ三人各千圓ツヽヲ相續スヘキニ依リ其三人ハ各自ニ一千圓ニ付テノミ承認又ハ拋棄ヲ爲スヘキモノトス

第千九十一條　遺贈ノ承認及ヒ拋棄ハ之ヲ取消スコトヲ得ス

第千二十二條第二項ノ規定ハ遺贈ノ承認及ヒ拋棄ニ之ヲ準用ス

第千九十二條　包括受遺者ハ遺產相續人ト同一ノ權利義務ヲ有ス

〔解釋〕　『包括受遺者』トハ包括名義ヲ以テ財產ノ全部又ハ一部ヲ贈與セラレタルモノ（一〇六四）ニシテ此等ノ受遺者ハ相續人ト同一ノ權利義務ヲ有スルモノナリ然ニ其財產ヲ承認ス

ルト同時ニ之レニ應スル債務ヲモ承繼スヘク其他總テ遺產相續人ト同一ノ權利義務ヲ有スルモノナリ

第千九十三條 受遺者ハ遺贈カ辨濟期ニ至ラサル間ハ遺贈義務者ニ對シテ相當ノ擔保ヲ請求スルコトヲ得停止條件附遺贈ニ付キ其條件ノ成否未定ノ間亦同シ

第千九十四條 受遺者ハ遺贈ノ履行ヲ請求スルコトヲ得ル時ヨリ果實ヲ取得ス但遺贈者カ其遺言ニ別段ノ意思ヲ表示シタルトキハ其意思ニ從フ

〔解釋〕『履行ヲ請求スルコトヲ得ルトキ』トハ通常ハ遺言者死亡ノ時、辨濟ノ期限付ナルトキハ其期間滿了ノ時又停止條件付ナルトキハ其條件成就ノ時ヲ云フ『果實』トハ田畑ノ收獲及金錢ノ利息及ヒ物ノ貸賃等ヲ云フ

第千九十五條 遺贈義務者カ遺言者ノ死亡後遺贈ノ目的物ニ付キ費用ヲ出シタルトキハ第二百九十九條ノ規定ヲ準用ス

果實ヲ收取スル爲メニ出シタル通常ノ必要費ハ果實ノ價格ヲ超エサル限度ニ於テ其償還ヲ請求スルコトヲ得

〔解釋〕『遺贈義務者』トハ遺贈物ヲ引渡スヘキ義務ヲ有スルモノニシテ相續人及ヒ管理者等ヲ云フ

第二項ノ場合ハ例ヘハ遺贈ノ目的物タル家屋ヲ賃貸シテ家賃ヲ收取センタメ其家ノ疊建具ヲ修繕スル等通常ノ必要費ヲ出セハ其費用カ果實ノ價格即チ家賃トシテ收入シタル額ニ超サルタケノ間ニ於テ償還ヲ求ムルコトヲ得ル也

第千九十六條　遺贈ハ遺言者ノ死亡前ニ受遺者カ死亡シタルトキハ其効力ヲ生セス

停止條件附遺贈ニ付テハ受遺者カ其條件ノ成就前ニ死亡シタルトキ亦同シ但遺言者カ其遺言ニ別段ノ意思ヲ表示シタルトキハ其意思ニ從フ

第千九十七條　遺贈カ其効力ヲ生セサルトキ又ハ拋棄ニ因リ其効力ナキニ至リタルトキハ受遺者カ受クヘカリシモノハ相續人ニ歸屬ス但遺言者カ其遺言ニ別段ノ意思ヲ表示シタルトキハ其意思ニ從フ

第千九十八條　遺贈ハ其目的タル權利カ遺言者ノ死亡ノ時ニ於テ相續財産ニ屬セサルトキハ其効力ヲ生セス但其權利カ相續財産ニ屬セサルコト

ルニ拘ハラス之ヲ以テ遺贈ノ目的ト爲シタルモノト認ムヘキキハ此限ニ在ラス

〔解釋〕　例ヘハ遺言者カ其親戚某ニ某家屋ヲ遺贈スト遺言シタルトキハ其家ハ相續財産ニ屬セサルヲ以テ其効力ヲ生セス然レモ假令相續財産ニ屬セサルモ例ヘハ鐵道株式ヲ遺贈セントト遺言セルカ如キハ何時ニテモ買収シテ與フル事ヲ得ヘキヲ以テ遺贈ノ目的ト爲シタルモノト認ムヘキニ依リ此場合ハ遺言ハ効力ヲ生スルナリ

第千九十九條　相續財産ニ屬セサル權利ヲ目的トスル遺贈カ前條但書ノ規定ニ依リテ有効ナルトキハ遺贈義務者ハ其權利ヲ取得シテ之ヲ受遺者ニ移轉スル義務ヲ負フ若シ之ヲ取得スルコト能ハサルカ又ハ之ヲ取得スルニ付キ過分ノ費用ヲ要スルトキハ其價額ヲ辨償スルコトヲ要ス但遺言者カ其遺言ニ別段ノ意思ヲ表示シタルトキハ其意思ニ從フ

第千百條　不特定物ヲ以テ遺贈ノ目的ト爲シタル場合ニ於テ受遺者カ追奪ヲ受ケタルトキハ遺贈義務者ハ之ニ對シテ賣主ト同シク擔保ノ責ニ任ス

前項ノ場合ニ於テ物ニ瑕疵アリタルトキハ遺贈義務者ハ瑕疵ナキ物ヲ以テ之ニ代フルコトヲ要ス

〔解釋〕『不特定物』トハ單ニ米、酒ト云フカ如キハ勿論、家屋、土地ノ如キモ某家屋、某土地ト特定セス單ニ幾坪ノ住家、幾坪ノ田ト云フカ如ク何所ニ在ル如何ナル家屋、田地ニテモ可ナルモノヽ類ヲ云ヒ『追奪』トハ他ニ所有者アリテ之レヲ取戻シ又ハ其物ニ付キ先取特權、抵當權等ヲ有スル者カ其權利ヲ執行シ之レヲ競賣スルノ類也

第千百一條　遺言者カ遺贈ノ目的物ノ滅失若クハ變造又ハ其占有ノ喪失ニ因リテ第三者ニ對シテ償金ヲ請求スル權利ヲ有スルトキハ其權利ヲ以テ遺贈ノ目的ト爲シタルモノト推定ス

遺贈ノ目的物カ他ノ物ト附合又ハ混和シタル場合ニ於テ遺言者カ第二百四十三條乃至第二百四十五條ノ規定ニ依リ合成物又ハ混和物ノ單獨所有者又ハ共有者ト爲リタルトキハ其全部ノ所有權又ハ共有權ヲ以テ遺贈ノ目的ト爲シタルモノト推定ス

第千百二條　遺贈ノ目的タル物又ハ權利カ遺言者ノ死亡ノ時ニ於テ第三

者ノ權利ノ目的タルトキハ受遺者ハ遺贈義務者ニ對シ其權利ヲ消滅セシムヘキ旨ヲ請求スルコトヲ得ス但遺言者カ其遺言ニ反對ノ意思ヲ表示シタルトキハ此限ニ在ラス

〔解釋〕 遺贈ノ目的タル物又ハ權利例ヘハ某土地ヲ遺贈ト爲シタルニ其土地カ遺言者ノ死亡ノ時ニ於テ第三者ノ權利ノ目的例ヘハ第三者ニ抵當ニ入レアルトキハ受贈者ハ遺贈義務者ニ對シテ其抵當權ヲ消滅セシメ完全ノ所有權トシテ引渡セト請求スルコトヲ得ス抵當權存在ノ儘受取ルヘキナリ但シ遺言者カ其遺言ニ反對ノ意思ヲ表示シタルトキハ其意思ニ從ハサルヘカラス

第千百三條 債權ヲ以テ遺贈ノ目的ト爲シタル場合ニ於テ遺言者カ辨濟ヲ受ケ且其受取リタル物カ尚ホ相續財産中ニ存スルトキハ其物ヲ以テ遺贈ノ目的ト爲シタルモノト推定ス

金錢ヲ目的トスル債權ニ付テハ相續財産中ニ其債權額ニ相當スル金錢ナキトキト雖モ其金額ヲ以テ遺贈ノ目的ト爲シタルモノト推定ス

〔解釋〕 例ヘハ甲ヨリ乙ニ對スル債權ヲ丙ニ遺贈シタルトキハ甲カ死亡ノ後丙カ受取ルヘキ

ハ當然ナレトモ若シ甲カ自ラ存生中ニ其辨濟ヲ受ケ且ツ其ノ受取リタルモノ例ヘハ家ナラハ家カ其マヽ相續財産中ニ存スルトキハ其家屋ヲ以テ遺贈ノ目的物トナシタルモノト推定スルニ依リ遺贈義務者ハ其家屋ヲ引渡ササルヘカラス其家屋既ニ其相續財産中ニアラサルトキハ引渡シノ義務ヲ免カル

若シ其債權ノ目的物ハ金錢ナルトキハ其既ニ受取リタル金錢ハ最早其相續財産中ニナキトキナリトモ金錢ハ得代物ニテ何レノ貨幣ト限ルヘキモノニアラサレハ假令既ニ費消シテ無キトキト雖トモ他ヨリ其代リヲ得テ拂得サルニアラス故ニ其債權ニ相當スル金錢ナキトキト雖トモ其金額ヲ以テ遺贈ノ目的ト爲シタルモノト推定スルニ依リ遺贈義務者ハ他ノ物ヲ賣却シテナリトモ其金額ヲ拂ハサルヘカラス

第千百四條　負擔附遺贈ヲ受ケタルモノハ遺贈ノ目的ノ價額ヲ超エサル限度ニ於テノミ其負擔シタル義務ヲ履行スル責ニ任ス

受遺者カ遺贈ノ拋棄ヲ爲シタルトキハ負擔ノ利益ヲ受クヘキ者自ラ受遺者ト爲ルコトヲ得但遺言者カ其遺言ニ別段ノ意思ヲ表示シタルトキハ其意思ニ從フ

〔解釋〕『負擔附遺贈』トハ例ヘハ某土地ヲ遺贈スルニ依リ其土地ニ負擔シ居ル抵當義務ヲ辨濟セヨト云フカ如シカヽル負擔付ノ遺贈ヲ受ケタルモノハ遺贈ノ目的カ例ヘハ八百圓ナレハ其八百圓ヲ越エサル限リ其抵當義務ヲ履行スヘシ故ニ千圓ノ義務アリトモ殘リ二百圓ハ辨濟スルニ及ハサルナリ

右ノ場合ニ受遺者カ其遺贈ヲ拋棄スレハ負擔ノ利益ヲ受クヘキモノ即チ抵當權者カ受遺者トナルナリ

第千百五條 負擔附遺贈ノ目的ノ價額カ相續ノ限定承認又ハ遺留分回復ノ訴ニ因リテ減少シタルトキハ受遺者ハ其減少ノ割合ニ應シテ其負擔シタル義務ヲ免ル但遺言者カ其遺言ニ別段ノ意思ヲ表示シタルトキハ其意思ニ從フ

〔解釋〕 負擔附遺贈ノ場合ニ於テ其目的物カ例ヘハ九百圓ニシテ負擔額カ六百圓ナリシニ其目的物カ限定承認又ハ遺留分回復ニ依リ三分ノ二ノ六百圓ニ減シタルトキハ其負擔額モ其割合ニ應シテ六百圓ノ三分ノ二ノ四百圓ニ減シ他ノ二百圓タケハ義務ヲ免カルヽコトヽナルナリ

第四節 遺言ノ執行

第千百六條　遺言書ノ保管者ハ相續ノ開始ヲ知リタル後遲滯ナク之ヲ裁判所ニ提出シテ其撿認ヲ請求スルコトヲ要ス遺言書ノ保管者ナキ場合ニ於テ相續者カ遺言書ヲ發見シタル時亦同シ

前項ノ規定ハ公正證書ニ依ル遺言ニハ之ヲ適用セス

封印アル遺言書ハ裁判所ニ於テ相續人又ハ其代理者ノ立會ヲ以テスルニ非サレハ之ヲ開封スルコトヲ得ス

第千百七條　前條ノ規定ニ依リテ遺言書ヲ提出スルコトヲ怠リ、其承認ヲ經スシテ遺言ヲ執行シ又ハ裁判所外ニ於テ其開封ヲ爲シタル者ハ二百圓以下ノ過料ニ處セラル

第千百八條　遺言者ハ遺言ヲ以テ一人又ハ數人ノ遺言執行者ヲ指定シ又ハ其指定ヲ第三者ニ委託スルコトヲ得

遺言執行者指定ノ委託ヲ受ケタル者ハ遲滯ナク其指定ヲ爲シテ之ヲ相續人ニ通知スルコトヲ要ス

遺言執行者指定ノ委託ヲ受ケタル者カ其委託ヲ辭セントスルトキハ遲滯ナク其旨ヲ相續人ニ通知スルコトヲ要ス

第千百九條 遺言執行者カ就職ヲ承認シタルトキハ直チニ其任務ヲ行フコトヲ要ス

第千百十條 相續人其他ノ利害關係人ハ相當ノ期間ヲ定メ其期間内ニ就職ヲ承諾スルヤ否ヤヲ確答スヘキ旨ヲ遺言執行者ニ催告スルコトヲ得若シ遺言執行者カ其期間内ニ相續人ニ對シテ確答ヲ爲サヽルトキハ就職ヲ承認シタルモノト看做ス

第千百十一條 無能力者及ヒ破產者ハ遺言執行者タルコトヲ得ス

第千百十二條 遺言執行者ナキトキ又ハ之ナキニ至リタルトキハ裁判所ハ利害關係人ノ請求ニ因リ之ヲ選任スルコトヲ得

前項ノ規定ニ依リテ選任シタル遺言執行者ハ正當ノ理由アルニ非サレハ就職ヲ拒ムコトヲ得ス

第千百十三條　遺言執行者ハ遲滯ナク相續財產ノ目錄ヲ調製シテ之ヲ相續人ニ交付スルコトヲ要ス

遺言執行者ハ相續人ノ請求アルトキハ其立會ヲ以テ財產目錄ヲ調製シ又ハ公證人ヲシテ之ヲ調製セシムルコトヲ要ス

第千百十四條　遺言執行者ハ相續財產ノ管理其他遺言ノ執行ニ必要ナル一切ノ行爲ヲ爲ス權利義務ヲ有ス

第六百四十四條乃至第六百四十七條及ヒ第六百五十條ノ規定ハ遺言執行者ニ之ヲ準用ス

第千百十五條　遺言執行者アル場合ニ於テハ相續人ハ相續財產ヲ處分シ其他遺言ノ執行ヲ妨クヘキ行爲ヲ爲スコトヲ得ス

第千百十六條　前三條ノ規定ハ遺言カ特定財產ニ關スル場合ニ於テハ其財產ニ付テノミ之ヲ適用ス

第千百十七條　遺言執行者ハ之レヲ相續人ノ代理人ト見做ス

第千百十八條 遺言執行者ハ已ムコトヲ得サル事由アルニ非サレハ第三者ヲシテ其任務ヲ行ハシムルコトヲ得ス但遺言者カ其遺言ニ反對ノ意思ヲ表示シタルトキハ此限ニ在ラス

遺言執行者カ前項但書ノ規定ニ依リ第三者ヲシテ其任務ヲ行ハシムル場合ニ於テハ相續人ニ對シ第百五條ニ定メタル責任ヲ負フ

〔解釋〕 遺言執行者ハ前條ニ於テ定ムルカ如ク之レヲ相續人ノ代理人ト看做スモノナリ然ルニ第三者ヲシテ其任務ヲ行ハシムルハ代理人ガ更ニ代理人ヲ命スルモノニシテ即チ『復代理人』ヲ選任スルモノナリ而シテ復代理人ハ妄リニ任スルコトヲ許サヽルモノ故ニ遺言執行者ハ第三者ヲシテ其任務ヲ行ハシムルコトヲ得サルナリ若シ第三者ヲシテ其任務ヲ行ハシムル場合ニ於テハ復代理人ノタメニ定メタル第百五條ノ責任ヲ負ハシムルナリ

第千百十九條 數人ノ遺言執行者アル場合ニ於テハ其任務ノ執行ハ過半數ヲ以テ之ヲ決ス但遺言者カ其遺言ニ別段ノ意思ヲ表示シタルトキハ其意思ニ從フ

各遺言執行者ハ前項ノ規定ニ拘ハラス保存行爲ヲ爲スコトヲ得

第千百二十條　遺言執行者ハ遺言ニ報酬ヲ定メタルトキニ限リ之ヲ受クルコトヲ得

裁判所ニ於テ遺言執行者ヲ選任シタルトキハ裁判所ハ事情ニ依リ其報酬ヲ定ムルコトヲ得

遺言執行者カ報酬ヲ受クヘキ場合ニ於テハ第六百四十八條第二項及ヒ第三項ノ規定ヲ準用ス

第千百二十一條　遺言執行者カ其任務ヲ怠リタルトキ其他正當ノ事由アルトキハ利害關係人ハ其解任ヲ裁判所ニ請求スルコトヲ得

遺言執行者ハ正當ノ事由アルトキハ就職ノ後ト雖モ其任務ヲ辭スルコトヲ得

第千百二十二條　第六百五十四條及ヒ第六百五十五條ノ規定ハ遺言執行者ノ任務カ終了シタル場合ニ之ヲ準用ス

第千百二十三條　遺言ノ執行ニ關スル費用ハ相續財産ノ負擔トス但之ニ因リテ遺留分ヲ減スルコトヲ得ス

第五節　遺言ノ取消

第千百二十四條　遺言者ハ何時ニテモ遺言ノ方式ニ從ヒテ其遺言ノ全部又ハ一部ヲ取消スコトヲ得

〔解釋〕　遺言ハ遺言者ノ死亡ニ依リテ始メテ效力ヲ生スルモノニシテ其ノ存生中ハ未タ何ノ效力ヲモ生セサルモノナリ故ニ何時ニテモ取消得ルナリ併シナカラ遺言ハ種々ノ方式ヲ履ミテ爲スモノ故ニ之レヲ取消スニモ亦同一ノ方式ニ從ハサルヘカラス尤モ其方式タルヤ必スシモ前ニ公正證書ヲ以テ爲シタル遺言ナレハ公正證書ヲ以テ取消スヘシトイフニアラス或ハ公正證書ヲ以テ爲シタル遺言ヲ秘密證書ニテ取消スモ可ナリ又特別ノ方式ニテ作リタル遺言ヲ普通方式ニテ取消スモ可ナリ法律ノ定メタル遺言ノ方式ニ依リテ取消スモノナレハ其方式ハ何レニテモ差支ナキナリ

第千百二十五條　前ノ遺言ト後ノ遺言ト抵觸スルトキハ其抵觸スル部分ニ付テハ後ノ遺言ヲ以テ前ノ遺言ヲ取消シタルモノト看做ス

前項ノ規定ハ遺言ト遺言者ノ生前處分其他ノ法律行爲ト抵觸スル場合ニ之ヲ準用ス

〔解釋〕　前後二箇ノ遺言相抵觸スルトキハ後ノ遺言ヲ以テ眞誠ノモノトナスナリ其後ノモノヲ以テ眞誠ノモノトナスハ前後共ニ遺言ノ場合ノミナラス生前處分其他ノ法律行爲ト抵觸スル場合モ同一ナリ例ヘハ先ニ遺言ヲ以テ某土地ヲ遺贈シ其後其土地ヲ賣却シタリトセヨ前ノ遺言ハ未タ效力ノ生セサルモノ故ニ後ノ賣却ニ依リテ前ノ遺言ハ取消サレ後ノ賣却其他ノ法律行爲ハ有效トナルナリ

第千百二十六條　遺言者カ故意ニ遺言書ヲ毀滅シタルトキハ其毀滅シタル部分ニ付テハ遺言ヲ取消シタルモノト看做ス遺言者カ故意ニ遺贈ノ目的物ヲ毀滅シタルトキ亦同シ

第千百二十七條　前三條ノ規定ニ依リテ取消サレタル遺言ハ其取消ノ行爲カ取消サレ又ハ效力ヲ生セサルニ至リタルトキト雖モ其效力ヲ回復セス但其行爲カ詐欺又ハ强迫ニ因ル場合ハ此限ニ在ラス

〔解釋〕　遺言ヲ取消スヘキ行爲カ更ラニ又取消サレタルトキハ前ニ取消サレタル遺言ハ復活

スヘキカノ感ナキニアラス然レトモ一旦取消サレタルモノハ既ニ其生命ヲ絕チタルモノニシテ再ヒ復活スヘキモノニアラス故ニ其取消ノ行爲カ取消サレ又ハ效力ヲ生セサルニ至ルモ前ノ遺言ハ其效力ヲ回復セサルナリ但シ第一ノ取消行爲カ本人ノ自由ナル意思ニ出テタルニアラス詐欺又ハ强迫ノ場合ハ遺言ハ完全ニ取消サレ居ルニアラサルヲ以テ勿論其遺言ヲ取消スト同時ニ前ノ遺言ハ效力ヲ回復スヘキモノトス

第千百二十八條 遺言者ハ其遺言ノ取消權ヲ拋棄スルコトヲ得ス

第千百二十九條 負擔附遺贈ヲ受ケタル者カ其負擔シタル義務ヲ履行セサルトキハ相續人ハ相當ノ期間ヲ定メテ其履行ヲ催告シ若シ其期間內ニ履行ナキトキハ遺言ノ取消ヲ裁判所ニ請求スルコトヲ得

第七章 遺留分

〔解釋〕『遺留分』トハ法律ノ規定ニ依リ被相續人カ其ノ財產中必ス相續人ニ遺留セサルヘカラサル部分ヲ云フ故ニ被相續人ハ家督相續ト遺產相續トニ論ナク相續人ノ爲メニ必ス之レヲ遺留スヘク若シ其部分ヲ侵シテ贈與又ハ遺贈シタルトキハ其贈與又ハ遺贈ハ後ノ規定ニ從ヒ必ス減殺ヲ受クヘキモノナリ

第千百三十條　法定家督相續人タル直系卑屬ハ遺留分トシテ被相續人ノ財產ノ半額ヲ受ク

此他ノ家督相續人ハ遺留分トシテ被相續人ノ財產ノ三分ノ一ヲ受ク

〔解釋〕　本條ノ規定ニ依レハ被相續人ノ財產ハ之レヲ分割セサルヘカラス遺留分及ヒ贈遺分是レナリ

凡ソ完全ニ財產ヲ所有スルモノハ贈與ナリ賣買ナリ其他如何ナル方法ニテモ己ノ勝手ニ處分シ得ヘキハ所有權ノ働キニシテ固ヨリ當然ノコトナリ然レトモ法律ハ社會ノ公益上特ニ相續人ヲ保護スルタメ被相續人ノ贈遺ヲ或ル程度マテ制限シタリ其ノ制限セラレタル部分ハ遺留分ニシテ其ノ贈遺シ得ル部分ハ即チ贈遺分ナリ

此ノ外ニ猶ホ家督相續ニ付隨セル特權分(九八七)ナルモノアリ故ニ遺留分ヲ算定スルニハ先ツ此特權分ヲ控除シ其後ニ遺留分ヲ定ムヘキモノナレハ『被相續人ノ財產ノ半額』トアルハ被相續人ノ財產中ヨリ特權分ヲ控除シタル殘餘財產ノ半額トイフノ意味ナリ

第千百三十一條　遺產相續人タル直系卑屬ハ遺留分トシテ被相續人ノ財產ノ半額ヲ受ク

遺產相續人タル配偶者又ハ直系尊屬ハ遺留分トシテ被相續人ノ財產ノ三分ノ一ヲ受ク

第千百三十二條　遺留分ハ被相續人カ相續開始ノ時ニ於テ有セシ財產ノ價額ニ其贈與シタル財產ノ價額ヲ加ヘ其中ヨリ債務ノ全額ヲ控除シテ之ヲ算定ス

條件附權利又ハ存續期間ノ不確定ナル權利ハ裁判所ニ於テ選定シタル鑑定人ノ評價ニ從ヒ其價格ヲ定ム

家督相續ノ特權ニ屬スル權利ハ遺留分ノ算定ニ關シテハ其價額ヲ算入セス

〔解釋〕　本條ハ遺留分ノ算定法ヲ定メタルモノ也

前條ニ於テ相續人ノ受クヘキ遺留分ハ被相續人ノ財產ノ幾分ト定メタリ然レトモ若シ其相續開始ノ時ニ有セシ財產ノミヲ以テ被相續人ノ財產トセハ遺留分ノ規定ハ其効力甚タ薄カルベシ故ニ相續開始ノ時ニ有スル財產ニ其以前贈與シタル財產ヲ加ヘ其內ヨリ債務ノ全額ヲ控除シタルモノヲ被相續人ノ財產トシ之レニ付テ相續人ノ受クヘキ遺留分ヲ定ムヘキモノトス例ヘハ被相續人カ相續開始ノ時ニ於テ有セシ財產一萬圓アリ先ニ贈與シタル財產五千圓アリ而シテ被相續

既ニ增與シタルモノチ再ヒ算スルハ不都合ナリ

人ノ債務七千圓アリトセハ前二者ヲ合シタル金一萬五千圓ヨリ七千圓ヲ引去リ其ノ殘金八千圓ヲ以テ被相續人ノ財産トナシ其内ヨリ相續人カ法定家督相續人タル直系卑屬ナレハ其半額即チ四千圓ヲ遺留分トシテ受クヘシ故ニ現存財産一萬圓ヨリ七千圓ノ債務ヲ履行セハ三千圓ヲ餘シ其受クヘキ遺留分ニ比スレハ猶一千圓ノ不足アリ依テ其不足タケ右ノ贈與中ヨリ補フコトヽナルナリ

〔評論〕　既ニ贈與シタルモノヲ被相續人ノ財産中ニ算入スルハ不可ナリ

抑所有者ノ自由ニ處分シ得ヘキハ所有權本然ノ性質ナリ漫ニ防害スヘカラス故ニ一旦爲シタル贈與ニシテ瑕瑾ナキ以上ハ決シテ之レヲ贈與者タル被相續人ノ財産中ニ算入スルカ如キコトハ決シテ之レアルヘカラサルコトナリ若シ之レヲ被相續人ノ財産中ニ算入スルヲ以テ正當ナリトセハ相續開始後一年間ノモノモ二年三年乃至數十年ノモノモ算入シテ可ナラン若シ之レヲ不當ナリトセハ一年前ノモノハ勿論一日前ノモノモ算入スヘカラス何ソ次條ニ於テ定ムルカ如ク前一年間ノ贈與タルト數年前ノ贈與タルトヲ別タンヤ既ニ數年前ノモノヲ算入スヘカラスト云フ以上ハ前一年間ノモノモ決シテ算入セシムヘカラス想フニ立法者カ之ヲ許ス所以ノモノハ惡意ノ贈與ヲ防カントスルニアラン然レトモ惡意ノ贈與ヲ防クハ惡意ノ事實アルモノヽミヲ取戻サシムレハ足レリ何ソ之レカタメニ彼ノ人ノ最モ善心ニ立還ルヘキ末期ニ於テ爲シタル贈與ヲ以

テ一般ニ惡意ノモノト推測シテ悉ク之レヲ取戻サシムルカ如キ暴ヲ爲スヲ要センヤ故ニ贈與シタルモノハ被相續人ノ財產中ニ算入スヘカラス

第千百三十三條 贈與ハ相續開始前一年間ニ爲シタルモノニ限リ前條ノ規定ニ依リテ其價額ヲ算入ス一年前ニ爲シタルモノト雖モ當事者雙方カ遺留分權利者ニ損害ヲ加フルコトヲ知リテ之ヲ爲シタルトキ亦同シ

第千百三十四條 遺留分權利者及ヒ其承繼者ハ遺留分ヲ保全スルニ必要ナル限度ニ於テ遺贈及ヒ前條ニ揭ケタル贈與ノ減殺ヲ請求スルコトヲ得

第千百三十五條 條件付權利又ハ存續期間ノ不確定ナル權利ヲ以テ贈與又ハ遺贈ノ目的ト爲シタル場合ニ於テ其贈與又ハ遺贈ノ一部ヲ減殺スヘキトキハ遺留分權利者ハ第千百三十二條第二項ノ規定ニ依リテ定メタル價格ニ從ヒ直チニ其殘部ノ價額ヲ受贈者又ハ受遺者ニ給付スルコトヲ要ス

第千百三十六條 贈與ハ遺贈ヲ減殺シタル後ニ非サレハ之ヲ減殺スルコ

トヲ得ス

〔解釋〕　本條ハ贈與ト遺贈ト二者ノ存スル場合ニハ何レヲ先ニ減スヘキヤヲ定メタルモノナリ例ヘハ二者共ニ八百圓ナルニ減殺スヘキ額ハ一千圓ナリトセハ先ニ取戻サルルモノハ其全部ヲ取戻サルヘク次ニ取戻ヲ請求サルルモノハ二百圓ノミヲ失ヒ殘リ六百圓ハ依然トシテ所有スルコトヲ得ヘシ其先後ニ依テノ利害ハ甚ダ大ナリ故ニ本條ハ之レヲ明カニシ先ツ遺贈ヨリ取戻シ其レニテ不足アルトキハ更ニ贈與ヲ取戻スコトヽセリ

第千百三十七條　遺贈ハ其目的ノ價額ノ割合ニ應シテ之ヲ減殺ス但遺贈者カ其遺言ニ別段ノ意思ヲ表示シタルトキハ其意思ニ從フ

〔解釋〕　遺贈ヲ受ケタルモノ數人アルトキハ其受ケタル額ノ割合ニ應シテ減殺スヘキ也

第千百三十八條　贈與ノ減殺ハ後ノ贈與ヨリ始メ順次ニ前ノ贈與ニ及フ

第千百三十九條　受贈者ハ其返還スヘキ財產ノ外尚ホ減殺ノ請求アリタル日以後ノ果實ヲ返還スルコトヲ要ス

第千百四十條　減殺ヲ受クヘキ受贈者ノ無資力ニ因リテ生シタル損失ハ

遺留分權利者ノ負擔ニ歸ス

〔解釋〕　例ヘハ受贈者三人アリ甲乙丙共ニ三百圓ツヽヲ返還スヘキ筈ナルニ丙ハ無資力ニシテ返還スルコト能ハストセハ此場合ニ於テハ其丙ノ分ヲ更ラニ二分シテ甲乙ニ百五十圓ツヽ負擔セシムルコトヲ得ス丙ノ三百圓分ハ遺留分權利者自分ニ於テ負擔スルノ外ナキナリ

第千百四十一條　負擔附贈與ハ其目的ノ價額中ヨリ負擔ノ價額ヲ控除シタルモノニ付キ其減殺ヲ請求スルコトヲ得

第千百四十二條　不相當ノ對價ヲ以テ爲シタル有償行爲ハ當事者雙方カ遺留分權利者ニ損害ヲ加フルコトヲ知リテ爲シタルモノニ限リ之ヲ贈與ト看做ス此場合ニ於テ遺留分權利者カ其減殺ヲ請求スルトキハ其對價ヲ償還スルコトヲ要ス

〔解釋〕　例ヘハ賣主（被相續人）買主雙方カ遺留分權利者ニ損害ヲ加フルコトヲ知リツヽ不當ノ代價ヲ以テ賣買等ヲ爲シタルトキハ其ノ不當ノ分タケ例ヘハ實地五百圓ノ價アル品ヲ百圓ニテ賣却スレハ之レヲモ贈與ト看做スナリ若シ此場合ニ其減殺ヲ求ムルニハ買主ニ對シテ五百圓タケノ償還ヲ求メ先キニ代價トシテ拂ヒタル百圓タケハ更ラニ買主ニ戻シ畢竟四百圓ヲ遺留分

權利者ニ納入スルコトヽナルナリ

第千百四十三條　減殺ヲ受クヘキ受贈者カ贈與ノ目的ヲ他人ニ讓渡シタルトキハ遺留分權利者ニ其價額ヲ辨償スルコトヲ要ス但讓受人カ讓渡ノ當時遺留分權利者ニ損害ヲ加フルコトヲ知リタルトキハ遺留分權利者ハ之ニ對シテモ減殺ヲ請求スルコトヲ得

前項ノ規定ハ受贈者カ贈與ノ目的ノ上ニ權利ヲ設定シタル場合ニ之ヲ準用ス

第千百四十四條　受贈者及ヒ受遺者ハ減殺ヲ受クヘキ限度ニ於テ贈與又ハ遺贈ノ目的ノ價額ヲ遺留分權利者ニ辨償シテ返還ノ義務ヲ免ルヽコトヲ得

前項ノ規定ハ前條第一項但書ノ場合ニ之ヲ準用ス

第千百四十五條　減殺ノ請求權ハ遺留分權利者カ相續ノ開始及ヒ減殺スヘキ贈與又ハ遺贈アリタルコトヲ知リタル時ヨリ一年間之ヲ行ハサルト

キハ時效ニ因リテ消滅ス相續開始ノ時ヨリ十年ヲ經過シタルトキ亦同シ

第千百四十六條 第九百九十五條、第千四條、第千五條、第千七條及ヒ第千八條ノ規定ハ遺留分ニ之ヲ準用ス

民法評釋 新族編 相續編 終

明治三十一年十二月廿五日印刷
明治三十一年十二月廿九日發行

正價金五十錢

著作兼發行者　東京市神田區錦町一丁目十番地　小林里平

印刷者　東京市神田區錦町三丁目廿五番地　熊田宜遜

發賣所　東京市神田區表神保町三番地　東京堂　大橋省吾

版權所有

民法評釋　親族編相續編　　日本立法資料全集　別巻 1189

平成30年５月20日　　復刻版第１刷発行

著　者　小　林　里　平

発行者　今　井　　貴
　　　　渡　辺　左　近

発行所　信　山　社　出　版

〒113-0033　東京都文京区本郷６－２－９－102
モンテベルデ第２東大正門前
電　話　03（3818）1019
FAX　03（3818）0344
郵便振替　00140-2-367777（信山社販売）

Printed in Japan.

制作／（株）信山社，印刷・製本／松澤印刷・日進堂

ISBN 978-4-7972-7304-5 C3332

別巻　巻数順一覧【950～981巻】

巻数	書　名	編・著者	ISBN	本体価格
950	実地応用町村制質疑録	野田藤吉郎、國吉拓郎	ISBN978-4-7972-6656-6	22,000円
951	市町村議員必携	川瀬周次、田中迪三	ISBN978-4-7972-6657-3	40,000円
952	増補 町村制執務備考 全	増澤鐵、飯島篤雄	ISBN978-4-7972-6658-0	46,000円
953	郡区町村編制法 府県会規則 地方税規則 三法綱論	小笠原美治	ISBN978-4-7972-6659-7	28,000円
954	郡区町村編制 府県会規則 地方税規則 新法例纂 追加地方諸要則	柳澤武運三	ISBN978-4-7972-6660-3	21,000円
955	地方革新講話	西内天行	ISBN978-4-7972-6921-5	40,000円
956	市町村名辞典	杉野耕三郎	ISBN978-4-7972-6922-2	38,000円
957	市町村吏員提要〔第三版〕	田邊好一	ISBN978-4-7972-6923-9	60,000円
958	帝国市町村便覧	大西林五郎	ISBN978-4-7972-6924-6	57,000円
959	最近検定 市町村名鑑 附 官国幣社 及 諸学校所在地一覧	藤澤衛彦、伊東順彦、増田穆、関惣右衛門	ISBN978-4-7972-6925-3	64,000円
960	鼇頭対照 市町村制解釈 附 理由書 及 参考諸布達	伊藤寿	ISBN978-4-7972-6926-0	40,000円
961	市町村制釈義 完　附 市町村制理由	水越成章	ISBN978-4-7972-6927-7	36,000円
962	府県郡市町村 模範治績　附 耕地整理法 産業組合法 附属法令	荻野千之助	ISBN978-4-7972-6928-4	74,000円
963	市町村大字読方名彙〔大正十四年度版〕	小川琢治	ISBN978-4-7972-6929-1	60,000円
964	町村会議員選挙要覧	津田東璋	ISBN978-4-7972-6930-7	34,000円
965	市制町村制 及 府県制　附 普通選挙法	法律研究会	ISBN978-4-7972-6931-4	30,000円
966	市制町村制註釈 完　附 市制町村制理由〔明治21年初版〕	角田真平、山田正賢	ISBN978-4-7972-6932-1	46,000円
967	市町村制詳解 全　附 市町村制理由	元田肇、加藤政之助、日鼻豊作	ISBN978-4-7972-6933-8	47,000円
968	区町村会議要覧 全	阪田辨之助	ISBN978-4-7972-6934-5	28,000円
969	実用 町村制市制事務提要	河邨貞山、島村文耕	ISBN978-4-7972-6935-2	46,000円
970	新旧対照 市制町村制正文〔第三版〕	自治館編輯局	ISBN978-4-7972-6936-9	28,000円
971	細密調査 市町村便覧(三府四十三県 北海道 樺太 台湾 朝鮮 関東州)　附 分類官公衙公私学校銀行所在地一覧表	白山榮一郎、森田公美	ISBN978-4-7972-6937-6	88,000円
972	正文 市制町村制 並 附属法規	法曹閣	ISBN978-4-7972-6938-3	21,000円
973	台湾朝鮮関東州 全国市町村便覧 各学校所在地〔第一分冊〕	長谷川好太郎	ISBN978-4-7972-6939-0	58,000円
974	台湾朝鮮関東州 全国市町村便覧 各学校所在地〔第二分冊〕	長谷川好太郎	ISBN978-4-7972-6940-6	58,000円
975	合巻 佛蘭西邑法・和蘭邑法・皇国郡区町村編成法	箕作麟祥、大井憲太郎、神田孝平	ISBN978-4-7972-6941-3	28,000円
976	自治之模範	江木翼	ISBN978-4-7972-6942-0	60,000円
977	地方制度実例総覧〔明治36年初版〕	金田謙	ISBN978-4-7972-6943-7	48,000円
978	市町村民 自治読本	武藤榮治郎	ISBN978-4-7972-6944-4	22,000円
979	町村制詳解　附 市制及町村制理由	相澤富蔵	ISBN978-4-7972-6945-1	28,000円
980	改正 市町村制 並 附属法規	楠綾雄	ISBN978-4-7972-6946-8	28,000円
981	改正 市制 及 町村制〔訂正10版〕	山野金蔵	ISBN978-4-7972-6947-5	28,000円

巻数	書　名	編・著者	ISBN	本体価格
915	改正 新旧対照市町村一覧	鍾美堂	ISBN978-4-7972-6621-4	78,000 円
916	東京市会先例彙輯	後藤新平、桐島像一、八田五三	ISBN978-4-7972-6622-1	65,000 円
917	改正 地方制度解説〔第六版〕	狭間茂	ISBN978-4-7972-6623-8	67,000 円
918	改正 地方制度通義	荒川五郎	ISBN978-4-7972-6624-5	75,000 円
919	町村制市制全書 完	中嶋廣蔵	ISBN978-4-7972-6625-2	80,000 円
920	自治新制 市町村会法要談 全	田中重策	ISBN978-4-7972-6626-9	22,000 円
921	郡市町村吏員 収税実務要書	荻野千之助	ISBN978-4-7972-6627-6	21,000 円
922	町村至宝	桂虎次郎	ISBN978-4-7972-6628-3	36,000 円
923	地方制度通 全	上山満之進	ISBN978-4-7972-6629-0	60,000 円
924	帝国議会府県会郡会市町村会議員必携 附関係法規 第1分冊	太田峯三郎、林田亀太郎、小原新三	ISBN978-4-7972-6630-6	46,000 円
925	帝国議会府県会郡会市町村会議員必携 附関係法規 第2分冊	太田峯三郎、林田亀太郎、小原新三	ISBN978-4-7972-6631-3	62,000 円
926	市町村是	野田千太郎	ISBN978-4-7972-6632-0	21,000 円
927	市町村執務要覧 全 第1分冊	大成館編輯局	ISBN978-4-7972-6633-7	60,000 円
928	市町村執務要覧 全 第2分冊	大成館編輯局	ISBN978-4-7972-6634-4	58,000 円
929	府県会規則大全　附 裁定録	朝倉達三、若林友之	ISBN978-4-7972-6635-1	28,000 円
930	地方自治の手引	前田宇治郎	ISBN978-4-7972-6636-8	28,000 円
931	改正 市制町村制と衆議院議員選挙法	服部喜太郎	ISBN978-4-7972-6637-5	28,000 円
932	市町村国税事務取扱手続	広島財務研究会	ISBN978-4-7972-6638-2	34,000 円
933	地方自治制要義 全	末松偕一郎	ISBN978-4-7972-6639-9	57,000 円
934	市町村特別税之栞	三邊長治、水谷平吉	ISBN978-4-7972-6640-5	24,000 円
935	英国地方制度 及 税法	良保両氏、水野遵	ISBN978-4-7972-6641-2	34,000 円
936	英国地方制度 及 税法	髙橋達	ISBN978-4-7972-6642-9	20,000 円
937	日本法典全書 第一編 府県制郡制註釈	上條慎蔵、坪谷善四郎	ISBN978-4-7972-6643-6	58,000 円
938	判例挿入 自治法規全集 全	池田繁太郎	ISBN978-4-7972-6644-3	82,000 円
939	比較研究 自治之精髄	水野錬太郎	ISBN978-4-7972-6645-0	22,000 円
940	傍訓註釈 市制町村制 並ニ 理由書〔第三版〕	筒井時治	ISBN978-4-7972-6646-7	46,000 円
941	以呂波引町村便覧	田山宗堯	ISBN978-4-7972-6647-4	37,000 円
942	町村制執務要録 全	鷹巣清二郎	ISBN978-4-7972-6648-1	46,000 円
943	地方自治 及 振興策	床次竹二郎	ISBN978-4-7972-6649-8	30,000 円
944	地方自治講話	田中四郎左衛門	ISBN978-4-7972-6650-4	36,000 円
945	地方施設改良 訓論演説集〔第六版〕	鹽川玉江	ISBN978-4-7972-6651-1	40,000 円
946	帝国地方自治団体発達史〔第三版〕	佐藤亀齢	ISBN978-4-7972-6652-8	48,000 円
947	農村自治	小橋一太	ISBN978-4-7972-6653-5	34,000 円
948	国税 地方税 市町村税 滞納処分法問答	竹尾高堅	ISBN978-4-7972-6654-2	28,000 円
949	市町村役場実用 完	福井淳	ISBN978-4-7972-6655-9	40,000 円

別巻　巻数順一覧【878～914巻】

巻数	書　名	編・著者	ISBN	本体価格
878	明治史第六編 政黨史	博文館編輯局	ISBN978-4-7972-7180-5	42,000 円
879	日本政黨發達史 全〔第一分冊〕	上野熊藏	ISBN978-4-7972-7181-2	50,000 円
880	日本政黨發達史 全〔第二分冊〕	上野熊藏	ISBN978-4-7972-7182-9	50,000 円
881	政党論	梶原保人	ISBN978-4-7972-7184-3	30,000 円
882	獨逸新民法商法正文	古川五郎、山口弘一	ISBN978-4-7972-7185-0	90,000 円
883	日本民法鼇頭對比獨逸民法	荒波正隆	ISBN978-4-7972-7186-7	40,000 円
884	泰西立憲國政治攬要	荒井泰治	ISBN978-4-7972-7187-4	30,000 円
885	改正衆議院議員選擧法釋義 全	福岡伯、横田左仲	ISBN978-4-7972-7188-1	42,000 円
886	改正衆議院議員選擧法釋義 附 改正貴族院令,治安維持法	犀川長作、犀川久平	ISBN978-4-7972-7189-8	33,000 円
887	公民必携 選擧法規ト判決例	大浦兼武、平沼騏一郎、木下友三郎、清水澄、三浦數平	ISBN978-4-7972-7190-4	96,000 円
888	衆議院議員選擧法輯覽	司法省刑事局	ISBN978-4-7972-7191-1	53,000 円
889	行政司法選擧判例總覽—行政救濟と其手續—	澤田竹治郎・川崎秀男	ISBN978-4-7972-7192-8	72,000 円
890	日本親族相續法義解 全	髙橋捨六・堀田馬三	ISBN978-4-7972-7193-5	45,000 円
891	普通選擧文書集成	山中秀男・岩本溫良	ISBN978-4-7972-7194-2	85,000 円
892	普選の勝者 代議士月旦	大石末吉	ISBN978-4-7972-7195-9	60,000 円
893	刑法註釋 巻一～巻四(上巻)	村田保	ISBN978-4-7972-7196-6	58,000 円
894	刑法註釋 巻五～巻八(下巻)	村田保	ISBN978-4-7972-7197-3	50,000 円
895	治罪法註釋 巻一～巻四(上巻)	村田保	ISBN978-4-7972-7198-0	50,000 円
896	治罪法註釋 巻五～巻八(下巻)	村田保	ISBN978-4-7972-7198-0	50,000 円
897	議會選擧法	カール・ブラウニアス、國政研究科會	ISBN978-4-7972-7201-7	42,000 円
901	鼇頭註釈 町村制　附 理由 全	八乙女盛次、片野続	ISBN978-4-7972-6607-8	28,000 円
902	改正 市制町村制　附 改正要義	田山宗堯	ISBN978-4-7972-6608-5	28,000 円
903	増補訂正 町村制詳解〔第十五版〕	長峰安三郎、三浦通太、野田千太郎	ISBN978-4-7972-6609-2	52,000 円
904	市制町村制 並 理由書　附 直接間接税類別及実施手続	高崎修助	ISBN978-4-7972-6610-8	20,000 円
905	町村制要義	河野正義	ISBN978-4-7972-6611-5	28,000 円
906	改正 市制町村制義解〔帝國地方行政学会〕	川村芳次	ISBN978-4-7972-6612-2	60,000 円
907	市制町村制 及 関係法令〔第三版〕	野田千太郎	ISBN978-4-7972-6613-9	35,000 円
908	市町村新旧対照一覧	中村芳松	ISBN978-4-7972-6614-6	38,000 円
909	改正 府県郡制問答講義	木内英雄	ISBN978-4-7972-6615-3	28,000 円
910	地方自治提要 全　附 諸届願書式 日用規則抄録	木村時義、吉武則久	ISBN978-4-7972-6616-0	56,000 円
911	訂正増補 市町村制問答詳解　附 理由及追輯	福井淳	ISBN978-4-7972-6617-7	70,000 円
912	改正 府県制郡制註釈〔第三版〕	福井淳	ISBN978-4-7972-6618-4	34,000 円
913	地方制度実例総覧〔第七版〕	自治館編輯局	ISBN978-4-7972-6619-1	78,000 円
914	英国地方政治論	ジョージ・チャールズ・ブロドリック、久米金彌	ISBN978-4-7972-6620-7	30,000 円

別巻　巻数順一覧【843 ～ 877 巻】

巻数	書　名	編・著者	ISBN	本体価格
843	法律汎論	熊谷直太	ISBN978-4-7972-7141-6	40,000 円
844	英國國會選擧訴願判決例 全	オマリー、ハードカッスル、サンタース	ISBN978-4-7972-7142-3	80,000 円
845	衆議院議員選擧法改正理由書 完	内務省	ISBN978-4-7972-7143-0	40,000 円
846	戇齋法律論文集	森作太郎	ISBN978-4-7972-7144-7	45,000 円
847	雨山遺稾	渡邉輝之助	ISBN978-4-7972-7145-4	70,000 円
848	法曹紙屑籠	鷺城逸史	ISBN978-4-7972-7146-1	54,000 円
849	法例彙纂 民法之部 第一篇	史官	ISBN978-4-7972-7147-8	66,000 円
850	法例彙纂 民法之部 第二篇〔第一分冊〕	史官	ISBN978-4-7972-7148-5	55,000 円
851	法例彙纂 民法之部 第二篇〔第二分冊〕	史官	ISBN978-4-7972-7149-2	75,000 円
852	法例彙纂 商法之部〔第一分冊〕	史官	ISBN978-4-7972-7150-8	70,000 円
853	法例彙纂 商法之部〔第二分冊〕	史官	ISBN978-4-7972-7151-5	75,000 円
854	法例彙纂 訴訟法之部〔第一分冊〕	史官	ISBN978-4-7972-7152-2	60,000 円
855	法例彙纂 訴訟法之部〔第二分冊〕	史官	ISBN978-4-7972-7153-9	48,000 円
856	法例彙纂 懲罰則之部	史官	ISBN978-4-7972-7154-6	58,000 円
857	法例彙纂 第二版 民法之部〔第一分冊〕	史官	ISBN978-4-7972-7155-3	70,000 円
858	法例彙纂 第二版 民法之部〔第二分冊〕	史官	ISBN978-4-7972-7156-0	70,000 円
859	法例彙纂 第二版 商法之部・訴訟法之部〔第一分冊〕	太政官記録掛	ISBN978-4-7972-7157-7	72,000 円
860	法例彙纂 第二版 商法之部・訴訟法之部〔第二分冊〕	太政官記録掛	ISBN978-4-7972-7158-4	40,000 円
861	法令彙纂 第三版 民法之部〔第一分冊〕	太政官記録掛	ISBN978-4-7972-7159-1	54,000 円
862	法令彙纂 第三版 民法之部〔第二分冊〕	太政官記録掛	ISBN978-4-7972-7160-7	54,000 円
863	現行法律規則全書（上）	小笠原美治、井田鐘次郎	ISBN978-4-7972-7162-1	50,000 円
864	現行法律規則全書（下）	小笠原美治、井田鐘次郎	ISBN978-4-7972-7163-8	53,000 円
865	國民法制通論 上卷・下卷	仁保龜松	ISBN978-4-7972-7165-2	56,000 円
866	刑法註釋	磯部四郎、小笠原美治	ISBN978-4-7972-7166-9	85,000 円
867	治罪法註釋	磯部四郎、小笠原美治	ISBN978-4-7972-7167-6	70,000 円
868	政法哲學 前編	ハーバート・スペンサー、濱野定四郎、渡邊治	ISBN978-4-7972-7168-3	45,000 円
869	政法哲學 後編	ハーバート・スペンサー、濱野定四郎、渡邊治	ISBN978-4-7972-7169-0	45,000 円
870	佛國商法復説 第壹篇自第壹卷至第七卷	リウヒエール、商法編纂局	ISBN978-4-7972-7171-3	75,000 円
871	佛國商法復説 第壹篇第八卷	リウヒエール、商法編纂局	ISBN978-4-7972-7172-0	45,000 円
872	佛國商法復説 自第二篇至第四篇	リウヒエール、商法編纂局	ISBN978-4-7972-7173-7	70,000 円
873	佛國商法復説 書式之部	リウヒエール、商法編纂局	ISBN978-4-7972-7174-4	40,000 円
874	代言試驗問題擬判録 全 附録明治法律學校民刑問題及答案	熊野敏三、宮城浩蔵、河野和三郎、岡義男	ISBN978-4-7972-7176-8	35,000 円
875	各國官吏試驗法類集 上・下	内閣	ISBN978-4-7972-7177-5	54,000 円
876	商業規篇	矢野亨	ISBN978-4-7972-7178-2	53,000 円
877	民法実用法典 全	福田一覺	ISBN978-4-7972-7179-9	45,000 円

別巻　巻数順一覧【810～842巻】

巻数	書名	編・著者	ISBN	本体価格
810	訓點法國律例 民律 上卷	鄭永寧	ISBN978-4-7972-7105-8	50,000円
811	訓點法國律例 民律 中卷	鄭永寧	ISBN978-4-7972-7106-5	50,000円
812	訓點法國律例 民律 下卷	鄭永寧	ISBN978-4-7972-7107-2	60,000円
813	訓點法國律例 民律指掌	鄭永寧	ISBN978-4-7972-7108-9	58,000円
814	訓點法國律例 貿易定律・園林則律	鄭永寧	ISBN978-4-7972-7109-6	60,000円
815	民事訴訟法 完	本多康直	ISBN978-4-7972-7111-9	65,000円
816	物権法(第一部)完	西川一男	ISBN978-4-7972-7112-6	45,000円
817	物権法(第二部)完	馬場愿治	ISBN978-4-7972-7113-3	35,000円
818	商法五十課 全	アーサー・B・クラーク、本多孫四郎	ISBN978-4-7972-7115-7	38,000円
819	英米商法律原論 契約之部及流通券之部	岡山兼吉、淺井勝	ISBN978-4-7972-7116-4	38,000円
820	英國組合法 完	サー・フレデリック・ポロック、榊原幾久若	ISBN978-4-7972-7117-1	30,000円
821	自治論 一名人民ノ自由 卷之上・卷之下	リーバー、林董	ISBN978-4-7972-7118-8	55,000円
822	自治論纂 全一册	獨逸學協會	ISBN978-4-7972-7119-5	50,000円
823	憲法彙纂	古屋宗作、鹿島秀麿	ISBN978-4-7972-7120-1	35,000円
824	國會汎論	ブルンチュリー、石津可輔、讃井逸三	ISBN978-4-7972-7121-8	30,000円
825	威氏法學通論	エスクバック、渡邊輝之助、神山亨太郎	ISBN978-4-7972-7122-5	35,000円
826	萬國憲法 全	高田早苗、坪谷善四郎	ISBN978-4-7972-7123-2	50,000円
827	綱目代議政體	J・S・ミル、上田充	ISBN978-4-7972-7124-9	40,000円
828	法學通論	山田喜之助	ISBN978-4-7972-7125-6	30,000円
829	法學通論 完	島田俊雄、溝上與三郎	ISBN978-4-7972-7126-3	35,000円
830	自由之權利 一名自由之理 全	J・S・ミル、高橋正次郎	ISBN978-4-7972-7127-0	38,000円
831	歐洲代議政體起原史 第一册・第二冊／代議政體原論 完	ギゾー、漆間眞學、藤田四郎、アンドリー、山口松五郎	ISBN978-4-7972-7128-7	100,000円
832	代議政體 全	J・S・ミル、前橋孝義	ISBN978-4-7972-7129-4	55,000円
833	民約論	J・J・ルソー、田中弘義、服部徳	ISBN978-4-7972-7130-0	40,000円
834	歐米政黨沿革史總論	藤田四郎	ISBN978-4-7972-7131-7	30,000円
835	内外政黨事情・日本政黨事情 完	中村義三、大久保常吉	ISBN978-4-7972-7132-4	35,000円
836	議會及政黨論	菊池學而	ISBN978-4-7972-7133-1	35,000円
837	各國之政黨 全〔第1分冊〕	外務省政務局	ISBN978-4-7972-7134-8	70,000円
838	各國之政黨 全〔第2分冊〕	外務省政務局	ISBN978-4-7972-7135-5	60,000円
839	大日本政黨史 全	若林淸、尾崎行雄、箕浦勝人、加藤恒忠	ISBN978-4-7972-7137-9	63,000円
840	民約論	ルソー、藤田浪人	ISBN978-4-7972-7138-6	30,000円
841	人權宣告辯妄・政治眞論一名主權辯妄	ベンサム、草野宣隆、藤田四郎	ISBN978-4-7972-7139-3	40,000円
842	法制講義 全	赤司鷹一郎	ISBN978-4-7972-7140-9	30,000円